親愛的艾倫

就算妳與眾不同，
我只會愛妳更多

Love, Ellen
A mother / daughter Journey

貝蒂·德傑尼勒斯 Betty DeGeneres 著　聞翊鈞 譯

獻給我的孩子：范斯、艾倫和安。
也獻給所有曾被家長拒絕的孩子。
我愛你們所有人。

推薦序

恭喜啊！你是同性戀！

——作家　李屏瑤

LGBTQ+族群有個說法，當你／妳向父母出櫃後，父母反而走進自己的櫃子，成為「櫃父母」，他們協助保守祕密，一起分擔憂慮。

Betty DeGeneres（貝蒂．德傑尼勒斯）廣為人知的身分是Ellen DeGeneres（艾倫．狄珍妮）的母親。母親在成為母親之前也是別人的女兒，她被傳統保守的家庭撫養長大，雙親信仰基督科學教派（Christian Science），此教派認為祈禱是科學的、且具有療癒效用，連看醫生都會跟教會立場產生衝突（但看牙醫跟生產不在此限）。在她成長的環境中，從沒正面接觸過同志的存在，遑論去思考孩子會是同志的可能。貝蒂．德傑尼勒斯在書中寫到：

難怪艾倫會覺得我難以理解她的性傾向。從許多方面來說，我的確是在黑暗中被帶大的。或者引用我姊姊海倫的孩子所說的話，那時是黑暗時代（the Dark Age）。那麼，我是怎麼跨越這些充滿傷害的迷思的呢？令人遺憾的是，我是用非常緩慢速度跨越它們的。但最重要的是，我的確跨越了。事實上，所有人類都有潛力成長、治癒和進化。

本書出版於一九九九年，往前三十年，一九六九年六月二十八日發生著名的石牆起義（Stonewall uprising），那是美國、甚至是全球LGBTQ+權利運動的重大里程碑，被壓迫太久，終於沸騰而浮出檯面，也是六月成為同志驕傲月的由來。六零年代的美國社會出現許多變革，民權運動（Civil Rights Movement）讓黑人與白人並肩為自由平等抗爭，貝蒂．德傑尼勒斯讀過相關的新聞，卻仍舊被保護在平凡家庭——或者如她自己所述——「典型純美國核心家庭」的厚繭中。六零年代至七零年代的女權運動也繞開了她，社會的轉變並沒有帶來什麼影響。

長年作為局外人，有一天突然發現這個族群與自身相關，而且就在眼前，無法假裝視而不見。平權運動終究在九零年代與她相遇，以一個母親的角度、社會運動界的麻瓜，她加入風風火火的同志運動，出面公開演說，擁抱許多不被家庭接受的同志兒女，不只作為那個「艾倫．狄珍妮」的母親，更是接住眾多孩子的母親。

而愛是複雜而分歧的。母親也有自己的婚姻狀態，和感情浮動。《親愛的艾倫：就算妳與眾不同，我只會愛妳更多》不僅是一封母親寫給同志女兒的長信，更是一段「我是如何成為一個女人」到「我是如何成為一個母親」，最終走到「我是如何成為我」的漫長過程。女人的戰爭很困難，作為母親，並且還是同志母親，戰事來自四面八方。在接受女兒同志身分的同時，她也花了很長的時間，離開一段錯誤的關係，消除「結婚才能保護我」的念頭。她第二段婚姻的丈夫、艾倫的繼父，在書裡只是一個代號，如果可以她想連名帶姓全部抹除這個人，走在錯的路太久，是很難輕易放棄的，而她終究勇敢地走上正確的路，甚至有回顧的能力。

母親也會遭逢深淵跟迷失，書中有許多母女關係險些就要斷裂的瞬間，如同空中飛人表演懸在空中的凝結，幸好，總有人願意伸手去接住對方。也許需要很長很長的時間，也許會有人摔落在防護網上，多少還是會覺得受傷的，改變從來不是太快的事，抵達終點的路，只能一步一步往前走。

現今距離此書出版恰好二十年，儘管如此，書中的衝突與場景離我們並不遙遠，甚至是持續在發生。書末的問答集，放在現階段的台灣也很實用。

例如，她建議父母不要選擇視而不見，而是主動提出話題，協助孩子探索感覺，可以拉他們一把，讓他們少一點艱難的探索跟自我懷疑。即使孩子不是LGBTQ+族群，她認為父母們如果能夠有意識地去教導孩子接受多樣性，歧視與偏見必定會有滅絕的一天。

一九九七年，艾倫飾演的角色在電視節目中出櫃，她本人也出櫃了，引發龐大聲浪，在那個年代她與親友所承受的壓力也是我們此刻難以想像的。劇中有個片段，艾倫哀嘆說：不會有人在妳出櫃的時候辦派對或送妳蛋糕，告訴妳：「恭喜啊！妳是同性戀！」貝蒂．德傑尼勒斯在書中回憶起這個片段，她說希望她當年可以替女兒這麼做。社會上仍有許多無法撼動的殘酷現實，人也無法決定會擁有什麼樣的雙親，但也許，我們可以成為這樣的雙親。

如無意外（加註這四個字，心裡還是有點抖），台灣的同志在今年五月二十四日就可以合法結婚了，曾經被剝奪的，將緩慢地被加回來。願整體社會都一起往歷史對的一邊移動，願我們都成為有同理心的大人，願所有孩子都能夠好好長大。

推薦序

一個平凡的母親，引領社會走不平凡的路

——古亭長老教會牧師　陳思豪

我們是「正常」的？

我們要到什麼時候才會接受一個事實？如果世界上，會有與自己相同、類似的人們存在，就表示一定也會有不同、不相似的人點綴在我們生活之中。我們要如何看待、對待這些不同的人？尤其是當他們的「不同、不相似」並不違背法律、沒有傷害他人，就只是和我們所熟悉的不一樣而已。我們該如何面對？如何自處呢？

對於我們覺得無關緊要的「不同、不相似」，或許就是漠視、冷眼觀之；但如果是踩到我們的紅線，例如價值觀、傳統思維、宗教禁忌等，情況就會變得棘手而難堪。此時，很不幸地，我們往往加諸「正常」在自己身上，然後標籤「怪異」、「病態」、「不正常」在與自己相異者。

我們習於陷溺在「正常」的謬思中，想當然耳非我族類其心必異。因此在我們對「不同」加以撻伐凌虐時，也就變得合理「正常」了。事實上

「異」是無可避免的，就算這「異」是陌生得令人咋舌，這「異」仍然值得被尊重並善待。

所謂「正常」其實是我們「習以為常」；而背負罪名的「不正常」，往往只是我們所感到陌生的「不同」罷了。如果我們願意謹慎分辨、細細品味，當知，不同才是豐富的底蘊，差異本是多元的由來。

這不是一本跟同性戀有關的書

艾倫．狄珍妮（Ellen DeGeneres）是美國知名的脫口秀主持人；「同時」是世界知名同性戀的指標性人物、慈善家、LGBT運動活躍份子。這個「同時」其實並沒有那麼理所當然，這裡面滿是血淚、掙扎、攻擊和傷害。

本書作者，艾倫的母親，貝蒂．德傑尼勒斯（Betty DeGeneres），一位退休的語言病理學家，在六十幾歲時面對自己心愛女兒是同性戀的事實。她自己面臨否認、懊悔、自責、期待的破滅……，檢視自我、破碎、重建，到成為女兒的支持，並同心並肩的夥伴。她現在不但是美國同志家屬親友會（P-FLAG）的活躍成員，更是美國LGBT人權倡導者，美國「人權戰線」（Human Rights Campaign）的「出櫃計畫」（National Coming Out Project）第一位非同性戀的女性發言人。

很多人鼓舞她寫「一本他們可以拿給家長看的書」，為那些因孩子或手足出櫃，而陷入苦苦掙扎的家庭寫一本書。當記者問他是否要寫「跟同性戀有關的書？」貝蒂回答：「不是，我要寫一本有關愛與包容的書」、「是我及我的孩子們的書」。

貝蒂這本書很特別的地方，不只是介紹從小到大、從自我迷惑到堅強面對的艾倫；也細細描述作者自己從幼年成長到自己的婚姻、育兒經驗。作者不是在剖析艾倫為什麼會成為同性戀（她清楚知道這不是一個選擇），也不是在分析自己為什麼能夠接納自己的孩子是同性戀。我深深感受到，貝蒂是在詳實闡述平常一般如她的人們（ordinary people），遇到這個衝擊，其實都能夠一樣健康的面對和回應。

一個成功的艾倫，如果沒有那麼成功呢？

貝蒂很努力清晰地描述她心愛的女兒，如何努力從艱困中脫穎而出、跌倒，但最終重新堅強地站起來⋯⋯。她要讓讀者知道，作為同性戀的艾倫，不但沒有比別人差，其實是更優秀更突出的。事實上，我們看到很多同性戀者在各個領域都有傑出亮麗的表現。就算是心裡不接受的人，仍無疑要肯定他們的成就。

然而，我們也要注意且被提醒，就算沒有達到眾人眼中亮麗的成功，同性戀者仍有其存在且被尊重的價值。不像艾倫這麼成功的同性戀者，仍然是值得我們尊重，配得一切應有的權利和地位。這需要我們的社會重新從頭建立人與人互相對待的模式、願意彼此尊重，並學習看重維護他者的權利。就算是面對「不同」，仍能看到相異而互補的好處。

從這本書開始吧！一個平凡的母親，引領社會走不平凡的路。

推薦序

讓同志身分成為親子關係的祝福

——諮商心理師 劉安真

當我看到作者貝蒂描述女兒艾倫在二十歲那年哭著告訴她：「媽，我是同性戀」時，我也忍不住掉下淚來。是什麼使孩子向深愛自己的母親坦露真實的自己時，需要如此膽顫心驚並哭得如此傷心？想到這些孩子出櫃前的掙扎與痛苦，真讓人心疼。許多同志孩子把「同性戀」這個身分深藏在心裡好多年，獨自承擔這個祕密，不敢讓父母知道，這個祕密也讓他們和家人愈來愈疏離，成為家裡的「半個分子」。原本親密的親子關係因為同志身分而斷裂，直到孩子終能鼓起勇氣向家人出櫃，才有可能重新拉近關係，但還是有許多孩子擔心父母的反應，不敢向家人坦誠自己的性傾向，只好終其一生與家人保持距離，雖然他們內心可能是渴望與家人更親近的。

當母親貝蒂聽到艾倫是同性戀之後，雖然感到極度震驚，但基於媽媽對女兒的愛，她擁抱了艾倫，「因為沒有任何母親會希望孩子受苦。」即便貝蒂來自保守的共和黨家庭，也篤信基督信仰，這些背景都對同性戀不太友善，但貝蒂仍基於對孩子無條件的接納與支持，開始從圖書館借相關書籍來認識同性戀，努力學習在艾倫出櫃前她一無所知的領域。很幸運的，這些精神醫學與心理學的專業知識幫助貝蒂理解同性戀只是人類正常的性傾向，並不是疾病也不是罪惡。而且，在艾倫出櫃之後，她和哥哥與媽媽更親近，家人間更能彼此扶持，他們也一同攜手努力打造平權的社會，身為母親的貝蒂更成為同志權益的倡議者，幫助了成千上萬的同志與同志父母，這亦是我覺得本書最讓人動容之處。我相信家庭如果能接納同志孩子，對彼此是雙贏，如果無法接納，則常是雙輸。我們是否有辦法讓同志身分成為親子關係的祝福，讓家人彼此更親近的契機呢？

身為諮商心理師，我常有機會聆聽同志孩子害怕向父母出櫃的心情，有些孩子擔憂父母知道後無法接受、亦怕自己再受傷害；有些孩子則擔心父母難過，不忍心父母要因為自己而承受同性戀的壓力與汙名，他們寧願自己保守祕密，也不願意見父母難過。我也常聆聽同志父母的心情，大多數父母剛聽到時都極為震驚，有些開始反省自己是否做錯了什麼，為何孩子會「變成」同性戀？有些則是擔心孩子的未來，憂慮同性戀這條路不好走，想知道孩子有沒有可能「變正常」？也擔心如果別人知道自己的同志父母身分後該怎麼辦？他們擔心別人用異樣眼光看待自己。父母常不知道該如何面對這些複雜的心情，難怪貝蒂以同志父母身分出櫃之後，好多人希望她把這些故事寫下來，因為父母親在孩子出櫃之後，面對外在的壓力真的好徬徨，好希望知道其他父母是怎麼走過來的。

當我在諮商室內聽著孩子的擔心與痛苦，聽著父母的焦慮與徬徨時，常感到無奈與心疼，因為孩子與父母都沒有錯，有問題的是這個龐大的異性戀體制。許多家庭因為孩子的同性戀身分而撕裂，父母無法接納孩子是同性戀，受傷的孩子也對父母感到憤怒失望。如果我們的社會能平等看待所有的性傾向，這些家庭就不會因為孩子是同性戀而衝突與分裂，所以我們需要更多教育與知識，讓更多人理解多元的性傾向，這也是本書出版的重要意義。

我誠心地相信同志家庭能因這本書的出版而獲得助益，其他人也能藉由閱讀本書而更理解同性戀。深深期待有一天，同志身分對所有的孩子和父母親來說，都不再是困境，而是祝福！

第二部 1978-1997

第三部 1997.4.30-至今

致謝

蜜姆．愛克勒——理佛斯。我愛蜜姆．愛克勒——理佛斯（Mim Eichler-Rivas）。我要感謝她在組織與架構上的強大能力——也要感謝她啟發我、敦促我、推動我。感謝羅伯．韋斯巴赫（Rob Weisbach）的引導與鼓勵，也感謝完美的羅伯．韋斯巴赫圖書團隊中的每個人。感謝伊莉莎白．貝爾曲（Elizabeth Birch）與人權戰線（Human Rights Campaign）用愛充滿了我的生命，並給予我一份我視為此生志業的工作。我從來沒想過我能成為全國出櫃計畫（National Coming Out Project）中的第一位非同性戀發言人，這是我所有工作中最讓我感到自豪的一項。感謝大衛．史密斯（David Smith）促使我按計畫行事並告訴我何時該去哪裡，你是我的頭號激勵者。大衛和人權戰線的每一位夥伴都給了我信心，讓我早在我應有信心之前就相信我能完成這項工作。感謝包柏．衛特克（Bob Witeck）與維斯．庫姆斯（Wes Combs）激勵人心的演講稿。感謝卓越的攝影師珍．桑納梅爾（Jan Sonnenmair）。感謝包柏．巴內特

（Bob Barnett）與賈奎琳·戴維斯（Jacqueline Davies）提供專業協助。感謝每一位親愛的新朋友願意告訴我你們的故事。感謝每一位我永遠不會知道名字的人向我分享你們的希望與絕望。

感謝我的姊姊海倫、我的兒子范斯、我的女兒艾倫和安。感謝你們出色的建議以及你們的愛。我不能沒有你們。

感謝我家庭中的每一個人，你們一直都支持著我並以我為榮。我還要感謝我在各地的每一位朋友——無論是新朋友還是老朋友。你知道我在說的就是你。我愛你們每個人。

最後我必須感謝馬修·謝巴德（Matthew Shepard）。他的慘死撼動了全人類。他所受的苦是我們所有人的損失——我們必將他銘記於心。

前行時不應心懷仇恨，
但應心懷怒火。治癒這個世界。
——保羅・莫奈

自序

首次出櫃

——密西西比州，帕斯克里斯帝
一九七八年

二十年前，由我二十歲的女兒艾倫說出的六個字永遠改變了我的人生。在那瞬間，她的話有如炸彈般擊碎了我相信了一輩子的信念：她是誰、我是誰、何謂人生。

在此前的數個月、數天、數個小時或者數分鐘之中所發生的任何事，都不足以讓我做好心理準備，去傾聽她那天告訴我的話。在那六個字出現的二十分鐘前，艾倫提議我們可以到海灘走走，在當天稍早，我們在密西西比灣岸的帕斯克里斯帝開心地參加一場熱鬧的日常家庭聚會。

帕斯克里斯帝是個海邊的小地方，駕車一小時就能抵達路易斯安那州的紐奧良——我在那裡長大並扶養我的兩個孩子，范斯與艾倫。我的姊姊海倫與家人在帕斯克里斯帝的西岸大道住了許多年，他們家的房子面海，既溫馨又舒適，距離西岸大道有一段距離，帶紗窗的露台十分寬敞，開闊的前院種滿了樹蔭濃密的樹木。屋內的寬大客廳中有一座時常使用的壁爐，餐廳則連接至舒適的日光浴室。

從我們的孩子都還小的時候開始，海倫家就是最適合假日相聚與各種愉快聚會的場所。到了感恩節、聖誕節、夏日野餐聯歡會以及其他節慶時，一起聚會的人數會變得更多，包括祖父母、表親、叔叔、阿姨、姪子、姪女以及一些鄰居朋友。人多得不得了！但海倫一家人從來不會讓我們覺得自己是外人或者造成他們的困擾。

每到冬日假期要聚餐時，餐廳總是能容納所有人；飯後我們會在爐火邊一起度過悠長而閒適的時光。天氣溫暖時，我們總是待在戶外，用餐的位置也改到了前院的野餐桌。在我們錄下來的其中幾段家庭錄影中，所有小孩都抓著綁在樹木高枝上的繩子來回擺盪。他們會站到野餐桌上，等到繩子晃過來時一把抓住。

想要逃離暑氣時，我們會坐在帶紗窗的露台上，或者放鬆地躺在吊床裡。當然，每到最炎熱的時候，我們全都會跑到海邊——坐在沙灘上、去游泳或者乘著單人帆船出海。

對我來說，坐落在西岸大道的這棟房子裡充滿了珍貴回憶。這些快樂的時光就像是老照片一樣，隨著時間流逝在我記憶中逐漸淡去，每當新的一年到來，舊的記憶便逐漸模糊。但直到現在，我依舊清楚記得一九七八年夏末，那次改變我一生的聚會。

當時我已和范斯及艾倫的父親離婚數年並再婚，與那時的先生一起住在八小時車程的德州亞特蘭大。范斯是老大，他沒辦法跟我們一起參加這次的聚會；他住在亞利桑那州尤馬，已在喜劇編劇與搖滾樂界闖出一番名堂，當時正準備結束為期兩年的海軍陸戰隊役期。艾倫當時和她爸爸一起住在一小時車程外的紐奧良，她可以來聚會，當天和我們一起搭車前往海倫家。

這表示我們可以在車上聊聊近況。住得離彼此這麼遙遠對我們兩人來說都不太好過。我們兩人一直都非常親近，也都很懷念過去有餘裕能每天相處的時光。那幾年，艾倫還在努力試著找到人生的方向。她在高中畢業後試著讀了一個月的大學，發現自己並不適合。接著，她踏入了尋找工作的旅程，在找到屬於她的志業前，她做過的工作——從吸塵器銷售員一直到剝生蠔——大概是人類史上最長的工作清單之一。那時艾倫就已經很擅長在描述艱難生活中的無趣瑣事時，讓人覺得這些事既幽默又戲劇化。那個週末也不例外。因此，我一點也沒有懷疑艾倫有什麼不一樣，也不覺得她會做出什麼不同於平常的舉動。

那天傍晚吃完飯後，艾倫對我說：「我們再去海邊散個步吧。」但我依舊不覺得這天有什麼不同於尋常之處。

我們穿越西岸大道，從海堤的樓梯往沙灘下走去，這時我才發現她好像有心事。我猜想，或許她在想的是最近的那份新工作，又或者是新男友。我們說的話並不多，就這麼走過寬闊多沙的海岸，沿著水邊的硬質沙地漫步。涼爽的海風輕輕吹拂在我們兩人身上，我不禁覺得我女兒真是一道漂亮的風景。她有一頭金色的直髮和一雙明亮的藍眼睛，是最典型的鄰家女孩。能和她一起安安靜靜地散個步真是太讓我開心了。

但這時，艾倫突然停下了腳步，我回過頭想知道她爲何停下。我發現她眼眶中噙著淚水，這讓我心中警鈴大作。在我擔心地向她走去時，她哭了起來。我永遠不會忘記她那時哭得有多傷心，她哭著對我說出了那六個字：

「媽，我是同性戀。」

我腦子裡一片空白。這是我這輩子最震驚的一刻，我從沒想過自己會聽見這句話。我在茫然中走上前去安慰她。她那麼難過地哭著，因此我做出了身爲母親的本能反應——我張開雙臂擁抱她。沒有任何母親會希望孩子受苦。

對我來說，現在最重要的事是讓她知道我愛她。但我需要花一些時間理解她說的話。我不可能在一瞬間就明白、消化或者接受這件事。我既覺得震驚，又覺得無法置信。我們明明這麼親近，但我卻從來不知道艾倫是這樣的人。但從另一方面來說，若我們過去一直住在同一座城市並更加頻繁地相處的話，或許我就能預先發現一些徵兆了。

現在輪到我開口說話了，但我不知道要說什麼。我心中飛速掠過了一百種想法和一百種情緒。我在腦中瘋狂思考著要提出什麼問題或者論點才能讓她恢復理智——讓她恢復成過去那個可愛又年輕的異性戀女兒。

異性戀女兒。這個想法緊緊抓住了我。異性戀這個假設實在太過自然了，我們甚至連想都沒有想過。這個字甚至不在我們的常用詞彙中。我們天生如此。但現在，我必須開始思考另一個同樣不存在於常用詞彙中的字眼——同性戀。我的同性戀女兒——光是想到這個怪異字眼就會在我心中掀起一陣新的波瀾，我知道那是恐懼的感覺。我恐懼的是艾倫將會過得不好，因爲社會是充滿偏見與負面態度的。雖然我幾乎從來沒有接觸過同性戀，但我聽說過許多跟同性戀有關的貶義詞，我不希望其他人用這些詞彙來稱呼我女兒。

然後，在我擁抱著艾倫、等待她從哭泣中平靜下來時，一個極瑣碎但卻令我非常難過的想法從紛亂的思緒中莫名浮現了出來。我悲傷地發現到，如今我永遠也沒辦法在紐奧良的報紙上看到艾倫的訂婚照片了。

在那個時候，每當我回家去拜訪任何親人，我都會瀏覽《皮卡尤恩時報》（*Times-Picayune*）中由年輕女性刊登的訂婚喜訊，並時常在看到新娘母親的婚前姓時發現那是我認識的人——通常是我高中或者大學的朋友。我總是想像著我會在報紙上看到艾倫的照片，看到上面寫著她嫁給了一個年輕有爲的男子以及我身爲新娘的母親有多麼自豪。

現在回想起來其實有些諷刺，雖然家鄉的報紙上永遠不會刊登艾倫的訂婚照片，但數年後她成爲了極具號召力的名人，不但在皮卡尤恩家喻戶曉，甚至上了世界各地的報章雜誌封面。不過在那個時候，我們連想都沒想過艾倫將會這麼有名。我只覺得我的夢碎了。

到了後來我才了解，其實我並不是對艾倫感到失望。我是對我自己感到失望。我才是那個婚姻無法如預期般繼續下去的人。憑什麼應該要由她來完成我的夢想？我何不在她實現自我時好好愛她、支持她呢？

在我終於找回自己的聲音後，我問：「妳確定嗎？」這個問題就這麼懸在半空中。聽起來充滿批判。我放柔語調，說：「我的意思是，這會不會只是一個階段呢？」

艾倫幾乎露出了一個微笑。「媽媽，不是的。」她說。「這不是一個階段。我很確定。」

更多問題緊隨而來：「妳怎麼知道？」「妳知道多久了？」

艾倫真誠地回答了我的問題。「我想我應該一直都知道，我只是不知道該怎麼稱呼這種感覺。但現在我知道了。媽，我是同性戀。」

天色漸漸昏暗，在我們開始往回走時，艾倫提起了我們在多年前一起觀賞的一部電影。我記得電影的名字應該是《娃娃谷》（*Valley of the Dolls*）之類的。艾倫說：「妳記得電影裡有一幕是兩個女孩互相撫摸擁抱吧，我當時覺得很噁心。在那之前我從來沒看過類似的畫面。但是，媽，在我自己遇到之後，我發現其實這些事並不噁心。」

她跟我說起了她的第一次經驗。她也告訴我，她在回到紐奧良之後認識了一位朋友，但其實那位朋友不只是朋友。她覺得自己戀愛了。

雖然我試著想要理解，但我當時依舊處於否認的階段。「可是，艾倫，男孩子一直都很喜歡妳，妳那麼受歡迎。妳只是還沒遇到對的人而已。」

她搖搖頭。「我和好幾個很好的男孩子交往過了。那不是真正的我。」艾倫的表情惆悵而嚴肅，但又顯得鬆了一口氣——好像她終於能把一件沉重的負擔放下了。在那當下，我感覺到了各式各樣的情緒，但放鬆絕不是其中之一。

我們一起走回家裡。我們不再是三十分鐘前走出門的那對母女了。我們看起來是一樣的，但我們再也不一樣了。沒有人知道這件事——至少短時間內不會有人知道。我們有了一個祕密。

擁有同性戀家人的每一個家庭都有各自的故事。這是我們的故事，故事中充滿充令人驚訝的發展與轉折。

我知道有些家長能夠坦然接受自己的兒女是同性戀，他們心態是平和的，甚至是開心的。但很遺憾的，我並不是那些家長中的一員。我和多數的家長一樣，經歷了一段過程。我必須花時間思考、釐清什麼事才是重要的、跨越我可怕的無知並學習與同性戀有關的知識。我所熟悉的都是常見的迷思以及謬論，我需要學習的是真相。在往後的日子中，我學到了兩個最重要的真相，第一，成為同性戀並不是一種選擇；第二，同性戀是正常且健康的。但我必須花一些時間才能全然接受這些真相。

在我得知了這項與艾倫有關的新訊息後，我經歷的階段並不是人們在深愛之人死亡之後會經歷的那種過程——那當然也是一種成長。因為死去的並不是我深愛的人，死去的是我自己心中對於艾倫該怎麼樣的期待。這些期待死去後，我心中便有了新的空間能容納真相，有關於她與我的真相。

雖然這個過程很艱困，有時會很痛苦，但最重要的是我認知到這是一種過程，順其自然地跟著過程走。另一件重要的事是，我在這段過程中一直都如同往常地深愛著我的女兒，而她也同樣愛著我。我們保持著順暢的溝通渠道。雖然這麼做並不容易，但卻是至關重要的。

在沙灘散步那天過後沒多久，我和艾倫通了電話，當時我依舊處於早期掙扎的階段，因此更多問題冒了出來。是不是在她成長的過程中遇到了什麼事？我暗示她，說不定是因爲她一直跟某些人一起混。

「妳這麼說是什麼意思？」艾倫生氣地說。

「這個嘛，妳有多了解那些人呢？」我的聲音中明顯帶著不贊同的意思。她提出這個問題的時候聽起來很受傷：「是什麼讓妳這麼不滿意？」

「其實只是因爲我一直夢想能在報紙上看到妳的訂婚照片。」我一坦承之後，嘴巴就停不住了。「我很擔心將來沒有男人能夠養活妳和照顧妳。而且妳要怎麼生小孩呢？」

這段對話的走向愈來愈糟糕，最後我們草草掛了電話。

幾天後，我收到了艾倫寫給我的一封信。

親愛的媽媽：

跟妳講完電話之後，我那天過得糟糕極了！妳說的話讓我覺得非常難受。……很抱歉我並不是妳希望我能成為的那種女兒——我沒辦法在報紙上刊登訂婚照片也沒辦法成為懷胎三個月的孕婦！我說這些話的目的並不是挖苦！我知道妳一定也很受傷——也知道妳一定很難接受。

但請妳也想想我的感受呀！我這麼愛妳——妳很清楚妳對我來說有多麼

重要。當妳因為某件事而感到難過時，我也會感受到同等的苦痛。妳難道不知道我有多在乎妳嗎——但是我沒辦法改變自己的感覺。

我戀愛了——並不是我刻意為之——事情就這麼發生了，這段感情是我生命中唯一的動力，我不可能只為了妳、為了社會或者為了其他事而毀壞這段戀情。我現在很快樂，我很遺憾妳無法認同我——我知道妳不能理解——妳可能永遠也無法理解這件事。除非親身經歷過，否則沒有任何人能完整理解任何事。妳的成長背景是非常不同的——包括生活型態、世代、環境、親友與社會等等。

我只希望妳能知道，在我們無法獲得共識時，難過的人並不只有妳一個。我唯一的要求就是請妳試著相信我——我沒有生病。我沒有發瘋。事情就只是順其自然地發生，我的朋友們沒有生病——他們是正常、健康、好看、穿著得體、禮貌的成年人，他們全都遵守這個社會的規範。我真希望妳能認識他們，這樣妳就會了解妳對「他們」的想像錯得多離譜。

希望我們能有更多時間能和彼此相處——我們真的需要時常聊一聊。

深愛妳的，

艾倫

她或許是對的：我們的確需要花一些時間聊一聊。我們也的確這麼做了。我在談話時提醒她，無論發生什麼事，我都會一如往常地接受她、愛她。我承認，或許我永遠都無法全然了解這件事，但我會用盡一切力量與方法試著了解。

在接下來的幾年間，我們一直保持書信往返，我們寫詩給對方，我們在電話上聊天，我們大笑，我們大哭。我們從來沒有失去聯繫。在每封信的結尾或是談話最後的道別之後，她總是會以「愛妳的，艾倫」或者其他類似的詞語作結。我們兩人從來都不會把這份愛視爲理所當然。

事情的進展很緩慢，不過隨著我逐漸認識了她的朋友們以及她的伴侶們，我開始放下心，我看得出來她過得很快樂。我在這一路上學會了許多事，我不只懂得身爲同性戀代表了什麼，也懂得身爲人類代表了什麼，我理解了愛、勇氣與誠實。

這是一趟非同凡響的旅程，旅程起始於一九七八年我在帕斯克里斯帝的海灘上心中滿懷震驚的那一天。我們在這一路上所遇到的轉折與彎路帶來了許多驚喜，其中也包括了艾倫在電影以及自己主持的電視節目中獲得的專業成就。

艾倫成名後，訪問者時常問她一個問題：「妳小時候是個有趣的小孩嗎？」

「這個嘛，不是。」她會這麼回答，「我小時候是會計師。」

事實上，艾倫從小時候開始就既幽默、有才華又充滿創意。不過她小時候同時也是敏感、認真甚至有些害羞的。

因此，在遇到了我被問過無數次的問題時——「妳有想過妳的女兒長大之後會變成知名的喜劇演員嗎？」——我的答案是，沒有。要是我知道她長大之後會變成艾倫．狄珍妮[1]的話，我一定會多拍無數張相片的。

艾倫在我們家排行第二，她總是覺得我們一定是因為拍范斯的照片拍到膩了，所以她的拍照額度被縮減了。噢喔，她說對了。現在無論她去哪裡都有相機跟著她了，或許她正在藉此彌補兒時遺憾。

早在艾倫成名之前我就很清楚一件事，無論她選擇了要往哪一條道路前進，她一定都會擁有相應的才華、能量、智慧、誠信、勇氣與愛能夠闖出一片天——並成為一位美好的人。

1在台灣，DeGeneres這個姓氏的翻譯為「德傑尼勒斯」，但是艾倫的全名卻譯為艾倫．狄珍妮（Ellen DeGeneres），考量到固定譯名稱呼的因素，本書如若提到艾倫的全名，將維持台灣習慣稱呼的「艾倫．狄珍妮」。

最讓我驚訝的一件事是，在她私底下出櫃之後，艾倫冒著可能失去名聲與財富的風險，以更加不同、更加公眾的規模第二次出櫃。要是在久遠以前有人告訴我，艾倫會在未來成爲全世界最有名的同性戀之一，同時也是同志平權之戰中最有名的參與者之一的話，我想我是絕對不會相信的。要是當時有任何人預測我將會在未來參與同志平權運動的話，我知道我是一定不會相信的。

更進一步來說，要是有任何人在一年以前告訴我，我會在數個月之後開始從事我這一生中最讓我振奮也最有意義的工作的話，我也一定不會相信。我已經快要六十七歲了，單身，才剛剛結束約十年的語言病理學家職業生涯。我一直以來都認爲，到了這個時候我應該要放慢腳步，花一些閒暇時間在高爾夫球的課程上，或許甚至可以重拾閱讀的習慣。我真是想太多了。

一九九七年，艾倫用轟動社會的方式向全世界出櫃，成爲第一個公開同性戀身分在電視喜劇影集中演戲的演員，沒多久之後，我在同年秋天跳出來加入戰場之中。當時人權戰線提供了一個機會，讓我成爲出櫃計畫中第一位非同性戀的發言人，而我無法拒絕。

那一年真是不得了！我有幸認識了許多同性戀者，有些人慷慨地與我分享他們的故事，有些人與我分享他們覺得自己有多特別。他們的確覺得自己

「不一樣」，這種不一樣讓他們引以爲榮。他們稱揚自己的身分，這也正是他們應該做的事。他們在遠遠稱不上有利的環境中活得既快樂又成功，實踐了自己的抱負。令人遺憾的是，有時候那些「稱不上有利的環境」也含括了被他們的家庭拒絕以及被趕出家門——而家分明應該是這個世界上最能讓我們感到安全的所在。

艾倫在電視影集的出櫃過程中，最有趣也最尖銳的幾幕，是她所扮演的角色艾倫．摩根與歐普拉．溫弗瑞（Oprah Winfrey）扮演的治療師談話的時候。艾倫哀嘆說，不會有人在你出櫃的時候辦場派對或者送你一個蛋糕，並告訴你：「恭喜啊，你是同性戀呢！」

要是我們能這麼做的話，豈不是很棒嗎？要是我能從頭再來過一遍，要是我當初能知道我現在所知道的這些事，我一定會這麼做。我真希望我在一九七八年時曾替我女兒這麼做。

出櫃被描述成震動整個世界的地震，受影響的不只是出櫃的人，他或她周遭的人也全都會受到影響。出櫃通常還會被描述成「對他人宣布自己的性傾向」，而不是自愛的表現。但毫無疑問的，出櫃是值得慶祝的自我發現，也是人生新階段的開始——不只是因爲你的女兒或兒子鼓起勇氣踏出了實現自我的一步，也因爲你同樣獲得了能夠實現自我的機會。

出櫃是一個禮物。

一九九七年，在艾倫的公眾出櫃帶來的地震中，我獲得了一個預料之外的機會——寫一本書，內容是我在人權戰線的工作，以及我身為女性、母親與社運人士的經驗。這次也一樣，我無法拒絕。我不斷回想起當我在全國各地旅行時，有多少年輕人跑來告訴我說，要是我能寫一本書讓他們可以拿給家長看該有多好。我也收到許多來自各年齡層寄件者的信件，他們都在說同一件事。以下是其中一封：

請妳為了因孩子與手足出櫃而陷入苦苦掙扎的家庭寫一本書。在上一次的感恩節假期中，我發現我有幾位家人實在很需要讀一本與出櫃有關的好書，我相信貝蒂·德傑尼勒斯是最適合寫這本書的人！貝蒂，請妳寫下妳自己的故事，寫下妳女兒的出櫃帶給妳的掙扎與感受，以及妳是如何慢慢接受這件事的。我真希望我現在就有一本這樣的書，能夠寄給我媽和兄弟姊妹。

聽到「你想當同性戀也可以，但我覺得這不是天生的。」的時候，真的會讓人很難過。這句話是我姊姊告訴我的。……她還說這是我做的選擇，她只跟我分享她的負面情緒與貶低的想法。我和其他跟我相似的人一樣，我們希望能得到接納、愛與支持。

因此，在某次演講場合上，當一位記者問我：「據說妳要寫一本跟同性戀有關的書，是真的嗎？」時，我回答：「不是。我要寫一本跟愛與接納有關的書。」我笑著又加了一句：「這也是一本關於我以及我的孩子們的書。」我指的是我所有的孩子——不只是我親生的孩子，還包括了大家庭中的所有成員，無論老少。

我打算在這樣的大架構中涵蓋範圍極廣的無數故事：這裡一點、那裡也一點；這邊一首詩、那邊也一首詩；其他人的故事；無數信件；甚至還包含了一個食譜。因爲我想要傳達一個極爲重要的訊息，我認爲對訊息接收者來說，唯有稍微認識訊息傳遞者才算是公平——也就是認識我。因此，我們將會逐漸認識彼此，我會從老舊的記憶庫房中取出一些片段，有時是單純爲了好玩，有時是爲了證明（引用我女兒的話）「我的論點……而且我是真的有個論點。」

你將會發現，我相信我們全都有力量能改變彼此的人生、改變自己的人生。我花了很長的時間才終於學會這件事，這也同樣是我的故事中的一部分。

當然，這本書的核心依舊是愛——尤其是愛我們的孩子，我們的每一個孩子。你可能會覺得這世界上根本不需要這樣的書。有什麼能比愛你的孩子還要更自然、更本能的事呢？

你從他們出生就開始照顧他們，或者如果是領養的孩子，就是從他們來到你身邊時開始照顧他們；你協助他們長成他們所能成爲的最好的人。接著，有一天，你孩子可能會跑來找你這位親愛的爸爸或媽媽，告訴你他們在自我探索後獲得的結論——他們是同性戀者。他們決定要告訴你時絕不是抱著輕率的態度，對於這點你大可放心。他們都知道這個社會充滿負面訊息，因此他們可能已爲了這樣的自我認知而掙扎了好幾年。他們之所以會努力累積足夠的勇氣向你坦承他們的真實自我，是因爲他們比過去任何時刻都還需要你的愛與支持。他們需要知道，無論如何你都會純粹地愛著他們。這樣的愛是他們幾乎不可能從世上的其他人身上得到的——只有父親或母親能給予這樣的愛。

我的意思並不是說這是一件簡單的事。這就是爲什麼我想要告訴你，在艾倫向我出櫃說她是同性戀後，我經歷了怎麼樣的掙扎，以及後來我又經歷了怎麼樣的成長過程。我想要與你分享我在全美各地四處旅行時，聽到的每一個有關於接納的美好故事。但是，爲免我們以爲未來已無需戰鬥，我也必須告訴你一些有關於拒絕的悲傷故事。

我希望我們的這些故事能幫助到家長、祖父母、手足、配偶以及下一代——事實上，我希望這些故事能幫助到所有親友——讓每個人都更能理解、更能接受家庭中的同性戀成員。我也希望本書能幫助同性戀者更加理解非同性戀親屬心中的感受，以及他們可能必須經歷的「不那麼簡單」的心路歷程。我希望本書能提醒我們，我們都必須給彼此時間——我們都需要時間調整、吸收新知，在與對方相處時用更加和緩的態度面對。

從更廣泛的層面來說，本書的另一個目標是教導大眾理解，我們的同性戀家庭成員是價值不可估量的珍寶。對於才剛開始試著理解這件事的家長或者親戚來說，或者是對於還在努力想要接受深愛之人是同性戀者這個新知的人來說，我知道你們可能會覺得「別人會怎麼想」這個憂慮非常真實。我還記得當時我曾極度苦惱到底該把這件事告訴誰——又或者我應不應該告訴任何人。我希望你可以跟我一樣，能以自己的同性戀兒子或女兒爲榮，現今社會的人應該以能力來評斷一個人。

畢竟在人們認識我時，他們喜不喜歡我這個人都是由我的人格特質與行爲舉止決定，而不是由我是異性戀者這件事來決定。在他們認識一位同性戀者時，也是同樣的道理。同性戀與異性戀只不過是有關於這個人的額外資訊而已。我們不應該說：「這是其他人不需要知道的資訊。」他們需要確實知道這件事，這麼一來這件事才會變得真正不重要，這麼一來才會使我們的同性戀兒女、同性戀親戚和同性戀朋友成爲真正完整的自己，不需要爲了不讓我們感到不適而假裝他們像「我們」一樣。

我真心希望未來我們能透過教育使所有同性戀市民都獲得平等的權利。在我書寫這本書的當下，美國只有十個州已基於性傾向訂定反歧視法。全美的五十州都應該訂定這些法律。工作表現良好的人不應該只因爲他或她是同性戀者就被開除，也不該因此被趕出家門。我們應該要確保國會通過並加強聯邦就業反歧視法案（Employment Non-Discrimination Act）。

保守派的威廉・班尼特（William Bennett）曾指出，同性戀市民的平等權益將會是自由派民主黨接著要開拓的下一片荒野。在我看來這簡直可笑。要是他知道我這輩子幾乎一直都是共和黨的支持者，而且我的家庭背景保守且傳統的話，他可能會大驚失色吧。同性戀市民的平等權益是所有正直人民接著會開拓的下一片荒野。有些人認爲這應該是特權，但這種說法其實是偏執與成見的煙霧彈。在我們的同性戀兒女能在法律的保障下擁有基本平等權益之前，他們一直被當作次等公民對待。而美利堅合眾國中不應該有次等公民這件事存在。

無論你是同意我、反對我或者對此不太確定，我都希望你能讓這本書開闊你的心胸與思緒，或許你甚至能允許這本書改變你。最重要的是，我希望你在讀完本書後能夠以全然接納的態度面對他們——這是爲了你的同性戀孩子、家庭成員和朋友。請不要讓自己錯過如此充盈的喜悅與愛。

第一部

1930-1978

「重點在於以禮相待—
在我還小的時候這是很平常的事，
但如今再也不是那麼一回事了。」

—傑克．瓦倫帝（Jack Valenti）談及對於多樣性的接納

第一章 與眾不同的重要性

首先，若你認真思考的話，你會發現我們全都被困在這顆繞著軌道風馳電掣的星球上。如果你試著想像自己脫離了地心引力，遠遠飄離這個星球的話，你將會開始以全然不同的視角看待我們自己。在我的想像中，我們看起來全都一模一樣——就像是渺小的螞蟻，只不過我們全都妄自尊大。我們十分擅長分裂，而且我們也很了解該如何繁衍。（抱歉，我忍不住要雙關[1]一下。畢竟我是艾倫的媽媽嘛。）

從遙遠的制高點看下來我們實在可笑——我們汲汲營營、沉迷於自我，我們為了地盤、風俗、膚色以及任何你想得到的理由彼此分裂。任何東西都能使我們產生分裂，從我們吃什麼食物、到我們敬拜哪位「祂」為神明。我們不只因為信仰相異而分裂：我們甚至為了信仰本身，而彼此征戰；我們以神的名義進行實實在在的殺戮。我很確定祂絕不是為了讓我們這麼做而創造我們，並把我們放到這顆美好的星球上成長茁壯的。

在談及多樣性包容時，我傾向於認爲自己是個相對「平均」、「普通」的人，我不具有任何特質能使我比你或你的鄰居還要更加包容。我的成長背景並沒有使我比別人還要更寬容。若真要說有任何事讓我變得寬容，那應該是母親這個身分。但我很確信我並不是超級媽媽。我大概就只是個平凡的媽媽而已，我和多數父母相同，都爲了孩子擁有這樣的夢想——希望這個世界充滿尊重寬容，希望所有「螞蟻」都能歡慶自己的個體性與多樣性，同時依舊認同彼此都是這個大家庭的一分子。

這樣的螞蟻夢想不是什麼新鮮事。事實上，這只是最常見的黃金定律（golden rule）的另一種詮釋，而黃金定律是我身爲平凡女孩甫進入學校時就學到的東西。我的故事開始於經濟大蕭條極嚴重的時候：一九三零年五月二十日，在路易斯安那州紐奧良丹特街一棟租來的雙拼屋中，貝蒂·珍·菲佛（Betty Jane Pfeffer）誕生了。雖然遇上了經濟大蕭條而且我們家也十分貧窮，但我的父母——我的德裔父親威廉·迪克·菲佛（William Dick Pfeffer）、以及我的愛爾蘭裔母親蜜爾德莉·莫里爾·菲佛（Mildred Morrill Pfeffer）——都快樂地接受了我的到來，他們原本計畫我將會是三個孩子中第一個在醫院出生的。但我來得太快了，媽媽只能在家中生

1作者在此用的分裂是dividing，兼含除法的意思，繁衍則是multiplying，則兼含乘法的意思。

產，身旁還有我七歲的姊姊海倫和我五歲的姊姊奧德莉。醫院生產計畫只能就此作罷。我時常在想，或許是過早降臨於世界這件事定下了我人生的衝動基調，直至今日我依然是衝動的人。

無論如何，我都很確定身爲家中老三兼老么的身分形塑了我的早期人格特質。大姊海倫認真聰慧又體貼，二姐奧德莉風趣活潑，而我則是眾所周知的「老么」——我有一頭濃密的金色捲髮以及跟蘋果一樣紅的臉頰——我是被寵壞的孩子，由於從不接受他人的拒絕而臭名遠播。我那時頑固極了，直到現在也一樣。我認爲頑固是我最強大的力量之一，同時也是我最脆弱的弱點之一。

我最早的記憶大約是四歲的時候。我對於自己最深的印象，就是我對所有事物都抱持著無與倫比的好奇心。四歲時，我們家在愛波可街租了一個稍微大一點的雙拼屋，距離我出生的地方並不遠。這棟房子有一個小小的後院，院子裡有一個大約長三英尺寬六英尺的園圃。直到現在我還能清楚看見小時候的我在那裡種下了金蓮花的種子——那時我覺得時間過得好慢好慢，就像每個小小孩的感覺一樣——我看著綠色的莖一點一滴從土裡長出來，最後花朵終於綻放。過了幾年之後，我這個衝動又好奇的孩子在公車上看到了棉花種子的廣告，馬上寫下了地址寄過去。

一個月後的一天晚上，我們全家人一起坐在餐桌前吃晚餐，海倫和奧德莉開始大笑。媽媽和爸爸問她們，有什麼事這麼好笑嗎？

奧德莉第一個開口：「你們有看到後院嗎？她……」

「她？哪個她？」媽媽嚴正地詢問。媽媽認爲用「她」來指稱在場的人是一件極爲失禮的事情。媽媽會說，或許奧德莉指的是哪隻貓——或者是哪隻貓的奶奶。我們從小就被教導要用名字指稱在場的人。

奧德莉繼續說：「貝蒂．珍在後院種了棉花。」

沒錯。種子寄來我家之後，我按照說明親自把種子全都種進了土裡，我很快就會收成少量的美麗棉花了。

媽媽和爸爸想必覺得我的作爲有點不尋常，但他們依舊表現出自豪的樣子。每當我嘗試新事物時，他們總是會給我這樣的回應。他們教給我的事很簡單——你可以有好奇心。在往後的許多年中，好奇這項人格特質一直屹立不搖，或許我正是因爲這樣，才會擁有一大堆嗜好以及充滿創意的消遣。而且這項特質與我現在做的工作關係甚大，與生俱來的好奇心總是能讓我敞開心胸去認識各式各樣的人。

當然了，在紐奧良這麼一個真正的大熔爐中長大，代表我會遇到形形色色的人。在之後的幾年，人人都開始將我的家鄉稱作「大逍遙」（the Big Easy），用來強調紐奧良慢步調的南方魅力，這個綽號與繁忙的「大蘋果」（the Big Apple）形成了強烈對比。在我的記憶中，不同人種——包括法國人、義大利人、德國人、愛爾蘭人、卡郡人（Cajun）、克里奧人（Creole）、黑人和白人社區——住在一起的紐奧良的確具有一種真誠的逍遙。

人們自豪於自己的文化與個體特殊性，也自豪於紐奧良這座城市本身的獨特之美，這裡的街道上矗立著一排排掛滿苔蘚的巨大橡樹。在我還小的時候，我們會假裝那些苔蘚是銀狐的毛皮，把苔蘚掛在自己的肩膀上。泥濘的密西西比河磅礡而壯麗，法國區與花園區顯得獨特而美好。

這是個逍遙的地方，連生活的速度都是逍遙的。我們不得不讓自己慢下來、放鬆下來——絕大部分的時間這裡都太熱、太潮濕了。老天啊。現在回想起來，我不知道我們是怎麼在沒有冷氣的情況下度過夏天的，但我們的確度過了。我們在愛波可街的房子有一個可小睡的涼台，那是我們的最後一個房間，夏日裡的每個下午我們都會在那裡小睡片刻，或者至少躺下來休息。休息過後，我們會沖個澡，穿上乾淨的衣服，坐在前門的階梯上等待爸爸下班回家。

媽媽經常在傍晚事先準備好適合野餐的食物，等爸爸回家後，我們會一起去龐恰特雷恩湖（Lake Pontchartrain）游泳。接著，我們會開車到市立公園，在那裡吃晚餐，有時候還會在那裡跟其他親友見面。在野餐中，讓我印象最深刻的是媽媽做的冰茶，裡面加了好多糖、檸檬和冰——簡直是全世界最棒的飲料了。

又過了許多年，在我搬到加州並退休之後，我去上課學習詩作，在課堂上我用下面這首詩表達了我對往昔時光的追憶，這是我最開始寫的幾首詩之一：

我們是如何活過只有
電風扇與小小的
紙板扇子的日子？

我們是如何活過悶熱的南路易斯安那州夏季——
那維持了整整半年的夏季？

我們靠著檸檬汁和冰茶
和涼爽的沖澡和滑石粉。
我們靠著從不抱怨。

那時候，這個世界上似乎還沒有那麼多惡意。或許那是我成長的時代。或許我們那時真的比較親切、比較溫柔。

又或許我們從以前到現在都一模一樣，一直都是分裂的螞蟻。很難知道我們到底真正改變了多少。我只知道我們如今的分裂不會成爲我們。分裂讓我們不接受人類這個大家庭中與我們不相同的人，讓我們將他們視爲可疑的、可怕的，甚至可恨的。這樣的分裂只會削弱我們的力量。更糟糕的是，我相信這種分裂不會反應出多數理智且正直的人所真正相信的價值——從我們的核心來說，我們全都是一樣的；沒有人是低等的也沒有人是高等的。

這些懷疑都是從哪裡來的呢？音樂劇《南太平洋》（*South Pacific*）中有一首歌叫做〈你需要被細心教導〉（You've Got to Be Carefully Taught），我永遠不會忘記這首歌。歌詞是這樣唱的：

> 在來不及之前，你需要被教導。
> （You've got to be carefully taught, before it's too late）
> 在你六歲、七歲或八歲之前。
> （Before you are six or seven or eight.）
> 你要被教導去憎恨親友所憎恨的所有人。
> （To hate all the people your relatives hate）
> 你需要被細心教導。
> （You've got to be carefully taught.）

難道不是如此嗎？在成長的路上，我們從某些人身上學到「與眾不同是糟糕的、是可怕的」。現在輪到我們好好傳授不同的觀念了——我們不接受不寬容的行爲舉止。

在我五歲的時候我從媽媽那裡初次學到了這一課。

在我家附近的一個轉角有一間家庭式雜貨店，店主是布蘭達先生與布蘭達太太，他們是義大利裔美國人，是我們認識的鄰居，有幾個年紀跟我差不多的小孩。他們一家人就住在雜貨店的隔壁。每隔一陣子，媽媽就會讓我自己去店裡買一些她需要的麵包或其他用品。我每次都會看到布蘭達太太站在前面的收銀檯，布蘭達先生則在後面負責顧肉舖。

一天下午，我和幾個年幼的朋友在外面玩，他們問我敢不敢跑去雜貨店，把頭探進紗門中大喊幾個針對義大利裔的貶義綽號。我覺得自己當然敢這麼做。顯然我那時是個不夠機靈的小孩。

我走向街角的布蘭達家雜貨店，用力拉開紗門，把我長滿金色捲髮的頭探進去大喊：「你們這群拉丁蠢貨（dagos）！」

我在跑走的時候，心中不斷想像著我的小夥伴們會多麼敬佩我。喔，他們的確非常敬佩我。

但我的光榮時刻轉瞬即逝。布蘭達太太做了正確的選擇——她立刻跑去找我媽媽，告訴她剛剛發生了什麼事。片刻後，我就被逮個正著。媽媽讓我知道，我做的事既可恥又愚笨。被打屁股還不是最慘的。最困難的是去雜貨店道歉。

我從來沒有忘記過這場教訓，再也沒有說過任何不寬容的言語。媽媽在我很還很小的時候就教會我一件事：帶有貶義的綽號是不被接受的。我們不可以這麼做。

蜜爾德莉．莫里爾．菲佛在六十三年前是對的，在今天她也會是對的。如果這個世界上能有愈來愈多父母有意識地選擇教導他們的孩子去接受多樣性，歧視與偏見必定會在未來的某一天滅絕。

我媽媽教會我的並不是多麼深奧微妙又超前於整個世代的觀念。她教會我的事很簡單。這件事是聖經教過我們的：愛你的鄰舍。

但是如今當我們談及要愛你的同性戀鄰舍時，許多聲稱自己遵從聖經的人會開始發表充滿嘲諷或者仇恨的言論。他們會說：「我不恨同性戀；我是恨他們的生活方式。」對我來說，那只是在玩文字遊戲罷了。仇恨就是仇恨。

我在俄亥俄州對一群大學生演講時聽到了一個令人心碎的故事，讓我永誌難忘。演講過後有一場招待會，我驚訝地發現留下來排隊的學生竟然有三百多位，他們大多要我幫他們在節目單上簽名或者和他們照相。接著，輪到了一個在隊伍中耐心等了好一段時間的年輕男子。他簡單明瞭地說：「我不想要簽名也不想要照相。我想要一個擁抱。」我當然抱了他一下。他解釋說：「我告訴我媽媽我是同性戀之後，她非常排斥我。現在我被驗出了ＨＩＶ陽性反應，她說我這是活該。」我又再次地抱了他很久、很久。

那位媽媽到底爲什麼會充滿這麼多仇恨？她怎麼有辦法對自己的孩子表現出那麼仇恨的舉動？

有些人表達仇恨的方式比較沒那麼直白。他們會說：「你有權利當同性戀，但我不想要知道這件事。」他們真正想說的是：「待在櫃子裡。」事實上，在艾倫投身演藝事業多年後，也有人告訴過她這樣的話。「把真相藏起來」，那些人說。把真相掩埋起來，假裝你不是「這樣」的人。同性戀者到底具有多大的威脅性，以至於需要讓整個社會中的同性戀群體都藏起來？這就像是在告訴非裔美國人把黝黑的膚色藏起來，或者像是在告訴不同種族或少數信仰的人不要表現出自己的真實身分一樣。你能想像有人跑去叫布蘭達一家，要他們否認自己的義大利血統嗎？

當然了，在我成長的那時候，同性戀者幾乎全都躲在深櫃裡，因此直到我上大學之前，我根本不知道有這樣的人存在。就算上了大學之後，我們的認知也只限於影射與謠言。因此，雖然我對同性戀者沒有任何預設或者批判，但我卻處於全然無知的狀態。這就是爲什麼艾倫會在多年後於寄給我的信中痛苦地寫下：「我知道妳不能理解——妳可能永遠也無法理解這件事。……妳的成長背景是非常不同的——包括生活型態、世代、環境、親友與社會。」

這個嘛，艾倫說錯了一件事：我永遠也不會理解。但她在另一件事上是對的：我在成長時接觸過的各種觀點使得我在理解這件事情時更加困難。

菲佛家幾乎可以稱得上是保守家庭的教科書——白人、基督教、勞動階級，在各方面都很傳統。

我的爸爸是典型的男性楷模，他成就了一個美國勞動階級的成功故事。他的爸爸是一位生意人，爲了喝酒而失去了他開的五金行。年輕的迪克·菲佛長相英俊又吃苦耐勞——大家都叫他迪克，從來不稱他作威廉——他在泛美人壽保險公司從速記員開始當起，工作了五十七年半，一路升職，最後成爲了總經理。

直到現在，我彷彿還能看見經濟大蕭條和之後的二戰時期，爸爸在每天晚餐過後坐到我們家的大餐桌前，面前擺著一堆紀錄本和帳單，衡量著要如何平衡收支。一直到如今我還是非常訝異，他竟然能把薪水運用得如此徹底，不但養活了三個女兒，還讓她們全都進了大學。

我爸爸向來寵我，我還記得我會在他處理帳單時跑去客廳跳自己編的芭蕾舞——一方面是想要吸引他的注意力並逗他開心，另一方面是想要躲避媽媽在廚房的召喚：「貝蒂，輪到妳幫忙洗碗了。」

後來我又想出了另一個詭計：「媽媽，可是我要練習彈鋼琴。」

我當時簡直是個專業的詐騙高手！通常這些把戲都很有用——唯一的一次例外是海倫帶了幾張流行樂的樂譜回家，我自己學會了彈唱其中一首歌《說謊是有罪的》（It's a Sin to Tell a Lie）。媽媽嚇壞了，她不希望我彈這首曲子，因爲歌裡面有「說謊」和「有罪」這些字眼。

我爸爸演繹了何謂當時的典型男性，他一個人養活了我們全家，是一家之主，而我媽媽則是當時的典型女性：她是家庭主婦，總是熟練地用各種節儉的方法以及有限的金錢維持家庭的正常運作。她總是能將供給量有限的食物變成雖不豪華但十分充足的餐點。

媽媽的信條是：「不浪費、不奢求。」隔夜菜會以各種你能想像得到的形式出現。她這輩子都認爲浪費這件事跟犯罪行爲是同等的壞事。

除了將所有食物物盡其用之外，媽媽總是省吃儉用、克勤克儉，她會縫製我們每件衣服。我們三個女孩跟隨著她的腳步，在長大後製作過各式各樣的手工製品。但在那個時候，我幾乎一點也不欣賞她的努力，最主要的原因是我必須接收她替海倫以及奧德莉做的衣服。

我們和那個時代的許多家庭一樣，一直辛辛苦苦地改善命運，我們每個人都扮演職責明確的角色，盡自己的本分，努力追求成功。

房子、家庭、安全感——我在這樣的保護下長大成人，並深深愛著這樣的成長經歷。在我的幼年記憶中，最糟糕的日子是得知我必須離開這個舒適的繭，去上幼稚園的那段時光。

「但是我不想去！」我每天都向媽媽抗議，只要提起這個話題我就哭。

「我想要跟妳一起待在家裡！」

我必須去上學的那天，媽媽別無他法，只能把我放在前門廊，然後回到屋子裡，鎖上門，開始祈禱。顯然她的禱告是有用的。在經歷了一番痛苦折磨之後，我良好地適應了文法學校（grammar school）[2]。接著，到了十二歲時我有機會能去夏令營時，我又重新經歷了整個過程。

到了這個時候，我們家勤奮刻苦了許多年，終於在尼爾森街九一二一號買下了一棟屬於我們自己的房子。要找到合意又負擔得起的房子並非易事。

那時海倫和奧德莉已經接近二十歲了，總是忙著她們自己的活動，因此只剩下我能陪著爸爸和媽媽到處看房，有些房子很大，有些房子則位於不錯的社區裡。

爸爸以前曾是領有執照的不動產估價師，因此每次我們去看房，他都很清楚我們要找什麼。他會拿著冰鎬爬進房子底下尋找白蟻窩，每遇到這種時候，媽媽和我就會站在外面祈禱他什麼都找不到。

尼爾森街九一二一號並不算大，社區環境也不算特別好，但房子裡沒有白蟻，最後變成了我們的家。相較於其他房子，這棟房子的後院比較大，裡面種了一顆多產的無花果樹。不久之後，爸爸就在後院蓋了一個魚池和磚製露台。房子裡面有兩間臥室和一間浴室，夠一家五口同住，但沒有冷氣——當時紐奧良還沒有冷氣這東西！就算如此，我們的社會階級絕對算是提高了。我們實現了美國夢：擁有一棟房子。

這讓我又一次學到了一個常見的道理。我透過我們家的例子所學到的道理是：只要我們努力工作並維持正面態度，所有美國人都能有同樣的機會實現買房的夢想。

或許這就是爲什麼如今我會難以理解某些人，他們不支持立法保障同性戀市民的工作權益、在他們選擇的地方安全居住的權益，這些法律能讓同性戀者不必擔憂自己的性傾向而被開除或者驅逐。

有些人稱這些權益爲「特」權，他們讓我想到距離尼爾森街半個街區的隔離鄰區，還有在保障我國黑人市民的權益時所必須的法律。

事實上，我們能夠負擔得起這棟房子的原因之一，就是因爲房子的位置距離黑人家庭所住的區域不遠。雖然這裡沒有任何看得到的實際界線存在，但我們就好像住在截然不同的兩個城市。他們房子破舊得像是要倒了似的，對比之下，我們家的小房子以及附近的屋舍看起來簡直就像是宮殿了。我們的黑人鄰居會坐在他們的前陽台與階梯上。他們偶爾會從我們家外面經過。但當時我只覺得他們好像是隱形

2 在美國，文法學校（grammar school）是小學（elementary school）的同義詞，這個用法漸漸地較少人使用了。

的。我們好像看不見他們一樣。我甚至不知道他們的小孩在哪裡上學。我們當時就是這麼隔絕。

令我感到奇怪且難過的是，我竟然忘記了這麼不公不義的事，直到最近才回想起來。現在我能清楚記得，那時有些人因爲膚色不同就被當作是隱形的。這種事在當時是不對的，現在也同樣是不對的。

正如你所預料的，我的姊姊和我從小對婚姻與家庭的觀念都很傳統。我們被灌輸的觀念是，像我們這樣漂亮的好女孩應該在長大後嫁給年輕的好男人，讓他們賺錢養家，照顧我們和我們的孩子。就像媽媽和爸爸一樣。

蜜爾德莉．莫里爾——爸爸總是稱她爲「蜜爾小姐」——成爲迪克．菲佛太太時才十七歲，那時爸爸才二十一歲。試想——她在自己都還是個孩子的時候就成爲了妻子兼母親，突然接下了養育孩子與各種身爲妻子該盡的職責。

我們永遠都聽不膩爸媽的愛情故事。「是一見鍾情嗎？」天性浪漫的我會這麼問爸爸。

「貝蒂！」媽媽會在爸爸來得及回答之前就要我安靜。這個問題太過私人了。

個性開朗的奧德莉總是會在這時輕笑出聲。海倫則會用一種心照不宣、又深思的表情看著我，好像是在說：當然是一見鍾情呀。怎麼可能不是呢？身爲愛爾蘭人的媽媽皮膚白皙，身形纖瘦，但她似乎從來都不知道自己有多漂亮。

爸爸的個性是出了名的不耐煩——我絕對是繼承了這一點——他跳出來說：「我的老天爺啊，妳們到底想不想聽故事？我那時要——」

「妳們的爸爸那時要每個月賺九十美元，」媽媽打斷他，「他被加薪了十美元之後覺得自己變成了有錢人，所以就求婚了。」接著她一如既往地笑著徵詢我爸爸這位一家之主的同意：「對嗎，親愛的？」

「沒錯，蜜爾小姐。」他說。

雖然爸爸總是有最終的話語權，但他是個明事理的人，不太會和媽媽吵架或傷害到媽媽敏感的情緒。媽媽透過這種寧靜而順從的方式掌控了我們家中的許多決定。

「從此以後，」我下了結論，「你們過上了幸福快樂的日子。」

對我來說，他們的故事就像是童話故事一樣形塑了我早期的人生觀。就像仙杜瑞拉與白馬王子一樣。又過了一陣子之後，我開始從電影中認識愛情——各種不同版本的「女孩遇上男孩」。我好愛看電影。我在成長的過程中時常到我們家附近的艾希頓電影院看電影。每個禮拜媽媽、爸爸和我都會挑一天走上八個街區到電影院去，有時候我們會先去吃一頓海鮮大餐，享用美味的炸牡蠣和炸蝦。

我最喜歡的影星大多都是堅強又體貼的年輕女性，像是珍妮·克雷恩（Jeanne

Crain）、珍・鮑威爾（Jane Powell）和伊莉莎白・泰勒（Elizabeth Taylor）；後來我又喜歡上了像是艾達・盧皮諾（Ida Lupino）的演出以及《剃刀邊緣》（*Razor's Edge*）中的安妮・巴克斯特（Anne Baxter）。我記得我當時在看著這些女主角時只覺得心馳神往。在跟著媽媽和爸爸回家的路上，我總是會超前他們半個路口的距離，沉浸在自己的世界中——我假裝自己是螢幕上的那個美麗又年輕的女孩，隨著劇情中的人生而起伏。

我一直到成年之後還牢牢記得，艾達・盧皮諾在一幕令人心碎的道別場景中說的話：「我們所有人都站在泥濘之中，但有些人仰望著星星。」

無論是在我遮風避雨的家中，或者是我從書上讀來的、電影中看來的、在收音機中聽見的各式各樣愛情故事中，我從來都沒有接觸過任何「女孩遇上女孩」和「男孩遇上男孩」的愛情故事，但在現實中，這樣的愛情故事分明從人類懂得書寫以來就存在了。

難怪艾倫會覺得我難以理解她的性傾向。從許多方面來說，我的確是在黑暗中被帶大的。或者引用我姊姊海倫的孩子所說的話，那時是黑暗時代（the Dark Age）。

那麼，我是怎麼跨越這些充滿傷害的迷思的呢？令人遺憾的是，我是用非常緩慢速度跨越它們的。但最重要的是，我的確跨越了。事實上，所有人類都有潛力成長、治癒和進化。

我最近聽說了一個深受啓發的例子，主角是一位住在南方的年輕男子，我們就稱他爲「喬」吧。喬和一位異性戀的朋友兼同事出櫃了，「我以爲他早就知道了。」喬告訴我。「他好像一直在給我提示，你懂嗎。」但那位朋友垂下眼睛，片刻後告訴他：「我的教練是對的——你們全都應該被關進體育場，然後用原子彈把體育場炸掉。」那位朋友說他再也不希望喬去見他的妻子和孩子，他還警告喬不要把這件事告訴他正在懷孕中的妻子，否則「她可能會早產。」這個故事中最令人受到啓發的部分在於，隨著時間流逝，那位朋友的態度從全然拒絕變成了全然接受。他們的友誼甚至變得更親密了。還有，沒錯，喬和他朋友的妻子及小孩也成了朋友——這個例子讓我們清楚地看見，愛的力量永遠都大於憎恨、無知和恐懼。

不久之前，在我上廣播節目時，一位聽眾打進來詢問我信奉基督科學教派（Christian Science）的背景是否讓我更願意接受多元化。我的答案是——在某種程度上的確如此。基督科學教派教會我，上帝依照祂的形象與外貌創造了人類。因此，我們每一個人都是上帝完美的孩子——我們應該努力用這樣的觀點看待所有人類同胞。

我們家信奉基督科學教派的過程十分有趣。我爸爸的原生家庭是新教徒（Protestant），我媽媽的原生家庭則是天主教徒（Irish Catholic），因此我過去有很長一段時間一直以爲是我爸爸堅持要信基督科學教派，而我媽媽只是追隨而已。但事實上，雖然我爸爸身受基督科學教派吸引，認爲信仰可以幫助他治好嚴重的花粉症，但媽媽其實是因爲別的理由徹底與天主教告別——她和神父對生育控制的觀點有很大的分歧。母親想要進行生育控制。她親眼目睹了八個小孩對她自己的媽媽造成了什麼樣的影響，因此她決定自己只要生三個小孩就夠了。我就是那最後一根稻草！

生育控制？神父告訴她，生育控制是被禁止的。因此她離開了天主教教會。無論媽媽的個性是否算是膽怯，她有時在下了決定之後是絕對不會讓步的。

你或許聽說過，基督科學教派是在一八八零年代中期由瑪莉·貝克·艾迪（Mary Backer Eddy）於英國創建，此教派主張祈禱有療癒的效果；她堅信祈禱是科學的。她認爲各教會應該都會欣然接受這個想法。但教會不願意接受，因此她自己創立了科學的基督教會。教會裡沒有領導者，教會裡只有醫療者（practitioners）會在教友的要求下特別爲他人做收費的禱告。教會每週日都會有第一朗誦者與第二朗誦者負責主持禱告服務。週四晚上也會有禱告者聚會，與會者可以站起來對療癒做見證。

基督科學教派必須戒除所有「藥品」以及菸酒等刺激物。但依照規定，基督科學教徒可以去看牙醫，也可以到醫院請婦產科醫師協助生產。我相信瑪莉·貝克·

艾迪贊成我們在骨折時請醫師來治療我們。想要成爲教徒的人必須年逾二十歲、定期參與禮拜，並在委員會上接受有關於知識及誠意的問話。

我們在孩童時期直到進入高中都一直定期參與禮拜，但我們沒有成爲教徒。我們會請行醫者幫助我們，但我們依然會使用藥物和吃維他命——真正虔誠而篤信基督科學教派的教徒不會這麼做。我媽媽在後來成爲了教徒，我則在大學的時候成爲教徒。但我爸爸——他時常抽菸，偶爾會喝酒——則一直都沒有成爲教徒。

整體來說，我的宗教教育帶給我很多益處。因爲宗教能帶出我們每個人心中好的那一面，基督科學教派向我灌輸了一種持久而正面的觀念。直至今日我都是一位不可救藥的樂觀主義者。還有，要是我在成長的過程中沒有對神的信仰和對禱告的信仰的話，我不知道我該如何度過生命中的難關。

但我也從基督科學教派學到了負面的訊息：感覺不重要。基督科學教派從來不教導我們認識感覺，無論出了什麼問題，我們都必須透過禱告以科學的方式排除並解決困難。換句話說，在提及負面情緒時，解決方法就是：否認、否認、否認。

下面這個笑話就是最好的範例：

> 三個男人死了之後下了地獄，他們遇到了惡魔，惡魔一一詢問他們三個人知不知道自己為什麼被送到地獄來。

第一個男人是天主教徒，他說：「我背著我妻子偷吃。我知道這是不對的事。這就是為什麼我會被送到這裡。」

第二個男人是長老會教徒，他說：「我侵占公司的財產。我知道這是不對的事。這就是為什麼我會被送到這裡。」

惡魔看向第三個男人，問道：「你在這裡做什麼？」第三個男人是基督科學教徒，他說：「我不在這裡。」

就算沒有基督科學教派的觀念，媽媽和爸爸也一直都是非常注重隱私的人。此外，我們成長的過程中有太多不必要的祕密了。這些祕密和媽媽的妹妹，也就是我們的阿姨愛瑟爾有關。在一連串不尋常的因緣際會下，愛瑟爾阿姨嫁給了爸爸的弟弟，查理叔叔。因此他們的女兒梅西既是我的表姊，也是我的堂姊。梅西的年紀和奧德莉相同，她幾乎就是我們的第四個姊妹。

除了嫁給了一對兄弟之外，媽媽和愛瑟爾阿姨在其他方面的相處模式也不太尋常，這必須回溯到她們的童年時光。愛瑟爾是妹妹——她小媽媽一歲——但媽媽卻比較矮，也比較不活潑。只要她們兩個一起出門，祖母就會把她們打扮得像雙胞胎一樣，並命令愛瑟爾負責帶錢還有替兩人發言。我認爲在某種程度上，媽媽應該很討厭這種狀況，但是她並沒有抱怨，反而用間接的方式處理自己的感受。

隨著時間流逝，也許是這種狀況使得愛瑟爾變得比較霸道，而媽媽則變得更加內向且敏感。因此，媽媽會用盡一切方法避免被她的妹妹教訓。

媽媽一天到晚都在跟我們說：「別告訴愛瑟爾阿姨。」無論遇到什麼狀況我們都有可能會聽到這句話。有時候在媽媽對於其他人說出口或者沒說出口的話而感到受傷時，她也會要我們別告訴阿姨。這種特質出現得非常頻繁，我在長大後繼承了這項特質，或許也遺傳給了艾倫。

幸運的是，我們兩人都留意到也辨別出了這項特質，並且努力試著克服它。艾倫比我擅長以直接且正面的方式面對那些表達方式很輕率的人。我則總是不太擅長這一塊，但我正不斷進步。從正面的角度來看，個性極度敏感的人確實特別能同理其他人的情緒，我認爲這是我與艾倫都非常擅長的一塊。

爸爸的脾氣和媽媽受傷的感覺並不是最好的組合。有時候爸爸會變得十分冷酷疏離。他總是堅持己見——他的觀念極度保守，甚至曾加入約翰伯奇協會（John Birch Society）[3]。

我的啓示爲何？意見就像感覺一樣，最好都放在心裡。

媽媽還會用另一種方法來忽略失望的感受，她會借用她在兒時聽過的一句話：

3 John Birch Society，是支持反共與有限政府的組織，一般被認爲是極右派。

「世上沒有好事。」

無論遇到什麼壞事——從雨天毀掉野餐一直到有人被男友甩了——媽媽都會嘆一口氣，說：「世上沒有好事。」這句話解釋了我們遇到的每件不開心的事。

這句話的作者是南傑瑟太太。媽媽小時候住在南傑瑟一家人隔壁。莫里爾夫婦和南傑瑟夫婦是好朋友，南傑瑟太太被視爲兩家的女負責人。南傑瑟夫婦育有一兒一女。他們的女兒瑪莉終生未婚。每當我想起南傑瑟太太在九十五歲時對六十五歲的「瑪莉小姐」做的評論時，我都會不覺失笑。南傑瑟太太並不擔心她女兒的未來，她說：「我老了，但瑪莉還有大好未來在等著她呢。」

除了上述這些事情之外，教導我們不要把令人不悅的話語說出口的還有南方的習俗。至少在一九三零年代至一九四零年代，多數的南方人都認爲那樣說話是沒禮貌又不適當的，尤其是對教養良好的年輕小姐而言。絕大部分的紐奧良人會說：「不要談論私事。」當然還有歷久不衰的這句：「要是你說不出好話的話，就一個字也別說。」以及非常受歡迎的：「其他人會怎麼想？」

我花上好多年的時間，才終於擺脫我在這段過程中對於他人怎麼想的憂慮，並理解其他人的負面訊息：不要大驚小怪；不要與眾不同；要融入社會；當然還有，你可以當個正常人就好。

顯然我的成長背景是不會培養我成爲一名講者的。不過有一個例外——我受過爸爸的姊姊——緹莉姑姑的訓練。她是一位非常卓越的女性，緹莉花了許多年創立並營運卡羅爾頓朗誦法學校。後來，「朗誦法」過時了，學校的名字改成了卡羅爾頓演講學校。

緹莉姑姑很嬌小，只有五尺高（約一百五十二公分），我對她的高跟鞋印象非常深刻。她就像是個人形發電機一樣精力充沛，每週五下午替高中學生上幾堂課，每週六早上則教更年輕的學生。沒有課的時候，她會製作課程所需要的詩作和閱讀素材。她也教鋼琴，安排出空餘時間替我上課，此外還特別帶我去看舞台劇以及聽演唱會。

緹莉對我們全家人的影響是顯而易見的。雖然紐奧良人都有非常明顯的口音——是南方偏鄉口音以及東岸都市口音的奇妙混合——但菲佛家和莫里爾家的人都沒有紐奧良的口音。在紐奧良，用那樣的口音講話的人被稱作「阿喇（Yats）」，因爲他們問問題時會把「你在哪裡（Where are you at）？」說成「你在喇（Where're y'at）？」我們家裡一個阿喇也沒有——至少沒有被緹莉姑姑抓到過。

海倫、奧德莉和我都必須去卡羅爾頓演講學校上課。畢竟緹莉姑姑讓我們免費去上課。由於不用交學費，所以無庸置疑的——我們必須去。上課真是件苦差事——尤其是在週五下午和週六上課，因爲我明知道朋友們都跑出去玩了，我卻只能待在演講學校裡學習跟朗讀詩作，還要學神話學、莎士比亞、朗費羅（Longfellow）、美術和各種無趣的事。

在當時，我還不知道緹莉姑姑決心要讓她口中的「貝蒂小姐」吸收真正的文化對我來說是一件多幸運的事。我也完全不知道，她的課程不只替我的未來職業（語言病理學家）打下了基礎，也成爲我在公眾演講領域的唯一相關經歷。

雖然我曾乞求爸媽讓我不用去演講學校上課，但卻沒有成功。因此我只好靜下心來，好好學習。有些學生連緹莉姑姑的正眼也得不到。因爲只要她這麼做，教室就會再次恢復秩序。

雖然學校位於她家的地下室，但課程內容卻毫無瑕疵，極爲專業。我會和班上的其他男孩與女孩一起坐下，接著挪動摺疊椅，以緹莉姑姑的桌椅爲中心圍成一個半圓。她會提醒我們：「坐著的時候要坐直。」因此我們學到了良好的姿勢與呼吸的重要性。我們站起來時，她會口齒清晰地繼續下達指令：「肩膀向後，胸膛挺起來……」等等。每一堂課的最一開始都是如此——練習深呼吸與不同母音的發音。我們家裡沒有任何人有鼻音太重的問題！

舞台劇的許多劇本都是緹莉的作品。最讓我印象深刻的朗讀者是表姊梅西和貝蒂．安．尼可森，她們兩人一起朗讀詩作時，其中一人忍不住開始偷笑。

很快的，另一個人也跟著笑了起來。

叩叩叩，緹莉姑姑用指揮棒輕敲講台，等著她們冷靜下來。但這卻讓梅西和貝蒂·安笑得更大聲了。緹莉姑姑只好請她們下台。她們離開時雖然覺得心中有愧，但卻從台上一路笑到台下。

我在那時候學到了強而有力的一課——無論遇到什麼狀況都要擺出正經的樣子。這一課在我的人生與公眾演講上都非常實用。

到了夏天，緹莉姑姑會在演講學校沒有課的時候給我們一張閱讀清單，我們必須在九月之前讀完一定數量的書——這個作業讓我從那個時候開始就養成了對閱讀的熱愛。我用以下詩作對過去在演講學校度過的日子致敬：

〈J·T·尼克斯圖書館〉

我為了夏季閱讀清單爬上階梯
自敞開的門踏入柔軟、潤澤的空氣
吊扇與壁扇溫柔的吹送涼風。

我依舊能嗅到強烈的芬芳
來自書封與書頁與膠水。
我要從清單中做出選擇——那些所謂的

必須閱讀書籍培養了我初期對書的熱愛——它們的氣味、它們的文字，以及它們直到現在依舊能帶我遠走高飛的能力。

除了我在兒童時期對於文字的欣賞以及緹莉姑姑教授的演講課程之外，在我的成長背景沒有半件事讓我準備好成爲社運人士。我從來沒聽過家裡的任何人堅定地發表意見或者支持特定政治立場並表現出來。我們的生活幾乎都是寧靜且屬於個人的，可以套用一句老話來做總結：別挑起爭端，也別堅持不受歡迎的立場。以及又一次的：不要與眾不同。

照理來說，如今的時代應該比較進步了，但這些訊息卻還是沒什麼改變，對青少年而言尤爲如此。現在的青少年就和過去一樣，會因爲與眾不同而受到地獄般的痛苦折磨。我爲這些孩子感到無比痛心。我還清楚記得青少年時期的狀況，也記得融入群體是多重要的一件事。

我以前是個典型的青少年，一直都很希望自己能與同儕一致，變得和我的朋友們一樣。不過，我在內心深處知道我是與眾不同的，因爲他們全都是天主教徒，而我去的是基督科學教教堂。因此我當時不太追隨基督科學教派。我選擇了追隨群眾。我們無論去哪裡都成群結隊。

每到週六早上，若天氣涼爽的話，我會搭電車到城裡與我的朋友在常去的地點會面：當時家喻戶曉的的D．H．霍姆斯大型百貨公司的時鐘下方。我們這群女孩的舉止以及衣著都十分神似。上學時，我們只穿洋裝。放假時，我們的「制服」就是藍色牛仔褲、從來不紮的白色男款襯衫，以及必不可少的鞍部牛津鞋或者便士樂福鞋。還有，只能穿白襪子。

在人都到齊之後，我們會花整個早上的時間逛街，但不花錢（我們不太可能一邊逛街一邊購物）。接著我們會前往白色城堡（White Castle）[4]買幾個多汁的方形小漢堡；把食物帶到奧芬劇院、勒夫劇院或森格爾劇院去；一邊看電影一邊吃漢堡。

天氣暖和時的週六，我的女性朋友和我不會在市中心見面，我們會搭巴士和電車——途中會經過多次轉乘——到湖邊。當時民風保守，我們會在短褲外面套上裙子。要游泳的話，我們會去克魯伯販賣部的廁所換泳衣。克魯伯販賣部位於湖邊，賣的商品有冷飲和三明治。我們不會真的下水游泳。我們只是去湖邊見見和我們同一掛的男孩們，他們上的教堂是前線差會（Fortier）和耶穌會（Jesuit）。

一天下午，我引起了一名可愛的男孩的注意，原因是我沒有生氣，反而大笑出

4 白色城堡（White Castle）是美國第一家連鎖速食餐廳，主要販賣薯條、漢堡、奶昔等餐點，為美國史上第一間速食店。

聲。他身材頎長精壯，具有愛爾蘭裔美國人的俊美外貌，個性幽默詼諧。那天，他的行爲舉止一如往常的自以爲是，他撿走我的裙子——一件白底紅花的寬襬傘裙——把裙子緊緊捲成一團，丟到了湖裡。我看著我的裙子在空中張開，像是一朵圓滾滾的巨大花朵一樣降落在水面。不知道爲什麼，我覺得這個景象好笑極了。我不由自主地大笑起來，他對於我一點也不生氣感到無比驚奇。我永遠也不會忘記當時他的臉上綻放出的那個笑容，也不會忘記在我望進他雙眼的那一刻，我感覺到心中撐起了一股從未有過的悸動。那是愛情的火花！

在那之後沒多久，他就打電話來約我出去。我們最後交往了一年多。我當時是否愛上他了？我在成年之後時常思考，那個年紀的我是否真的懂得愛情這種東西。但從某方面來說，我在那次的初戀中，感覺到了之後我再也無法體會的熱烈情感。當時我們無論面對什麼事，態度都非常認真。直到有一天，我態度輕率地提到我也許想要和其他人約會，這使他犯下了無心之過，那就是對我下了最後的通牒。

「他或我，只能選一個。」他果斷地說。

我最痛恨這種最後通牒了。我總是會做出錯誤的選擇——「喔，是嗎？好啊，你等著瞧。」我其實一點也不在意另一個男孩。但我卻固執而衝動地回嘴說：「他。」

我們分手了。他很早就結婚了（我也一樣）。事實上，他結婚的對象正是下一個女朋友。在之後混亂的幾年間，我時常疑惑地想著，原本那個擁有絕佳幽默感的可愛男孩到底跑到哪裡去了。過了四十八年後，我在一九九三年媽媽的葬禮上再次遇到他。火花還在，我們重新建立起友誼和戀愛關係，計畫要結婚。

這個故事聽起來甜蜜極了——鄰家女孩與初戀男友在分手多年後重逢——就像我小時候常讀到的童話故事一樣。但沒過多久，現實就在故事中橫插一腳。我們的個性南轅北轍。他從來沒有離開過紐奧良；我則已經搬走很長一段時間了。我們的觀念幾乎沒有半點相同的地方。一開始，這種差異不太起眼。但他個性武斷，思想又封閉；此外，他非常喜歡辯論，一心想要將我的思考模式變得跟他一樣。

舉例來說，我們在墮胎議題上的立場完全相反，他甚至都不願意聽我說話。他是個極度擁護生命權（Pro-life）[5]的人。我很厭惡「擁護生命權」這幾個字。每一個有思考能力、願意關心社會的人都是擁護生命權的。我們怎麼可能會不擁護生命權呢？但是我們之中有些人極度相信女性身體不該成為立法的題材。我們相信，對於必須痛下決定選擇墮胎的女人來說，墮胎應該是合法且安全的。

後來我們在更嚴重的私人問題上起了爭執，之後便放棄了結婚的計畫。我是一名以同性戀女兒為傲的母親，而他的兒子和媳婦卻一直竭力聲討同性戀，他們認為

5 Pro-life的人主張胎兒擁有生命權，反對墮胎。

同性戀「那一類的東西」與他們的家庭價值不一致。

「家庭價值」是另一個讓我逐漸感到厭惡的字眼。不幸的是，這個完美的詞彙如今已經變得過度政治化了。在我的成長背景中，談論他人的私人問題是非常沒禮貌的事，因此大致上來說，我認爲政治與信仰都是我們應該盡可能避免的話題。有些人會對於這兩種話題過度狂熱。然而，既然剛剛我已深入描述我的宗教信仰，我想繼續深入談談政治應該也是無妨。雖然我的原生家庭是保守的共和黨，我這輩子也幾乎都把票投給共和黨的候選人，但我並不總是同意共和黨的黨綱，也並不總是支持共和黨的每一位候選人——尤其是在最近這十年的時間裡。事實上，我在一九九零年的德州州長選舉上，初次投給了民主黨的候選人——安・理查茲（Ann Richards）。她是一名辯才無礙的堅強女性，我認爲她是最適合替德州人民服務的人選，此外，她對於多元化的包容態度也十分吸引我。

當時極右派的思維帶領共和黨走向了不願包容的立場，讓我感到失望——也使我不再支持他們——許多想要爲自己著想的人都因爲右派政見而離開了，我也一樣。等到共和黨變得較溫和時，我或許會再回過頭來支持他們。我希望到了那個時候，我們已經跨越了「家庭價值」的極度排他定義：狹義上的「家庭」只限於婚後的異性戀夫妻以及親生的孩子。這樣的定義排除了單親父母、沒有孩子的伴侶、同性戀伴侶、扶養小孩的同性戀伴侶、領養孩子的伴侶或者沒有血緣關係的大家庭。

我們用什麼來定義家庭？顯然絕不是用黨派來定義。對我來說，家庭其實就是一群因爲血緣或者友誼而聚在一起的人，我們照顧彼此、深愛彼此，年長的家庭成員會幫助年幼的家庭成員成長茁壯、發揮潛能——反之亦然。在回想起養育我的原生家庭時，我看到的是一個非常平凡的美國家庭，我們具有良好、基本且真誠的家庭價值。我想你的家庭可能也和我的家庭相同。

我們的家人們是擁有美好特質的獨特個體，每個人都是與眾不同的，因此每個人都是獨一無二的。我唯一希望能改變的，就是我能在更年輕的時候就學會如何接納我自己的與眾不同。我感謝艾倫的與眾不同，也感謝我自己終於有能力接納艾倫的與眾不同。我的女兒並不平凡，我何其有幸能有一個不同凡響的女兒。

在一九七九年，我的舅媽葛萊蒂．梅瑟．莫里爾（她的先生是我媽媽的大哥約翰）出版了少量的家譜《古老的地方與親愛的人》（*of Old Paces and Dear People*）。葛萊蒂舅媽在前言中寫道：

傑出的海倫．凱勒（Helen Keller）曾說過，每一位國王的祖先中都曾出過奴隸，每一位奴隸的祖先中都曾出過國王。她的想法雖帶有舊時的階級觀念，但卻十分符合事實。存在於巨大的階級差異之間的，是數量龐大的男男女女，他們都是我輩先祖——每一位先祖都成就了我們的今日，每一位先祖都有屬於他們自己的故事。

換句話說，我們全都相連在一起。我們全都是彼此的家人。感謝上帝使我們與眾不同。

第二章 2

母職

每個人都想知道——那雙腿是屬於哪個女孩的？

報紙稱之爲灰姑娘的故事。只要哪位女孩的腿能吻合照片上那名女孩的腿，就能去參加舞會。

那是一九四八年的夏天，我在巴吞魯日（Baton Rouge）就讀男女同校的路易斯安那州立大學（Louisiana State University）。在完成了大一與大二的學業後，我參加了暑期課程——並不是因爲我有多熱衷於學習，而是因爲我必須彌補可怕的成績。我在進入校園後馬上被社交活動抓住了注意力，一點也不想學習。

我或許是個愛玩的女孩，但即使以當時的標準來看，我也算是非常天真且不諳世故的人。在某一次的派對上，我在廁所時，有一位年輕男子走進來正好撞見我。我尷尬死了——我是真的覺得尷尬到差點要了我的命。在另一次派對中，我洋裝的皮帶壞了，我簡直無地自容，完全無法輕鬆應對這件事。其他人會怎麼想？

在不久之前，我和其他青少年一樣，開始試著喝酒與抽菸。不過實在很難想像有人願意賣酒給我——一直到二十多歲的時候，我看起來還像是十五歲。但在一九四八年的夏天，我放棄了抽菸喝酒等惡習，因爲我和一位基督科學教徒的大學同學談了一場認真的戀愛。很快地，我就正式加入了教會。

我其實很想說，我之所以不抽菸與不喝酒是因爲我開始替自己著想了，但事實並非如此。事實上，我一開始會去路易斯安那州立大學的原因，只是因爲海倫和奧德莉也就讀那裡。我和她們一樣，也加入了姊妹會。我和她們一樣，主修演講與戲劇。有鑑於我們曾受到緹莉姑姑的教導，選擇這樣的主修是很自然的事。不過，要是我當時曾探索過其他學科，或者甚至曾思考過我長大之後真正想要做什麼事的話，應該會是一件好事。

然而我沒有這麼做，當時我一直忙著約會和姊妹會的活動。我在路易斯安那州立大學的廣播電台自己主持一個節目——《小姐專題》（*Especially for the Ladies*）。此外，除了我原本主修的演講與戲劇課之外，我還參加了學校的舞台演出。

第一，若我沒記錯的話，那是我這輩子第一次聽說我認識的某個人是同性戀。那是戲劇班幾個女孩們之間的流言蜚語——聽說有一位特別英俊、特別有才華的年輕男子是「那樣的人」。我聽到她們這麼說時的表情太困惑了，因此其中一個人向我解釋：「妳知道的嘛，他不喜歡女孩子。」她們的討論帶有一種顯而易見的負面意涵。沒多久後，又有謠言說學校裡的另一個女孩是蕾絲邊（lesbian）[1]。這聽起來不是件好事，但我一直搞不清楚蕾絲邊是什麼意思，直到有人向我解釋說她喜歡女孩子。又一次的，這些言論帶有一種含蓄的禁忌意味。

我當時完全不覺得這有什麼不對；我只覺得這個概念是聞所未聞的。就像是同性戀是來自另一個國家、說不同語種的人。聽說了這些事之後，我依然和過去一樣無知。

在那個時代，同性戀是被深深關在櫃子裡的事，以至於有許多像我一樣受過相對良好教育的十八歲青年從來不知道、也從來沒有認識過同性戀，這是多麼令人羞愧的一件事啊。要是我在成長過程中就受過相關教育，知道這個世界上有許多同性戀——並且自生命起源開始，就一直都有同性戀的存在的話，我一定能在我女兒出櫃時，應對得更加輕鬆。然而事實是，一直到一九七八年，也就是在我聽說了有關同性戀的事情的三十年過後，我才真正認識了一位同性戀：我的女兒。

在我習得了更多相關知識後，我才知道我的家庭中其實也有其他同性戀。其中一位是我爸爸的表親艾默·書恩克，而我媽媽和爸爸選擇請他來當我的教父（godfather），家族認爲他是一位「不婚主義的單身漢」。我記得他住在聖安東尼奧，我只在一九八九年見過他一次，後來我聽說他是同性戀。沒人針對這件事說過帶有貶抑的話。這是一個事實，如此而已。

我以相似的方式發現爸爸的表親佛萊迪是同性戀。還有海倫的兩位女性好友——她們應該是伴侶關係，不過多數人都認爲她們是長期互相陪伴的朋友。我真希望我能早點認識這些朋友與親戚。要是眾人能夠更公開地談論這些事的話，一定會對於我接納艾倫的過程有很大的幫助。

我在路易斯安那州立大學修習演講與戲劇時，還有另一件有趣的事，那就是我認識了一位同學並與她同台演出，她後來變成了我國最知名的演員之一——喬安·伍德沃德（Joanne Woodward）。

喬安和我曾經爲了幾個相同的角色試演過幾次，不用想也知道最後得到那些角色的人是誰。喬安對於演戲總是充滿熱情，但我並沒有。對我來說，踏上舞台一直都只是例行公事，提醒了我孩童時期在卡羅爾頓演講學校花了多少小時練習。

我還清楚記得，有一次我和喬安都在同一齣戲演出，上場前我們一起站在舞台側邊等待。在這個重要時刻，喬安靠過來對我說：「喔，我現在好緊張。我每次上台前都覺得害怕。」我則擺出最冷靜的態度，回答：「喔，我從來沒緊張過。」

這件事或許證明了上台前的緊張感是件好事。緊張能讓你變得「更好」。又過

1 女同性戀（lesbian）的俗稱。

了幾年，喬安的事業逐漸起飛，後來因爲《三面夏娃》（*The Three Faces of Eve*）而獲得了奧斯卡金像獎。如今我無論出席任何場合都記著我們當時在後台的對話。

艾倫當然也知道這件事，她的想法離經叛道，總是喜歡說保羅．紐曼（Paul Newman）本來應該成爲她爸爸的。

我在一九四八年的夏天初次成爲名人，但並非以演員的身分。

請記得，當時迪奧風格（the Dior look）才剛剛出現，非常流行長裙襬，因此腿就變成了不太常見的景象。

那是一個炎熱的七月午後，我在宿舍幫忙畫一張比賽用的標語，要在路易斯安那州立大學對上德州大學的美式足球比賽上使用。雖然比賽時間是遙遠的九月，但這是路易斯安那州立大學老虎隊首次對上德州大學長角牛隊，因此我們很早就開始做準備了。我當時在畫旗幟，因爲天氣熱所以穿著短褲，把鞋子給踢掉了，這時學校報社的攝影師照了一張相，把我和我的腿照得比原本還要美上好幾倍。

我突然就登上了路易斯安那州和德州的報紙頭條。《德州大學夏日報》的報導如下：

> 天氣熱到讓人無法思考美式足球，只能思考《夏日起床號》中的一張相片，這張相片在數個禮拜前被刊登在報紙上，美得令人移不開眼。

照片裡，來自紐奧良的俏麗小姐貝蒂・菲佛正在繪製「老虎大勝德州」的標語。……但讓我們驚嘆的不是那個標語——而是貝蒂。

文章裡又寫了幾段諸如此類的句子，《德州大學報》的編輯寄來一封電報請我過去；接下來，我就這麼被冠上了路易斯安那州立大學「大使」的稱號。隨著比賽日期接近，報紙開始刊登更深入的賽事報導。這場比賽以及我在其中扮演的角色隨著時間流逝愈來愈盛大，到了比賽當天，我的行程包括了與傑斯特州長見面、與德州大學的校長見面、在當地廣播電台受訪、參加奧斯丁高級飯店舉辦的招待會以及在比賽中場時登台。

再一次的，緹莉姑姑的訓練使我表現得泰然自若、口齒清晰。那場比賽非常精采——順道一提，贏家是德州大學，不過這一點也沒有破壞我的興致。我後來時常思考，要是我當時完成了學業，繼續發展我嶄露頭角的大使事業的話，會發生什麼事。誰知道呢？說不定我不用花上五十年就可以變成重要組織的國際發言人了呢。

這對我來說或許會是件好事，但對范斯與艾倫來說會是好事嗎？我認爲不然。事實上，在這種狀況下他們很有可能根本不會出生。這也正是爲什麼我們不應該在事後質疑自己已經做過的決定。否則的話，我怎麼能成爲平凡媽媽呢？

一九四八年的秋天，賽事熱潮一退燒，我的日常作息便回歸到正軌，我的人生走向大約也是如此。

那時海倫和奧德莉都已經結婚並成爲了母親。海倫那時生下了第一胎，是個男孩，看到她們成爲母親讓我羨慕非常，又一次的，我最想要做的事變成了她們已經做過的事——結婚生子。在奧德莉生下卡蘿之後，我替小女嬰做了一件可愛的夏季外出連身服（現在還有這種東西嗎？），在衣服上親手畫了蝴蝶和花。我每縫一針，想要擁有小孩的渴望就愈強烈。

這些都是催化劑，再加上我缺乏對未來的真正目標與方向，導致我最後接受了求婚。求婚對象是我可愛的大學戀人。我就像是灰姑娘，他則像是英俊瀟灑的白馬王子，有一頭閃亮的黑髮、一雙深色的眼睛和迷人的笑容——他來自南路易斯安那州的名門家族。這段戀情我們應該就讓它維持這樣的戀愛關係就好，至少直到我念完大三與大四之前應該是如此。但我們卻結婚了，那年我十九歲，他二十一歲。我是個被寵壞的么女，他則是個被寵壞的獨子，我們沒有未來。

幾乎從一開始，我就感覺到他對這段婚姻感到後悔——他覺得自己被綁住了。在我們第一次吵架時，他吵到一半就一語不發地走出門。他在數個小時後回來，我哭著問他：「你去哪裡了？」他說他回去他爸媽家了。相同的狀況又重複了好幾次。至於我，則是太頻繁地找各種藉口，在週末回家見我的父母。顯然我們兩人都還沒有準備好要離巢，畢竟婚姻是適合成人的。我們很快就發現這場婚姻是一場災難。

我永遠不會忘記爸媽來載我回家的那一天。他們幾乎沒說什麼話，只是陪著我走向他們的車——那是一台嶄新的一九五零年深藍色斯圖貝克（Studebaker）。我沒有多少需要打包的東西，或許二十歲的我並不想要帶回任何會勾起這段失望回憶的物品。而這並非人生中唯一一次我把東西留下的情境。然而，儘管我沒有帶走物品，但我依舊帶走了深切的挫敗感。

與此同時，我也因爲能夠回家而鬆了一口氣——事實上我從來沒有想要離開過家，幼稚園時不想、夏令營時不想、大學時不想，就連結婚時也不想。爸爸開車載我回紐奧良的路上，媽媽坐在前座，我坐在後座看著窗外，傾聽車上的廣播電台。感謝廣播電台省去了對話的必要性。我靜靜坐著，迫使自己不要去感覺內心那陣可怕的沉鬱及悲傷。我試著擺出一張漠然的臉，好像這並不是世界末日一樣。這就是我的版本的「世上沒有好事。」這次負面教訓，教導我把沉重的情緒與熱情都埋葬在心底。

接著，廣播播起了當時很流行的一首歌——〈因爲〉（Because），這是一首情歌，時常在婚禮上播放。這時，媽媽終於開口了。

「喔，貝蒂。」她說，「妳怎麼能在聽到這首歌時不流淚呢？」

回憶快轉到一九九八年的二月：在一場演說後，群眾紛紛向我道謝，一名男子握了握我的手，說：「妳是個性格外向的人，真是幸運——我敢說這樣的性格一定讓妳工作起來順利得多。」他這麼說讓我開心極了！性格外向？這項特質在過去從來沒有保佑過我、也沒有困擾過我。

數個月後，我在奧克拉荷馬市的一場人權戰線（Human Rights Campaign）活動中演講，之後我認識了幾個也參與了該次活動的人，他們都非常出色，也跟我說了他們自己的故事。其中一位當地的人權戰線成員再次稱讚我，他說：「妳在面對人群的時候很放鬆，又擅長傾聽，跟人講話也非常平易近人。」

他們的稱讚讓「新的我」覺得很有趣，因爲在我成年之後的絕大部分人生中，「舊的我」都是個含蓄的人。當然，我在年輕的時候並不含蓄。但在成長的路上我改變了，或許是在結束了第一場婚姻之後吧。

我保持著開心的外表，嚴密地掩蓋住羞愧感與失望感。但我的內心卻像是被炮彈擊中一般，陷入了震驚中，過去一直維持在健康水準的自信心開始逐漸受到腐蝕。

當時我爸媽的反應十分值得褒揚，他們張開雙臂，絲毫不帶批判地接納了我。或許他們只是因爲寶貝女兒回家而感到開心。當時我根本沒有考慮過要買一間屬於自己的房子。此外，當時離婚是一件不尋常的事，我從來沒有想過身爲離過婚的女人還能再回到學校，因此我找了一份工作，之後就此踏上了連續數年的轉換跑道之旅，我做過祕書、行政助理和就業諮詢——更不用提其他各式各樣的全職或兼職工作，我還在期間拿到了一張房仲證照。

當時，我曾求職過的其中一間公司是加州公司（California Company），也就是現在的雪佛龍公司（Chevron）。我在走進人事部門時看到了一張熟悉的臉孔——一位名叫艾略特·德傑尼勒斯（Elliot DeGeneres）的年輕男子。我是在基督科學教派的青年交流社團中認識他的，我們已經認識好幾年了。

艾略特在加州公司的職位是公司報的編輯。他又高又瘦，習慣微微駝背，似乎不太適應自己的身高。艾略特的長相並不特別令人目眩神迷，不像是我從小到大心目中所想的白馬王子。但他的確有一雙美麗的藍眼睛（艾倫也遺傳到了這一點）、一頭黑髮以及溫暖的笑容；此外，他的個性讓我覺得和他相處起來很安心。我們當天只簡短地談了幾句——我記不得確切的內容了。我填妥一份文件，接著回家。那天晚上，艾略特打給我，給了一些有用的建議，他說若我能學會速記的話會比較容易被錄取。我們又聊了一些其他事，因此他之後還有理由可以再打來。一段友誼就此建立。

我很快就被機械相互保險公司（Hardware Mutuals Insurance Company）錄取了，這表示我不需要學速記了。但到了這個時候，我和艾略特的電話交流已經讓我們進展到一起上教堂了，最後變成了約會。我發現他具有絕佳的幽默感，總是能用滑稽的笑話與妙趣橫生的評論逗得我頻頻發笑。有一次我們坐在教堂中，他指著門口的出口標誌（EXIT）悄聲對我說：「妳知道那是什麼意思嗎？艾略特的木琴沒有走音（Elliott's Xylophone's In Tune）」。他很喜歡把這種小笑話轉個彎兒。有些笑話只有他自己才會覺得好笑——他以前常厚著臉皮講一些老掉牙的笑話，現在也是，但有些笑話則非常有意思。

在數年前，他用卡通圖案畫了坐在教堂裡的鵝，送給艾倫。牧師也是一隻鵝，他說：「如果你愛耶穌，請按喇叭。」[2]艾略特善於用顯而易見的荒謬事物來開玩笑，范斯與艾倫則把這樣的特點更加發揚光大。

在艾略特還沒讓我墜入愛河之前的追求時期，我過得非常開心。當時有另一個和我約會過的傢伙太過積極，把我給嚇跑了。艾略特則完全相反——他溫和體貼又尊重人。最重要的是，他讓我覺得非常有安全感。還有，或許在某種程度上來說，他將我從第一場短暫婚姻帶來的挫敗感中拯救了出來。在內心深處，我覺得若我能夠和艾略特修成正果，我就能讓自己恢復正常。

我是否愛上他了呢？我對他並不懷抱著我對高中時期初戀男友的激情。我對他也並不懷抱著我再次結婚對象時那種浪漫又充滿童話故事的感覺。但我的確慢慢愛上了艾略特。他是個完美的朋友，我們的品味與興趣都很類似，我們都喜歡去聽交響樂，也喜歡在百老匯來紐奧良時去看戲。

艾略特是個很棒的人。他繼承了爸爸的法國血統與媽媽的英國血統，似乎是個職業道德感很強烈的人。他的聲音低沉富有磁性，曾做過廣播播音，雖然沒有上大學，但計畫要就讀杜蘭大學的夜間部。而且他是個虔誠的基督科學教徒，我很欣賞這一點。艾略特求婚時，我將他的所有優點都想過一遍，然後說我願意。

我們在一九五二年十一月七日下午六點半結婚，地點在聖盧克衛理教堂的一間小房間。參加婚宴的人有我們、我媽媽、我爸爸、艾略特的媽媽露絲和「姨媽」——他媽媽的姊姊。婚禮結束後，我們開車回我爸媽位於尼爾森街的家，我的家人都在那裡等我們，大家一起舉辦了一場溫暖可愛的小型宴會。

宴會中，幾位家人送了一些設想周到又實用的新婚祝福禮物，在拆禮物的途中，艾略特送給我一個美麗的銀手環。手環內側有刻字，上面寫著：「送給全世界最可愛的女人。」

宴會結束後，我們在晚上與家人道別。接著，我們在昏暗的天色中坐上艾略特又大又老舊的藍色雙門德索托，開車前往田納西州的大煙山度蜜月。

---

2 原文爲「Honk if you love Jesus.」，這是美國常見的汽車保險桿標語，這裡的honk既有按喇叭的意思，也有鵝嘎嘎大叫的意思。

我們的第一個停靠站是密西西比州的一間汽車旅館。第二天早上離開時，旅館主人在我們的車後保險桿上貼了一張貼紙，上面寫著：「我們在希爾汽車旅館睡了個好覺。」這句話再真實不過了，因為除了睡覺之外，我們什麼事也沒做。這讓我覺得有些沮喪，但我把這件事歸咎在疲憊與緊張的頭上。我們在追求時期曾坦白地討論過性，艾略特誠實地告訴我他還是處男，也清楚地表達了他有多期待我們這段戀情中的肢體接觸部分。我認為我們需要的應該是好好休息一晚。

我們在田納西州蓋特林堡的飯店辦理入住後，被帶到了蜜月套房。房間裡有一扇大型觀景窗，可以俯瞰從山脈中沖刷嶙峋石塊而下的優美溪流。我們花了一點時間把東西放好，然後我拘謹地說：「艾略特，我想先沖個澡。」

「好的。」他回答。接著他拿起繪圖本，說他要去外面畫一張小溪的圖畫。我沖完澡之後，穿上嶄新的蕾絲貼身內衣，萬分期待地等著他回來。但據我記憶所及，他一直沒有回來。我只好放棄，穿上衣服，後來我們一起去打了幾場網球。事實上，在蜜月期間，我們完全沒有盡到夫妻義務。艾略特在一個適合的時機告訴我，他一定得寄封信給他媽媽。

「真的嗎？」我問。

「當然是真的。」他解釋。「她現在在姨媽家。妳知道她有多不喜歡自己獨處。寫封信能讓她感覺好得多。」

缺乏親密關係自然地使我感到困惑與失望，甚至有點恐慌。我不得不開始思考，我做的選擇的確能讓我覺得「安全」且受尊重，但這會對我的生活造成什麼影響？我們回到家之後，依舊什麼事都沒發生，我記得我當時想著：「我可以去申請婚姻無效聲明。」但我當時理所當然地不想要承認我又犯了另一個錯誤，因此我沒有在衝動之下真的這麼做。感謝上帝！

大約在一個禮拜之內，艾略特克服了他過去不知爲何存在的障礙，我們履行了夫妻的義務。不過這其中並不包含我所夢想的激情，在我們的婚姻中，性行爲並不常出現。

在我需要露斯博士[3]的時候，她跑去哪了呢？一九五零年代的民風古板拘謹，她根本還沒出現呢。

不幸的是，當時我從未接受過性教育。我無法和艾略特討論我的憂慮，畢竟我的專長就是避免衝突。我最後說服自己，艾略特是個注重精神世界的人，物質需求與肉體需求對他來說不太重要；他就只是性需求較不強烈罷了。必定對於像我們這樣虔誠的基督科學教徒來說，性是一種物質慾望，而教會總是教導我們要試著克服這些慾望。

3 Dr. Ruth，一九八零年代的知名性治療大師，時常出現在廣播與電視節目中。

我甚至沒有和媽媽、海倫或奧德莉談過這件事——我們全都在「不談論私事」這方面被訓練得太好了。

媽媽連「罪」跟「謊」這兩個字都無法承受了。聽到「性行爲」大概會讓她直接昏倒。

性是問題之一。還有第二個問題，而這個問題促成了第一個問題的存在——艾略特的媽媽。她和我們住在一起，我們剛結婚時，我搬進了他們之前住的小小公寓中。一開始，我覺得新婚夫婦和婆婆一起住並不是什麼不合理的想法。我以爲我們一旦存夠錢之後就會搬出去了，或許再等上幾個月。

但我錯了。我當時並不知道露絲·德傑尼勒斯有多依賴她的獨子。艾略特不只提供她全然的經濟援助；無論她要去那裡，艾略特都會載她去。媽（我當時是這麼稱呼她的）很少離開家裡，每次離開家裡我們都必須陪同。正如艾略特在蜜月時告訴過我的，她是真的拒絕獨處。因此，無論我們何時要出門，我們都必須安排好，先把她載到親友家裡，回家的路上再把她接回來。

從最一開始，這種缺乏隱私的生活型態就讓我感到困擾。還有，露絲時常會不假思索地說出批判性的言論。這對於我敏感的個性來說可不是件好事。但我努力試著理解她的生活有多困難，以及她爲什麼這麼依賴艾略特。我知道他們過去的家庭狀況經歷過許多波折，她的先生是個酒鬼，最後拋棄了妻子與兒子。因此，我沒辦法抱怨媽或者這個狹窄的居住環境。我以樂天的方式試著把注意力放在光明面，並努力只看她的優點。

「喔，媽。」每次她打扮好，準備要去教堂時，我都會告訴她，「妳的頭髮看起來真美。」媽爲人嚴謹，出門時都打扮得非常得體，她會把一頭捲曲的灰髮整理得漂漂亮亮，而且總是自己剪頭髮。

「真的呀？」她會這麼回答，接著自豪地提醒我，以前人們都說她長得就像是比莉·布魯克（Billie Burke）。

還有，她的廚藝非常精湛，由於艾略特和我都是全職工作者，因此媽能做飯對我們有很大的幫助。但另一方面，若她沒辦法在櫥櫃裡找到需要的食材時，她是絕不會自己走到街角去買的。她會打電話要我們在下班回家的路上買回去。這並不是什麼麻煩事，但我們買到的最好是她要求的品牌，否則我們就必須花上整個晚上聽她抱怨。

我一直不知道我用掉了多少耐心在這些事情上，直到我和艾略特第一次一起度過肥胖星期二（Mardi Gras）嘉年華。他和我都很享受爲了化裝舞會做打扮。在我們結婚前一起參加的一場派對上，我們扮演成拳擊手與訓練員——他穿著一件長袍，背面印著「地平線小子」，我則穿著高領毛衣和休閒褲，手上拿著水桶、毛巾和海綿。

在嘉年華當天，我們裝扮得傑出極了。艾略特打扮成牛仔，我則打扮成兔巴哥，衣服是在當地的廉價雜貨店買的，還配上了高高的大耳朵、面具和一大把紅蘿蔔。

我們出發的時候心情快樂又放鬆——艾略特駕車，我坐在前座，露絲坐在後座。雷克斯遊行（Rex Parade）的隊伍將會經過聖查爾斯大道，因此我們提早抵達，想要找到盡量接近那裡的停車位。但很顯然的，所有紐奧良人都是這麼想的。附近連一個車位都沒有。

「我早就叫你們要早點出發了。」媽生氣地說。

「嗯，妳是對的。」我禮貌性地承認。

艾略特又開了一個街口的距離，冷靜地安慰媽說他會找到停車位。

但媽一點也沒有被安慰到。我們距離聖查爾斯大道的距離每多一個街口，她就更生氣一些，到最後，她指控我們兩個人是故意不找停車位的，因爲我們想要惹她生氣並強迫她走路。她不習慣走路；她習慣有人載她到目的地放她下車。

我們找到的停車位距離聖查爾斯大道只有五至六個街區遠，但對我來說，她的壞脾氣已經把這一天給毀了。真是感謝老天我臉上帶著正在微笑的愚蠢兔巴哥面具，因爲在面具背後，我的眼睛裡已經噙滿了淚水。

現在回想起那時的生活，我發現多數時間我都戴著面具——我把情緒都藏在心裡，努力維持忙碌的生活，扮演著他人所期待的快樂又活潑的角色。

我們大多數的時間都被工作占據了。艾略特很快就開始在人壽保險工作，我則繼續留在機械互相保險公司。除了工作之外，我們的生活重心就是教堂。沒過多久，我們就決定要參加密集的兩週宗教指導課程，這是對基督科學教徒而言非常重要的一步。全美各地都有受教會認證的導師，我們參加的課程則位於德州休士頓。有些老師就像我們遇到的這個老師一樣，會建議學生不但要戒除酒精與菸草，也要戒除所有含咖啡因的刺激物，諸如咖啡、茶和可樂等。我們嚴格的依照他的建議行事。在我們的生活中，禱告優於一切，此外我們也每天研讀聖經，一天都沒有落下。

在一九五四年九月二日，我在紐奧良的圖羅醫院中進行了數次充滿喜樂與感激的禱告，因爲我生下了范斯．艾略特．德傑尼勒斯——他是我看過最美麗、最完美的小嬰兒了。沒有任何感覺能稍微比得上媽媽初次擁抱新生兒時所感受到的敬畏與鍾愛。我墜入了愛河。

那次的生產過程並不輕鬆，我努力了好久。但范斯出生時非常健康，體重是七磅八盎司（約三點三九公斤），我的狀況也很好。隔天，我的家人與朋友全都興奮地跑來看他。其中有一段空檔，我和我的婆婆單獨待在房間裡，這時護士帶著范斯進來讓我餵奶——不過比起進食，他似乎對睡覺比較感興趣。

「我們把他叫醒就好了。」護士說，好像對她今日的安排來說，晚點再回來是件不怎麼方便的事。她叫醒范斯的方式，是用手指大力擊打范斯小小的腳底。她還不如直接往我臉上打一巴掌比較快。我沒說什麼，但淚如泉湧。

護士發現我因此感到難過時，她笑著說：「他不會受傷的。」然後她又打了一次。

我哭出了聲，對她說：「可以請妳離開嗎？」

露絲顯得目瞪口呆。「我不知道她是哪裡不對勁。」她對護士說。「她平常不是這個樣子的，她是個很好相處的人。」

她們兩人對著我不贊同地點點頭，好像完全沒有注意到我覺得我的孩子受到了傷害。

幸好我成功跨越了那次創傷，我們很快就驕傲地帶著范斯回到了小公寓。現在我們是一家四口了，但我們住的地方只有一間臥室。我一直持續餵奶——這是健康且自然的養育方式——但他哭得很頻繁。我當時是個緊張的新手媽媽，很擔心會吵到鄰居。後來有一天，媽的一位朋友來拜訪我們，當時我正好在哺乳，那位朋友一看到我就大聲嘲弄道：「哇，當一隻乳牛的感覺怎麼樣啊？」

我受到很深的打擊。從此之後我就換成用奶瓶餵范斯。

除去這些令人沮喪的事件之外，成為年輕的媽媽讓我體會到前所未有的快樂

——我從來沒有過這種感受，現在我的人生有了新的意義。范斯是個好看的小孩，在嬰兒時期與學步兒時期的脾氣都很好。他從很小的時候開始就喜歡聽音樂，似乎天生就帶有一種幽默感。他說出的每個字都讓我覺得他聰明極了。當時正值總統大選，艾略特和我把票投給了共和黨的候選人艾森豪，那時有一句非常流行的口號是「我喜歡艾克。」[4]小范斯的版本是「艾克艾克艾克。」我們都覺得他實在是太可愛了。

我全心全意投入在照顧范斯上，同時兼了幾份自雇工作，包括雅芳推銷小姐與百科全書推銷員。後來，我換到雜貨批發商家做辦公室兼職。此外，我還要上教堂並專注在日常興趣中（我當時的興趣是油畫、編織和縫紉），生活忙碌而充實。

雖然我一直未曾留意，但我的婚姻問題其實尚未解決。我們的性生活沒有任何進展，而媽（孩子們會叫她姥姥）——依然和我們緊密地生活在一起。

艾略特似乎一直處於否認的階段。我的不談論使他得以繼續否認下去。我們在基督科學教派中工作時很安靜，在等待事情「解決」時，我們只會對一位醫療者說話。印象中，我不曾對任何人提過這件事，我甚至沒有跟任何人承認過這段婚姻是不完美的。只要我感覺到質疑，我就會避開這種感受，並下定決心我要和艾略特一

4 原文爲「I Like Ike.」，Ike是艾森豪的小名。

起堅持下去，然後更加誠心地禱告，希望能有所進展。

沒多久後，我們終於能夠買下第一棟房子了（感謝我媽媽與爸爸的幫助）——地點位於紐奧良的郊區梅泰（Metairie），是一間兩房一衛浴的房子。艾略特和我依舊沒有多少隱私，但至少我們的空間比之前大了一些。

後來，我媽媽和爸爸又協助我們進行擴建。擴建房屋時，我逐漸對房屋裝修起了興趣。之後，由於我們時常搬家，我甚至可以說是裝修的專家了。在一九五五年，我參加了一場由美國家庭裝修委員會（National Home Improvement Council）舉辦的全美徵文比賽，參賽者超過了八萬名。徵文的主題是「爲什麼美國人想要改善他們的家園」。最後我寫的文章竟然贏了，還收到了一百美元的獎金，我實在訝異極了。當時紐奧良的報紙《皮卡尤恩時報》上還刊登了我、另一名當地的贏家以及市長德勒塞普．S．莫里森（deLesseps S. Morrison）的合照。

這件事激勵了我繼續寫作，沒多久後，《基督科學箴言報》（*Christian Science Moniter*）上就開始刊登我所寫的文章，通常都是一些充滿當地色彩的故事，主題不一而足，包括寵物照顧、家庭假期，還有我在肥胖星期二嘉年華讓我的四歲兒子打扮成牛仔，還有給我一歲的奇蹟女兒（miracle child）打扮成兔子。

艾倫確確實實是一個奇蹟。我一直乞求上蒼讓我擁有第二個孩子。艾略特覺得有了一個讓我們深愛的孩子已經足夠了。但我就是個頑固的人，我沒有放棄。我直到現在依然會爲了我當時有堅持下去而每天感謝上帝，艾略特也一樣。

我們發現我懷孕的時候，我們決定要同時告訴我媽媽、我爸爸和媽。過了幾天後，我們在我爸媽家的晚餐時間公布了這個消息。我爸媽開心極了。媽則試著表現出愉快的樣子，但我從她的聲音能聽出來她有些不高興。

我們在開車回家的路上弄清楚她爲什麼不高興了。

「不能事先提醒一聲嗎？」她勃然大怒。「你們幹嘛故意讓我嚇一大跳？」她發了好一陣子的脾氣。

第二天，她忙著協助整理家務，依舊一臉不高興的樣子。在她修好了某個無法正常運作的小工具之後，我向她表達善意：「我覺得妳很聰明。」

「是嗎，但我可不覺得妳聰明。」她回道。

這顯然不是一個好的懷孕開端。但我實在太想要第二胎、太開心了，因此我很快就擺脫了沮喪的情緒。

當然了，艾倫一誕生到這個世界上，姥姥就對她疼愛得不得了，就像她對第一個孫子的疼愛一樣。范斯和艾倫是她生命中的光亮。

雖然我們告訴范斯說，他可能會有一個弟弟或妹妹，但我們沒有向他解釋什麼是懷孕，或者嬰兒是從哪裡來的。後來在快到預產期的某一天，我請他幫我做某件他不想做的事時，他回答我：「才不要呢，肥肚肚太太。」難道我們以爲他不會注意到這件事嗎？

我的肚子當時真的很大，事實上，艾略特的媽媽後來告訴我說，她不知道我要怎麼出門去。

范斯很早就出生了，但艾倫卻晚了兩週。在週日早上吃過一頓豐盛的早餐之後，我終於開始陣痛，羊水也破了。我們抵達傑佛遜區的奧克斯納基金醫院時，護士一聽到我剛吃了一大堆食物就覺得事情不妙。

同時，我媽媽和爸爸一聽到消息就趕來醫院陪伴我們。但艾略特在樓下和他們碰面，請他們在樓下稍候，他之後會請他們上去。媽媽後來告訴我，艾略特的大衣口袋裡塞滿了基督科學教派的著作。我們當時的確一刻不停地禱告。

而神在一九五八年一月二十六日回應了我們，艾倫．李．狄珍妮出生了。她的體重高達九磅十三盎司（約四點四公斤），生產過程還算順利。他們立刻把她抱過來給我看，我對她的印象是一個美麗又圓滾滾的小肉球。當天稍晚，親友們聚集到育兒房外面，透過玻璃窗看嬰兒，正好聽到旁邊有個男人指著艾倫說：「你們看——這小男生之後一定會成爲美式足球員。」

媽忿忿不平地糾正他：「她是女孩子。」

艾倫從小就是個溫和且快樂的嬰兒——她在學步兒時期漂亮可愛又圓滾滾的，留著一頭金髮，一雙敏銳的藍色眼睛看起來總是比實際年齡還要成熟。那眼睛在上一刻可能還因爲淘氣而閃爍著光芒，下一刻可能就會因爲多愁善感而盛滿淚水。艾倫在還是個小女孩的時候最喜歡兩個東西：她的洋娃娃和哥哥范斯。

在嬰兒肥逐漸退去之後，艾倫長成了高瘦、男孩子氣、活潑又積極的女孩子，十分擅長運動（像范斯一樣，他也極爲擅長運動）。我鼓勵她去學芭蕾，但她一點興趣也沒有。不過當初那個男人說的美式足球員也是錯的——她對美式足球同樣沒有興趣。

在艾倫告訴我她是同性戀之後又過了許久，她依然無法理解爲什麼我沒有事先看出端倪。她會指著以前的照片裡她戴的領結以及極短的精靈頭，開玩笑地說：「對啊，妳當然看不出來，當初真是一點線索都沒有呢。」

我還記得艾倫六歲的時候發生了一件有趣的誤認事件。那個週末我們一起去了密西西比州的格夫波特（Gulfport），住在豪華的水濱飯店——我在某次的漢蒙式電風琴比賽中贏得了住宿券。艾倫當時留著一頭直直的短髮和瀏海。雖然她當時偶爾會穿洋裝，但在度假時她大多數時間穿的都是短褲和短袖上衣。一天早上，艾略特帶著范斯和艾倫進電梯，一名飯店的旅客問：「這是小男生還是小女生呢？」

艾略特有些氣惱地回答：「是小女生。」接著，在電梯抵達他們要去的樓層

5 艾伯特（Albert）是男生名。

時，艾略特立刻看向艾倫，一邊往外走一邊說道：「艾伯特[5]，走吧。」她爸爸總是很擅長這種即興幽默。

艾略特和我都覺得能擁有這兩個美好又貼心的孩子是上天的眷顧。姑且不論現在的話，范斯和艾倫從嬰兒到長大的那段時間是我這輩子最開心的時光。母職似乎是我的真正使命。

爲人家長的責任重大，我們幾乎事事都倚靠禱告，讓禱告帶領我們。兩個孩子從來沒有打過疫苗，也沒有吃過藥。我們在天冷的時候總是讓他們穿上合適的衣服，照顧好他們。若白天天氣轉冷，我會帶著毛衣衝到學校去給他們。此外，我想我應該是世界上第一個買吹風機的人——那支吹風機簡直就是一隻恐龍。到了冬天，我們會替孩子們吹乾頭髮，好避免他們感冒。我到現在還留著那支吹風機。讓我們感到依戀的東西總是很有趣，不是嗎？

范斯和艾倫都很喜歡主日學校，也喜歡學習聖經故事與禱告。他們每晚都會唸一段很棒的孩童禱文：

愛我的天父天母，
請在我睡覺時守護我，
請引導我的小腳，

走向祢。

我還記得艾倫在學會寫字後沒多久，就寫下了這段訊息：「神是愛。」有一次，范斯在外面和朋友玩時跌倒了，但並未受傷。他的其中一位朋友說：「喔，他站在上帝那一邊。」若非他們曾經聽家長談論過禱告在生活中占有多麼重要的地位，我真不知道該怎麼解釋這句話是從哪裡來的。雖然如今我們三個人都不再信奉基督科學教派了，但我們已從其中學習到最好、最正面的觀點，應用到生活中。

我相信在孩子們年幼時給予精神基礎是一件很正面的事——尤其是神會無條件地愛他們這件事，就像他們的雙親會無條件愛他們一樣。還有另一個應該教導你孩子的重要訊息。我認爲最重要的是要讓他們知道，只要是他們這輩子真正想做的事，他們都可以去做。

這是我媽媽此生給我的最大的禮物，她總是告訴我：「貝蒂，妳想做什麼都可以。」——我每織一件毛衣、每畫一張圖、每刺下一針繡線、每上一堂課，她都會這麼告訴我。

你要教導你的孩子，他們不只擁有能力與權利追求夢想，他們也有能力與權利追求他們渴望的愛，這是非常重要的。在他們尋找自己所渴望的事物時，你應該要教導他們，他們必須負責任，爲自己負責任——他們可以、也應該要有堅定的自信心，但自信並不等同於帶有攻擊性。

雖然我媽媽給了我非常正面的訊息，讓我知道我想做什麼都可以，但她沒有協助我培養出堅定的自信心。我太常聽到她說「妳不應該有那種感覺」了，因此我學到的是，我的感覺不重要。這是我不希望傳遞給下一代的事。

我學到孩子需要被尊重。如果你給予他們尊重——不要對他們吼叫或者忽略他們——他們就會學會尊重。

成為母親後的每一天我都在學習。我學到了身為家長時，態度前後一致是很重要的，家長是彼此的夥伴，應該維持統一戰線。我學到了對孩子而言，能看到家長對彼此表達真正的喜愛與情意是很重要的。這些重要的事之中，有些是能在我們家看到的，有些則否，但我認為這些事代表的是一個理想狀態。

我在一路上不斷試誤，不斷學習。知道了我如今知道的這些事之後，我很希望能在某些事情上重新來過。但由於這是不可能的事，所以我要繼續走下去，未來力所能及地做到最好。若說過去有任何事是我希望能用不同方式來處理的話，那就是溝通。德傑尼勒斯家庭的人全都不擅長表達深層情感。

幸好我做對了一件事，我在孩子們小的時候花時間陪伴他們。當時黛娜．索爾（Dinah Shore）是電視節目主持人，她曾唱過一首歌，內容是孩子要媽媽到屋外陪他玩。他媽媽很忙，因此回答說：「我晚點過去。」但「晚點」似乎永遠不會到來。我完全理解這首歌想傳遞的意義，我在孩子還小的時候很喜歡和他們做伴。或許這就是爲什麼現在回憶起來，那段時期的記憶如此開心。或許這就是爲什麼儘管後來經歷了痛苦到有可能拆散我們的事件，我們之間的關係依舊如此緊密。

多數家長或許都會同意我先前說的話。我們全都希望孩子能得到最好的。我們希望這個世界是安全的、是充滿機會的，能讓他們成長茁壯。我們希望他們能在他們選擇的事業中成功，長大後找到摯愛的人生伴侶。我們全都盡我們所能地傳授這些價值觀。我們全都會犯錯。從這些角度來看，我認爲多數家庭的狀況應該和德傑尼勒斯家庭不會相差太多。

但讓我震驚的是，我發現有些人會說，這些愛孩子、照顧孩子的準則在孩子是同性戀時是不適用的。在最近的一場廣播電台叩應採訪中，許多人打電話來對艾倫與我致謝。其中一位叩應的聽眾在電話中說她是一位母親，接著道：「我想要告訴貝蒂，我尊重她對於女兒抱持著無條件的愛，我覺得她能無條件地支持女兒是一件很棒的事……」

接著她停頓了片刻，我向廣播電台中的其他人用嘴型無聲地說：「……但是……」

但這位女士的用語比較正式一些，她說的是：「然而……」接著，她用較嚴厲的語調繼續道，「我想要跟妳分享，艾倫成爲同性戀的這個選擇……」她又停頓了片刻。我想要就此打斷她並提出反對，但我還是等待她繼續說下去：「——這不是我的選擇，我很擔心這種激進的舉動會悄悄影響到小孩子和年輕人。上帝對這個議題的看法是很明確的。」她又說：「我並不想要對妳講道。」言下之意，她很樂意引用聖經中的某個章節給我聽。

「好的，」我回答，「我完全理解妳的動機以及妳想說的話。我不打算和妳爭論或者改變妳的想法。妳的感覺很強烈，我很感謝妳發言。」我原本可以就此結束這段對話，但我一想到那些跟她住在同一個社區的同性戀孩子們時，我就覺得我必須繼續講下去：「成爲同性戀並不是一種選擇。沒有人會因爲受他人影響而成爲同性戀。絕對不會。現在有很多高中裡面都有同志與非同志聯盟，裡面的成員有同性戀與非同性戀青年，他們彼此支持、彼此包容。他們並不會因此改變自己的身分認同。這就是他們本來的樣子。」

這位母親的內心衝突真的挺多的。她再次開口說：「我反對任何人因爲他們所選擇的事物而造成他人生活上的痛苦……」

「很好。」我回答。

「然而……」她再次說道，「我的基準是上帝的話語。不是我說的話，也不是我的選擇，這是神告訴我們的。神的話語很確切，從利未記、路加福音、羅馬書到啓示錄——從頭到尾——都說這是我們不再仰望神的時候，從我們的內在天性延伸出來的生活方式。而且我沒有聽說過基督徒和有信仰的人會這麼做。」

我反駁道：「有非常多同性戀男女都是基督徒和有信仰的人。」討論就此結束。在那位叩應聽眾離線後，我又加了幾句意見：「聖經——或者應該說人類對於聖經的解釋——在過去一直都被特定團體用來達成特定目的。人們以前利用聖經來姑息奴隸制度，接著拿聖經來讓女人沒有投票權，如今又為了這個目的拿聖經來大吵大鬧。」

後來我繼續思考這件事，我發現令人難以置信的是，這些自稱為聖經專家的人好像都忽視了耶穌的這些告誡：「不論斷他人……」以及「你們之中沒有罪的人可以扔出第一塊石頭。」

稱讚另一位母親無條件地關愛女兒，接著又加上一句「然而」似乎也不像基督徒應該做的事。「無條件」代表的就是沒有「但是」，不是嗎？

事實就是，在艾倫向我出櫃之前，我對於同性戀是完全無知的。但就算如此，我連一秒也無法想像我會在對她的愛之中加上一句「但是」。

我現在已經知道，要找到另一個適合你、讓你充滿激情並且讓人生變快樂的對象是一件多麼不容易的事了，因此我無法想像若你的女兒或兒子終於找到這樣的戀情時，你會因為這樣的對象正好是同性而表示反對。

這是所有人生來就應具有的基本權益，我無法想像為什麼會有人想要剝奪其他人的這種權益。我們愛的人就是我們愛的人。

第三章
紙娃娃家庭

一九五零年代結束了，新的時代到來。現在回過頭去看一九六零年代的報紙頭條——當時的文化、社會與政治都出現了許多重大變革——總是讓我覺得有些奇怪，因爲我當時和這些事件幾乎是隔絕的。

舉例來說，在一九六一年，民權運動逐漸成形，一組被稱爲「自由乘車運動者」（Freedom Riders）的人——共同爲自由抗爭的黑人與白人——從華盛頓特區出發，搭乘無種族隔離公車往南行。公車被燒毀了，運動者被打得很慘。這件事發生時，我沒有太大的感覺。我當然在報紙上讀到新聞了，但我一直被保護在平凡日常家庭生活的厚繭之中，因此沒有受到什麼影響。後來，馬丁．路德．金恩二世（Martin Luther King Junior）站了出來，我記得自己當時曾被他充滿熱忱的演講所感動。但我沒有發現，其實在我之中也存在著和他相同的掙扎。難以想像我竟會在數十年之後加入尚在奮鬥中的平權運動，並在金恩博士的遺孀科麗塔．史考特．

金恩（Coretta Scott King）曾發表演說的場合公開演說。

一九六零年代晚期至一九七零年代的女權運動一定繞開了路易斯安那州的梅泰。至少女權運動繞開了我，我一直到一九九零年才終於趕上（或許燒毀胸罩[1]（bra-burning）的運動從一開始就讓我不太感興趣）。

同樣的，在美國更加投入越戰時，我對於反戰運動也沒有什麼興趣。我就像當時的許多美國人一樣，一開始我相信我們參戰的動機是良善的，是爲了保護民主。但隨著戰事拖延，愈來愈多生命殞落，我開始與其他美國人民一起祈禱，希望戰爭能結束。感謝上帝，在一九七零年代中期，范斯告訴我他要加入海軍陸戰隊的前一天，美國終於撤軍了。

德傑尼勒斯家庭是典型的純美國核心家庭（All-American nuclear family）——當時大家都是這麼稱呼像我們這樣的家庭的——因此我們無可避免地同樣受到

1在一九六零、一九七零年代的時候，女權份子視胸罩爲束縛女性象徵，是男性加諸在女性身上的束縛。一九六八年的美國小姐選美（Miss American），大批女權份子聚集在場外，揮舞那些象徵禁錮女性的物品，如胸罩、口紅、高跟鞋等，這些物品被扔進一個大垃圾桶，那個垃圾桶名爲「自由垃圾桶」（Freedom Trash Can）。因當時進行抗議的這些群眾並未取得公共場所放火的許可證，所以並未將物品燒毀。但媒體卻以「燒毀胸罩」（bra-burning）、燒胸罩鬥士（bra burner）、不穿胸罩的女人（braless）等詞彙大肆渲染，對女權份子進行「極端」的貼標籤形容。

了流行音樂、藝術與大眾文化的影響。從披頭四成名開始，范斯和艾倫就染上了披頭四狂熱，後來他們又愛上了摩城唱片（Motown）與其他搖滾樂。另一個主流文化是電視。我們全都喜歡看各式各樣的電視節目，例如愛德．蘇利文秀（*The Ed Sullivan Show*）、史蒂夫．艾倫（Steve Allen）和傑克．帕爾（Jack Paar），當然也喜歡遊戲節目，像是《名人猜猜看》（*What's My Line?*）。

范斯和艾倫什麼都看——任何能夠不做作業的理由他們都喜歡。艾略特和我試圖要限制他們看電視的時間，但姥姥總是開著電視，我們的房子又小，因此我們幾乎沒辦法禁止孩子們看電視。其實他們當時是在替未來的職業打基礎，只是當時我們對此一無所知。

一九六零年代混亂且充滿變故，但奇怪的是，我們的家庭生活從表面上看來幾乎是平靜無波的。那幾年間最讓人興奮的事，大概就是在一九六三年，也就是范斯八歲、艾倫五歲時的一趟旅遊了。那時艾略特在泛美人壽保險公司銷售保險（就是我爸爸升職成爲總經理的那間公司），他的表現很好，因此有機會可以去舊金山參加保險業務員大會。他們邀請我在大會上發表演說，主題是「身爲保險業務員的妻子具有什麼意義」。

我們四個人——姥姥沒有去——搭乘落日號火車離開紐奧良，全都很興奮能去迷人的加州進行一趟美好的旅程。第一個停靠站是洛杉磯。我們在火車上住的是有上下鋪的臥鋪車廂，每一個新景點都讓我們沉浸其中，沿途我們都很享受變化多端的風景。

艾倫一臉驚奇地從窗戶往外看，她一隻手緊抓著洋娃娃，另一隻手抓的是她最喜歡的毯子，她無論到哪裡都要帶著這條毯子，毯子已經快變成一條破布了。范斯則時不時做出機智的解說。在抵達美西時，我們看到外面有一群羊正在吃草，范斯說：「媽媽羊正在說：『孩子們，快把青菜吃掉。』」他真是鬼靈精怪。

到了洛杉磯，我們就成了那種對洛杉磯有各種幻想的觀光客。我們搭乘導覽公車前往好萊塢山，導覽人員指著某一棟房子上的直升機螺旋槳要我們看，那是法蘭克．辛納屈（Frank Sinatra）的直升機。我們被帶去拍攝《吉利根島》（*Gilligan's Island*）的片場，導演喊著：「再讓鯊魚退後一次。」當時我在那個片場中說了一句令人尷尬的話。就在我們走去販賣部時，我看到傑瑞．凡．戴克（Jerry Van Dyke）走了出來。「喔，快看，」我說，「是狄克．凡．戴克（Dick Van Dyke）的弟弟。」我很確定這句話不會對傑瑞的自尊心帶來任何正面影響。

這趟旅程的高潮是去迪士尼樂園的那天。我們住的飯店就在對街，如此一來我們就可以當天一大早就進去玩。在迪士尼樂園裡，我們四個都對自己所做的事以及所看到的景象感到又驚又喜。

那天我看到了一件令我印象深刻的事：一位年輕女子和她的孩子得到了貴賓待

遇。他們身邊有人護送，還有人開迪士尼風格的高爾夫球車接送他們，而且他們不需要排隊。這些人到底是哪裡來的，爲什麼能那麼幸運？我當時這麼想。

說來好笑，在幾年之前我們也得到了「能夠那麼幸運」的資格。但我們再也沒有回去過。我們這輩子只在一九六三年去過迪士尼樂園那麼一次。

這趟旅行還發生了幾件有趣的事。其中之一，是我們到圓形露天劇場觀賞一場還原度極高的美國原住民舞蹈。在表演結束後，表演者邀請觀眾中的小朋友站起來跟他們一起跳舞。我看向周圍，發現有許多小孩都從座位上跳了起來，開始跳舞。但我的兩個孩子沒有這麼做，他們太害羞了。

「試試吧，范斯，你的舞跳得很好。」我鼓勵他帶著艾倫一起跳舞。但他們動也不動。我向艾略特使了個眼色，像是在說：「快鼓勵他們跳舞。」他只是聳了聳肩。我放棄了，我發現真正想要擁有自由與樂趣的人其實是我自己。不過正是這兩個害羞得不願意站起來的小孩，竟在長大後變成了在音樂、電視、電影與脫口秀上娛樂全球的名人，多麼奇妙啊。

有另一件奇妙的事，是在我後來看艾倫受訪的紀錄時才得知，她小時候想要成名的其中一個理由，是因爲她曾看過爸媽稱讚名人，因此她認爲成爲名人能獲得我們的認可。聽到這件事讓我覺得很困惑，因爲我們一直都試著想讓艾倫和范斯兩個人理解，無論發生什麼事，他們都會擁有我們無條件的愛與認同。然而在反思過後，我發現我和艾略特的確曾以我們各自的方式表現出對於名人的過度仰慕。舊金山也棒透了。我在大會上的演講受到極大的認同。我站到台上發表演說時，台下有數百位保險業務員及其妻子，這讓我預先體驗到公開演說的感覺，還要再過三十四年我才會再次在這麼多人面前發表演說。我對於艾略特在工作上的努力感到很驕傲，也很樂意公開讚美他具有的一項優點，我認爲這項優點對任何家庭而言都是救星：

「——幽默感。這正好是我先生的長處，我們時常在遇到一點都不好笑的狀況時，最後卻以大笑收場。他剛開始做保險業務員時，總是很晚回家，他和許多客戶約談卻沒有談成很多保單，因此非常疲憊，這種時候他會跟我說：『啊，貝蒂，這工作真是錢少事多！』」（說完這句話之後我完美地模仿了一陣假哭，但當然我不會在書中這麼做）。

現在的我難以想像當時怎麼能用那麼真誠的態度頌揚銷售壽險的美德。但我當時就是那麼做了，我說推銷保險有時可以是「令人非常心滿意足的」。

我們又參觀了幾個景點，但舊金山的景點大多比不上我們先前在洛杉磯經歷的新奇體驗。難怪最後我們四個全都搬到了南加州去。

返家的火車旅程像來時一樣充滿樂趣，不過我們都知道這趟火車將會把我們帶回平凡的日常生活，因此情緒也不那麼亢奮。我們到家後，都還沒開始整理行李，艾倫就哭了起來：「我的毯毯，媽媽，我的毯毯。」她把那條破舊的毯子忘在火車上了。我們試圖找回毯子，但卻沒有成功。她勇敢地度過了失去毯子的難關。她在這麼小的年紀就開始表現出戲劇化的天分了。

與此同時，真正戲劇化的轉變出現在工作上。

那天早上很冷，外面下著雨，龐恰特雷恩湖上颳著冷風。兩個孩子都去上學了，艾略特在工作。我正準備要出門去做一份兼職工作，當時我的兼職包括代課老師以及販售百科全書——這些工作對我們家裡吃緊的經濟狀況有所幫助。我去告訴姥姥我要走了，這時卻發現她穿戴整齊，正準備自己出門。露絲從來不會自己去任何地方。

「媽，你要去哪裡？」我緊張地問。

她既生氣又沮喪地告訴我：「我要走到湖邊去。」我們家距離龐恰特雷恩湖三英里遠，中間是田野和沼澤。更不用說這位女士甚至到對街半個街區外的鄰居小雜貨店都沒有去過。

但她更進一步地堅持說：「我要走到湖邊去，我說了。」姥姥這時說起話來變得很沒有條理。「事情不太對」，她說。她沒辦法弄清楚這些事。

我只能表現得好像我覺得她在開玩笑一樣，想盡辦法說服她不要出門。若這只是單一的突發狀況，我一定很快就會把這件事拋到一邊去了。但事情並非如此，這只是一連串糟糕事件的其中之一。在沒有醫師診斷的狀況下，我們永遠也不會知道確切的問題是什麼，但她的狀況沒有好轉，精神狀態也每況愈下。

我最擔心的，是她與我們一起住的這十年來所累積起來的忿懣。家裡幾乎餐餐都是她在煮，這對家裡的幫助非常大。雖然她帶來很大的幫助，但這件事對我的廚藝沒有任何幫助，她甚至連最基本的烹飪能力都沒有教過范斯與艾倫。媽認真起來的時候非常擅長於打理家務，她時常替孩子們縫製衣服，甚至會替家裡的家具做椅套。她總是很留意枝微末節，做起事來盡善盡美。事實上，在艾略特和我結婚之前，她還靠著替其他人縫製椅套賺了一點小錢。

我替姥姥感到難過。她在孩童時期被保護得很好，後來嫁的丈夫最後變成了無可救藥的酒鬼，這對她造成很嚴重的傷害。或許這種傷害正是她精神問題的根源。雖然我深感同情，但她的行爲使我感到惶惶不安，我不知道該如何應對。

過去雖然她一直很依賴我們，但她依舊和幾位朋友保持聯繫。後來她不再聯繫那些朋友，很快地，她就開始每天打電話給她的輔導員。如今的狀況像以前一樣，家裡沒有多少隱私可言，我們只有一台電話，因此無論她說什麼都會被其他人聽見。

一切在那一天跨越了臨界點。那天我注意到我的婆婆比平常更加緊張、更加躁動，她走進房間閱讀聖經和《科學與健康》（*Science and Health*），接著又站起身，在房間以及廚房之間不斷來回走動。幸好當時范斯和艾倫都在外面玩。他們的年紀還這麼小的時候，我試著讓他們不去覺得姥姥「有些不對勁」。但無論你多麼努力假裝一切正常，小孩子總是有辦法能拼湊出真相。

在她回房間洗澡時，我更加擔心了。我可以聽到她在裡面一邊哭一邊自言自語。

「媽，妳還好嗎？」我在門外問她。

「我很好。」她用有些懷疑的語氣回答。她出來的時候，她問我是否能開車載她去見她的輔導員。

我們當時住在偏僻的梅泰，必須開車進城到接近聖查爾斯大道（St. Charles Avenue）的花園區（Garden District）那裡。我把正在外面跟朋友玩的范斯和艾倫叫了回來。或許這種打斷遊戲的舉動會讓他們不太高興，但他們兩人都很優秀，完全沒有抱怨。我很幸運，范斯和艾倫真的都是很乖的小孩。他們至少讓我的生活變得相對輕鬆一些。在大約三十分鐘的車程中，我們都很安靜，好像一切都是例行公事似的。

輔導員住在一間公寓，一樓是一間藥妝店。媽去找輔導員時，范斯、艾倫和我各買了一隻冰淇淋，在藥妝店亂逛。我們出發回家時，我能看得出來輔導員已經成功讓媽冷靜下來了，但這些突發事件已經讓我瀕臨崩潰了。

不知道爲什麼，無論她白天的狀況有多糟糕，等到艾略特晚上回家時，她的神智總是全然清醒的，就像那天晚上一樣。不過這次不一樣的地方在於，等到媽回房間，范斯和艾倫也睡著了之後，我終於撐不住了。

艾略特和我都在廚房裡，我坐倒在帶有綠色斑點的亮面瓷磚地板上，背靠著牆壁，開始無法控制地哭了起來。我一邊啜泣，一邊斷斷續續地說：「我再也受不了了……」

媽從房間跑出來，想知道發生了什麼事，我們很快就把她帶回去房裡。

在那之後沒多久，艾略特就替她在附近找到了一間帶有小花園的公寓。

在我們幫她搬家的那天，媽非常清楚地表明了她一點也不高興她要搬出去，這是她這輩子第一次自己住。她輕蔑地看了看新家，接著指責我們道：「我從來沒想過我會落到這種地步。」

但她搬過去之後住得很順利。她替家具製作了美麗的椅套，種了好多盛開的非洲菫，把公寓布置得很棒，我們時常去拜訪她。強迫她獨立生活似乎讓她的精神狀態進步了。

雖然媽的離開似乎減輕了一些家裡的負擔，但我認爲我們的婚姻裂痕已經無法挽回了。在這之前，艾略特和我一直沒有足夠的隱私能享受已婚伴侶的健康親密關係。除了生了兩個孩子之外，我們的婚姻幾乎把性行爲摒除在外。等到我們終於獲得隱私時，我們的相處習慣已經根深蒂固了，我們兩人都覺得不知道該從何改變起。

總的來說，一九六零年代沒有再發生其他重大事件，生活回歸常軌，我們繼續過著日常生活。

正常——這個字很適合用來形容德傑尼勒斯家，至少我們都完美地維持了表面上的正常。吉兒・凱爾・康維（Jill Ker Conway）在她的著作《真正的北方》（*True North*）中提到許多家庭都存在著「正常的假象」（a pretense of normality），也就是不健康的否認。這個形容非常精確地描述了我們家的狀況。

德傑尼勒斯家的正常假象不會體現在家裡發生的事或者家人所說的話上，正常的假象體現在沒有發生的事與沒有說出口的話上。我們很常開玩笑和大笑，正如我在保險大會上所說的，幽默是艾略特的強項，而我們的經濟狀況與工作使生活變得很艱辛，所以我時時刻刻都非常珍視他的幽默感。如今回想起來，我如此珍視幽默感的另一個原因，是因爲范斯和艾倫從小的時候開始就發展出了他們各自獨特的幽默感。

另一方面，艾略特無止盡的玩笑逐漸使我感到疲憊。有時候，能夠嚴肅地談話、爭吵甚至大發雷霆才是健康的事。我當時想要活得更真實，但一直到好多年後我才學會如何活得真實。艾倫比我還要懂得如何跨越正常的假象，她能夠在面對複雜的事物時看見事物的本質，並提出來討論。范斯則不太擅長這一塊，我們家的「幸福快樂的日子」讓他長大後變成了極度注重隱私的人。

德傑尼勒斯家在遇到問題或不同意見時從來不會面對、不會接受也不會拿出來講清楚。最近我剛和兒子聊到他在小時候對於這種狀況的印象，他覺得我們家會有這種狀況，是因爲我們認爲家庭和睦的表現比較重要。這是我們家的專用語——「和睦」——但雖然我們家的表象是和睦的，還是有些人看見了底下的真相。

艾倫曾說過，她記得我們看起來總是像電視裡的家庭一樣——家庭成員有爸爸、媽媽、哥哥和妹妹。另一件像電視家庭的特質是，我們家不太真實。

並非所有正常的家庭狀態都是假裝出來的。我們的兩個孩子真的是心智健全又隨和的小孩，他們受人歡迎，參加許多課外活動。住在梅泰時，我們是綠野社區俱樂部的成員——這也要感謝我的父母的協助——因此我們可以享受俱樂部裡的游泳池和網球場。范斯和艾倫在那裡學會打網球，兩人都打得很好。

范斯最大的興趣是音樂。他從小就向艾略特的表親桃樂絲學習鋼琴，上小學時學過黑管。他們班在橋谷學校表演的那天晚上，艾略特和我驕傲地看著范斯和另一個男孩上台表演一首歡樂而簡短的黑管二重奏。范斯的黑管每隔一陣子就會發出尖銳的高音，那種聲音表示你吹奏黑管的方式不正確。范斯聽到聲音時會把黑管拿開，盯著黑管瞧，好像是在說：「這東西是怎麼回事？」我們覺得他這樣的舉動真是可愛極了。

由於我一直都有在彈鋼琴，所以我當時決定要拓展我的音樂才能，便買了一把吉他。最後我只學了吉他大部分的基本和弦而已，但范斯很快就接手了這把吉他。他在國中的學校管樂隊中繼續吹奏黑管，又在這幾年間創立了一個搖滾樂團，成爲了傑出的吉他手。

范斯在國中的時候參加了一個名爲〈舔〉（Lick）的樂團。樂團的其他成員都是高中生，因此范斯覺得自己已經算是個人物了。

我知道他對此感到非常自豪，光是我在廚房準備晚餐時，看到他趾高氣昂走進廚房的樣子我就知道了。我開始在下班後回家準備晚餐，努力改進我的廚藝，畢竟過去幾年來都是姥姥在替我們煮飯，我完全忽視了自己的廚藝。雖然我每天的工作時間幾乎快趕上全職了，但我的家人極有耐心，他們值得更美味的食物，因此我下定決心成爲好廚師。一開始，我從我的兩本烹飪聖經《烹飪的樂趣》（*The Joy of Cooking*）與《美好家庭與園藝食譜》（*Better Homes and Gardens Cookbook*）中挑了太多「又快又簡單」的食物煮給他們吃。

我們最常吃的餐點之一是某種簡單好做的蔬菜燉肉。還有另一個餐點叫做「偷懶鍋菜」，范斯記得這是他最愛的一道菜，艾倫也記得這道菜，但她不怎麼喜歡吃。如果你缺乏做菜經驗，又需要迅速做出一道吃得飽又不貴的餐點，你可以試試這道菜：

豬肉豆子罐頭兩罐
維也納香腸罐頭兩罐
蘋果醬一罐
把原料全都放進一個鍋子裡。
加熱，攪拌。

如果你希望能提升料理的美味程度，我建議你可以加一小匙黃芥末（在好幾年前，有出版社提議我可以寫一本書叫做《艾倫吃什麼》。艾倫的評論是：「啊，那本書一定很薄。」）

每次只要我煮偷懶鍋菜，真正開心的就只有范斯一個人。我煮好晚餐後，會要他去找艾倫和艾略特來吃飯。換句話說，就是要他大喊「吃飯了！」艾倫總是會瞬間出現在廚房。范斯則會激動地告訴她今天晚上吃什麼。

「偷懶鍋菜？」艾倫假裝自己沒有不想吃這道菜。「太妙了。我今天正覺得很想偷懶耶。」

范斯會捧腹大笑，我則一邊微笑一邊把晚餐端上桌。艾略特還沒出現。

「爸爸呢？」我問他們兩個。

「他去上廁所。」范斯回答。

艾倫實事求是地糾正哥哥：「范斯，你明知道爸爸不是『去上廁所』——他是去洗手！」

范斯反駁說艾倫總是牙尖嘴利等等。

艾略特正好在這個時候出現，他用他的新發現緩和了氣氛：「我今天在葛德修斯百貨看到一條很喜歡的領帶。」

現在輪到范斯牙尖嘴利了。他問爸爸：「那你也有去白廈百貨、D・H・霍姆斯百貨和魯賓斯坦百貨嗎——去看看那邊有沒有你更喜歡的領帶？」

我們全都因爲這個無傷大雅的玩笑而笑了起來。這倒是真的。艾略特做事永遠都和衝動沾不上邊——或許他的幽默感是例外，因爲他一想到幽默的話就會脫口而出。

我還記得我們新養了一隻約克夏小狗的那次。我們把狗帶回家之後就開始思考要幫牠取什麼名字。艾略特一刻都沒有遲疑，就把小狗取名爲斑點（Spot）。他說：「取這個名字之後，只要牠做了壞事，我們就可以說：『出去，壞斑點快出去。』[2]」

斑點是另一個真正喜愛偷懶鍋菜的家庭成員。有鑑於牠每次都會哀求大家給牠吃剩菜，艾倫的盤子又總是乾淨得很可疑，我很快就弄清楚他們兩個的詭計了。

艾倫從小時候開始就極爲喜愛動物。她一天到晚都在把走失或者受傷的動物帶回家，讓家裡的動物成員變得更多。家裡的動物成員通常是貓或者狗，一般來說只會有一隻，但偶爾會有同時養好幾隻的狀況。

在養斑點之前，我們還養過另一隻米克斯狗，那隻狗是范斯最喜愛的狗，牠一開始被拋棄在我們游泳與打網球的綠野俱樂部裡。俱樂部裡的每個人都會餵牠吃東西，在夏季即將進入尾聲時，必須要有人把牠帶回家。我們就是那個能帶牠回家的幸運家庭。我們把牠取名叫樂樂，牠和我們一起過了快快樂樂的十年。我們還養過一隻長尾鸚鵡，牠會說幾個簡單的字和片語。那隻長尾鸚鵡最後從我們粗心沒有關上的紗門飛走了，再也沒有人看過牠。

除了這些家庭寵物之外，家裡還會出現艾倫的個人寵物。她在不同的時間點養過魚、老鼠、角蛙、救回家的鳥寶寶、吃活老鼠的蛇（我們給蛇吃的不是寵物老

2 艾略特把狗取名爲Spot，打算在罵狗的時候說：「Out, out damned Spot.」，這句話是莎士比亞名劇《馬克白》中的名言，在劇中的意思是：「除去，把這該死的血汙除去。」

鼠），還有一隻她很寵愛但卻有點過度緊張的緬甸貓。那隻貓很喜歡突如其來地跳到人的身上，然後伸出爪子固定住自己。牠因爲一場失敗的結紮手術而死亡，艾倫因此難過了好一陣子。

接著艾倫養了一隻花栗鼠；牠可愛小巧，艾倫很喜歡把牠捧在手上和牠玩。一天，艾倫覺得讓花栗鼠呼吸一點新鮮空氣應該會是個好主意，因此她打開窗戶——花栗鼠就此消失，再也沒有出現過。我們有一位鄰居是基本教義派的信徒，花栗鼠不見的時候她剛好從教堂返回家裡，她和艾倫一起花了很長的時間大聲禱告，希望上帝能把小花栗鼠帶回來。我不知道是誰沒有聽見禱告——不是上帝就是花栗鼠。

艾倫在未來的那些年，在幾場出色的脫口秀表演中，把她對動物的愛與她獨樹一格的幽默感融合在一起。我一直相信，若她沒有發現自己適合喜劇與表演的話，她最後一定會在獸醫相關的工作中表現得很好。

我們對於艾略特爲了買一個領帶而如此深思熟慮開著玩笑，但對我來說，其實這件事背後還隱含著更大的問題。如今我們住在鎮上，但艾略特成爲了第一朗誦者（First Reader），他覺得自己應該住得離教堂更近一點，因此我們必須搬家，這使得問題變得更加明顯。

我們把每一個週末都用來到處看房子，艾略特的深思熟慮讓我深感挫折。適合的房子要嘛超出我們的預算，要嘛是位於我們不想住的鄰里，再不然就是距離我們想讓孩子念的學校太遠。

我還清楚記得其中幾間房子。其中一間房子只有兩間臥室，但在後院有一間小型客房。范斯真的很希望我們能買下那間房子。那間客房讓他覺得他能擁有一個只屬於自己的小小王國。房子的裝潢走的是西班牙風格，上面是紅磚屋頂，前廊兩側各有一隻石獅子，浴室和廚房裡都鋪有精緻的西班牙磁磚。又過了幾年後，我回到紐奧良找人時順道開回去那條街上，但當時房子已經不見了。有人把房子買下來之後拆掉了，取而代之的是一棟雙層房屋——對於那塊土地來說有一點太大。

到了最後，我們把位於綠野的房子賣了，這次我們沒有買新家，而是在住宅區的奧都本街租了一間房子——房東是一位教友——我們一直租到房子被賣掉爲止。而這只是第一次搬家，之後我們又搬了好幾次家。我們不斷尋找房子，夢想著生活會更好，但我們從來沒有真正地放手一搏，認真考慮要買下一棟房子。

我們似乎陷入勞工階級的困境之中了，我希望我們能過得更好——爲了我的孩子、爲了我，也爲了艾略特。我想要的不過是一棟屬於我們自己的房子、多一點物質享受、放假時可以家庭旅遊——都不是什麼太過奢侈的享受。我想要回去念完大學。艾略特想必也希望我們還有他自己都能過得更好。但一般而言，想要更進一步就必須冒一定的風險。而他沒有能力也不願意冒險。

現在回過頭來看，我發現這種惰性讓我感受到愈來愈深的憤恨，尤其是在某次艾略特拒絕了更好的工作機會的時候。他拒絕的原因是新工作會讓我們搬得離第一教會更遠，而在他看來，第一教會是唯一一個基督科學教派教會。但不幸的是，若我承認這些問題是存在的，我就必須面對許多我一直否認的事物。這正是「正常假象」的關鍵：一旦你承認有一件事是不符合你心意的，這個紙牌搭建而成的家，便會毀於一旦。

在我趕回家裡告訴艾略特關於艾倫有機會能去夏令營的那天，我差一點就打破了正常的假象了。這趟夏令營不用花錢。當時我在杜蘭大學紐科姆學院的體育系擔任兼職祕書，工作上的幾位朋友讓我有機會能到北美阿拉巴馬州的夏令營去當六個禮拜的祕書。若我去那邊工作，艾倫就可以免費參加夏令營。我等不及要告訴艾略特這個好消息了。

「絕對不行。」他說。「我娶妳可不是爲了活得像個單身漢一樣。」

這句話讓我很受傷。艾略特在反對的時候，態度常常游移不定——無論是在對待孩子、對待老闆還是同事時都時常如此。但等到他終於斬釘截鐵地提出了反對時，通常會像這次的狀況一樣，表現得非常不適當。但我並沒有當場和他對峙，我只是自己生悶氣，然後放棄這件事。

後來又有一次我差點和他吵起來。那次我下班回家之後，發現我們家的大門沒有關，家裡也沒人在。我走進客廳，發現電視不見了。出於我說不清楚的原因，當時我雖然知道艾略特在工作，我還是打給他，想確認他那天有沒有突然回家並移動了電視。

等到我終於發現有人闖進我們家，把電視、珠寶、我們的相機還有放在裝飾鐵罐中的一大堆零錢偷走之後，我沮喪極了。我依序打給警察，打給艾略特，再打給我爸爸。第一個抵達我們家的是我爸爸，接著是警察。艾略特耽擱到下班回家才開始處理這件事。

（我要補充一件關於這次闖空門的有趣小事，艾倫一直留著當時被小偷清空的那個零錢舊鐵罐——一種對於過去時空的緬懷。）

在我要修理壞掉的大門時，有能力且準備好要幫助我的是我爸爸。我的丈夫其實不太擅長修理事務，他也不是擅長掌握大局的那種人，那又怎麼樣呢？我對自己辯解。反正我爸爸是——而且爸爸也很願意我去依賴他。

這些事都沒有讓我爆發。但接下來的事件確確實實讓我大發雷霆。我們搬家了——對，又搬了。這次我們在附近的南羅伯森街上租了上層的複式住宅（upper duplex）。

我當時的職業是教堂職員，是有支薪的工作。那天我在工作，范斯則和朋友出去了，艾倫跟朋友在對街的庭院玩盪鞦韆的時候，撞上了一面粗礪的矮牆，在膝蓋割出了一道傷口。

我到後來才拼湊出那天發生的事：當時有一位女人在旁邊的房子裡看顧庭院裡的孩子，艾倫跌出去的時候她正好從窗戶看出去，艾倫看到那位女人當下的嘴型是「喔，我的老天。」她和她丈夫立刻從屋裡跑出來，另外有人跑去告訴艾略特。他很快就過來了——他態度冷靜地站在艾倫身邊，周圍有一群人把艾倫圍了起來。

「走吧，艾倫。」他擺了擺手，要艾倫跟著他走回去，「親愛的，妳沒事。我們回家吧。」他發現艾倫沒辦法走路時便把艾倫抱起來，穿越街道往家裡走。這時，我們的鄰居巴克醫師聽說了這件事，他已經把車門打開，準備要帶艾倫去醫院縫傷口了。

艾略特卻拒絕了他的提議，他向巴克醫師保證說艾倫很好，接著把她抱回家裡，用碎布把艾倫的膝蓋包起來，在上面畫了一個笑臉。

我回家後一聽說這件事，就立刻跑下樓去找巴克醫師，問他是否還能協助我們。他把傷口清理得很乾淨，接著盡他所能地把傷口處理好。現在艾倫膝蓋上的疤幾乎已經看不見了，但當初那道巨大的疤痕過了很久才消失，而且一直有人問起這道疤的由來。

我非常不同意艾略特對這件意外的處理方式。這是我們結婚之後，我第一次發現我們兩人在實踐瑪莉．貝克．艾迪的教誨上有多麼巨大的差異。

讓我對基督科學教派產生嚴重質疑、最後決定離開的，是另外兩件事。第一件事是我的耳朵有一次感染了，讓我痛得受不了，而且一直沒有好轉。因此我去詢問了我的鄰居柏區醫師能不能給我一點藥吃，他給了。藥很有效——而且速度奇快！——這讓我開始重新思考過去幾年來完全戒除醫師與所有藥物治療的做法。

沒多久之後——準確來說是在一九七零年二月三日，我接到了一通最讓人害怕的電話。我接到電話時正在教堂裡工作，海倫和媽媽打來告訴我，爸爸住院接受治療了，一開始我並不太知道到底發生了什麼事。

爸爸當時六十九歲，雖然我一直都覺得他到了六十九歲都還一直很健壯，但他其實在四年前就退休了，其實他已經不年輕了。他在泛美人壽保險工作了四十七年半，退休對他來說並不是一件容易接受的事，他一直以來都在用他的工作職位定義自己。我想，我們每個人大概都是如此。在我還小的時候，有一次有人問我是天主教的人還是新教的人，我回答：「都不是，我是泛美的人。」

我最後幾次看到爸爸時，他看起來有些無所適從。雖然他的外表健康，但我們都不知道，其實他有高血壓的問題——而抽菸的習慣使高血壓更加惡化。

媽媽後來告訴我，當時她正在準備午餐，準備好之後她喊爸爸來吃飯。但爸爸沒有出現，她去找他時，發現他躺在客房的床上。他告訴媽媽說，他的胸腔和左手臂會痛。我們當時對這些事情一點都不了解，媽媽冷靜而堅定地要求他坐上車。她立刻把車開到下一個街區去找他們的家庭醫師。醫師從家裡面走出來，看看爸爸，然後說：「喔，可能是流感。你先帶他去醫院，我稍後就過去。」

媽媽依照醫師的囑咐駕車前往梅泰一間很小的醫院，他們讓爸爸住進了一間雙人病房。媽媽和海倫（海倫馬上就抵達醫院了）花了好長一段時間才聯絡到正在教堂工作的我。我當時立刻用最快的速度趕到醫院，沒想到家庭醫師依然還沒到。爸爸當時出了很多汗——我們無法藉此做出任何診斷，但某人理應能夠做出正確的診斷——我替他把額頭和臉給擦乾。

在接下來的許多年裡，各式各樣的「如果」一直在我心中揮之不去。我一直都很疑惑，那位醫師當初到底是怎麼想的。流感？他真的相信自己說出口的話嗎？

我們不知道這些顯而易見的徵兆代表著什麼——我爸爸其實是心臟病發了——因此我們決定最好先離開病房，讓他休息一下。媽媽和海倫走出房間的時候，我還沒有走，打算想要再花一點時間確定他能舒舒服服地休息。就在這一刻，爸爸死了。這件事發生得非常突然，上一分鐘他還在這裡，然後幾秒之後，他就離世了。當時有一位護士正在照顧隔壁病床的病人，我絕望地喊她來幫忙。她立刻跑過來，接著又叫來更多人。每個人都忙著替爸爸做心肺復甦術，但已經太遲了。

在他死後的數年中，媽媽、海倫、奧德莉和我都在猜測，要是爸爸當時能立刻得到妥善的醫療，他會不會還活著。我們每次都用同樣的想法來停止這些猜想——我們全都同意，如果活下來代表他必須臥病在床的話，如今這樣離世反而比較好。

因為我們都知道，爸爸一點也不擅長當病人，我們甚至無法想像他變成病人會怎麼樣。

直到那時我都還不知道，事實上我爸爸是我生活中真正的船錨——他是我生命中的強者，他這輩子都一直身體力行地保護並照顧我們這些深愛他的家人。爸爸死的時候，我所知道的世界也跟著崩塌了。

更糟的是，我無法獲得心靈上的撫慰。其他宗教有各種不同的方法能協助教徒面對悲慟——天主教葬禮前的禱告、追悼與佈道，或者猶太教的數日哀悼——但基督科學教派基本上會忽略死亡這件事，直接告訴你——死亡是讓人轉移到另一個更快樂的狀態，但並不考慮到在正常狀況下，人自然會陷入悲傷的階段。

我並不是菲佛家唯一一個離開基督科學教派的人。爸爸從來沒有真正入教，在他死後，媽媽很快就回歸了天主教，她在天主教得到了很多支持，也因此有許多老朋友來陪伴她。海倫和奧德莉的結婚對象都不是基督科學教徒，因此她們在好幾年前就逐漸淡出了。

在我離開基督科學教堂時，我從來沒想過我可以再也不去任何教堂。雖然我在往後會逐漸發現，對於一個精神生活充足的人來說宗教組織並非必要，但當時我依舊認為上教堂是非常重要的事。上教堂能使我的生活變得充實，並軟化每日生活中的粗礪稜角。我跑了好幾間教堂，很快就發現聖公會很適合我。由於基督科學教派不進行任何儀式與典禮，我已經很久沒有參加過這一類的活動了。我很享受聖餐禮，也享受在做特定禱告時跪下。范斯和艾倫曾跟著我一起去聖公會幾次，但他們的興趣不大。他們在往後幾年間還是繼續跟著艾略特去上基督科學教堂。

在爸爸死後的頭幾天以及頭幾個月中，我幾乎想像不出有任何東西能讓我感到安慰。我在根本不理解的狀況下開始經歷面對哀痛時必經的幾個階段。伊莉莎白・庫伯勒——羅斯（Elisabeth Kübler-Ross）出版過多本主題為死亡與悲傷的書籍，她認為人在面對哀痛時會自然而然地經歷這些階段：從否認、憤怒、討價還價、悲傷到最終的接受。

第四章

德州・亞特蘭大

我永遠不可能成爲「快樂的離婚女性」（gay divorcée）——這個詞在我年輕的時候非常流行，但如今可能代表了完全不同的意思[1]。我在四十歲時離開了已維持十八年、岌岌可危的婚姻。當時我並不缺乏來自異性的注意力。雖然我錯過了一九六零年代與一九七零年代的每一個大型社會運動，但我的確受到了性別平等運動的影響。

擁有許多異性的邀約讓我覺得很開心，逐漸適應單身生活後，我原本微弱的自信心大幅上漲，獨立的感覺並非世界上最糟糕的一件事。雖然我依舊根深蒂固地認爲我終究需要一個男人來照顧我，但令人驚訝的是那時我似乎適應得很好。

兩個孩子和我搬到了維斯塔湖的雙臥室小公寓，我們帶的家具剛好能填滿公寓裡的小小房間。范斯住在其中一間臥室，我與艾倫則一起住在另一間，還有另一名房客——沒錯，當然就是她那隻會吃活老鼠的寵物蛇。

艾略特也在附近買了一間單臥室的公寓，這麼一來孩子就可以常常跟他見面。在克服了初期的艱難與不適應之後，我們爲了討論與孩子相關的事務漸漸發展出友好的溝通關係。幸好他當時在教會的朋友成爲了他的支持系統。

在某種程度上來說，我媽媽就是我的支持系統，而艾倫也絕對是。我們之間一直存在著非常特別的連結，到了這個時候我們又更加親近了。我知道在許多家庭中，母女關係時常會在女兒進入青少年時期時變得緊張，但在我們家卻並非如此。如果我沒有經歷這場離婚的話，我們之間的相處模式或許會有所不同。但我們歷經的困難強化了我們之間的連結。

很快地，我們又搬家了——搬進了梅泰一個社區的一棟連排別墅。沒多久之後我們又再次搬家——搬到同一個社區中的另一棟大型公寓。

這時候，范斯已經和樂團一起離開這個小鎮了，他要花上好幾個月的時間在南卡羅來納州查爾斯頓附近巡迴演出。因此，艾倫和我時常一起度過閒暇時間，我們都很喜歡對方的陪伴。艾倫她那鄰家女孩長相出落得愈來愈美麗，非常受男孩子歡

1 快樂的離婚女性，gay divorcée，是一九三四年極受歡迎的電影《柳暗花明》的英文名。gay一詞除快樂之意，也有同性戀的意思，作者指的是現代人看到這個字可能會解讀成「同性戀離婚女性」。

迎，她也會跟我討論她迷戀的對象——主要都是知名的搖滾明星。我們一起去買衣服——成爲青少年後她對逛街變得愈來愈感興趣——也會一起去吃飯。我們其中一個最大的嗜好，就是去卡羅爾頓與聖查爾斯的唯一一間山茶花餐廳，點一小塊讓人充滿罪惡感的美味起司蛋糕一起享用。無論我們何時抵達，每次都會有一位服務生笑著對艾倫打招呼說：「妳好，小明星。」顯然他早已知道當時我們都「還」不知道的某些事。

起司蛋糕的味道濃郁，因此我們兩人共享一份就夠了。我們坐在一起閒聊時，艾倫總是很快就會用一些不同尋常的有趣發現惹得我哈哈大笑。後來她在賈德．羅斯（Judd Rose）主持的《黃金時間現場》（*Prime Time Live*）上受專訪時告訴主持人，那次的離婚與隨後的不斷搬家對她來說是一段很艱難的時期——她必須不斷適應新的同儕圈，總是覺得自己有些不一樣。

當主持人問艾倫其他小孩是否對她不友善時，她開玩笑地說：「喔，不會，他們只會推搡我，說我是大頭怪；從來沒有發生過什麼壞事呢。」正如艾倫的幽默感幫助了我，她的幽默感也幫助了她自己。她和所有小孩一樣，都希望能討人喜歡。她也的確是個討人喜歡的小孩——每個人都喜歡她。我知道我的朋友全都很喜歡跟她相處，而成年人會這麼喜歡和一個十三歲的小孩相處其實是一件十分不尋常的事。

艾倫在許多方面都很早熟。爲了想逗我開心，她不但時常對我說笑話，還想出了很謹密的方式來體貼我。我當時工作的頂頭上司是知名餐廳的老闆艾拉·布倫南（Ella Brennan），一開始我的工作是祕書，後來則變成訂位專員。我生日那天，艾倫在我毫不知情的狀況下打電話給經理，說：「今天是我媽媽的生日，希望能拜託你這一整天都對她特別好，麻煩你。」

我那天到家後，艾倫送給我一張上面有她親筆簽名的照片。未來一片光明！

「親愛的媽媽——老天爺啊，我終於到這裡了。」

這是艾倫寄給我的第一封信的開頭，郵戳上的日期是一九七二年八月十日，當時她十四歲，寄件地點是她參加基督科學教派一週夏令營的科羅拉多洛磯。

這是我們兩人第一次與彼此分開，而她的信清楚反映出了這一點。從這些信可以看出，她從那個時候就開始表現出戲劇化的天份了。她的拼字和文法讓我大笑出聲，更不用說她實驗性的寫信方式了。她繼續寫道：

妳真應該來認識這些人。他**門**全都是很善良的好人。第一天晚上我當然像小嬰兒一樣想家。但今天我認識了好多人。而且每個人的口音都不一樣，我都快要有口音了。我今天騎了一整天(馬)。我曬了很多太陽,這裡的風景漂亮得要命,簡直就像假的一樣。我喝了一條小**何**裡的水。很好喝!晚上和早上都冷到讓人結凍,但我覺得這樣的改變很棒。嗯我要走了,他們剛剛搖鈴了。我們等一下要在泳池和蹦床旁邊集合,然後去跳舞。**在**見。目前為**只**我過得真的很開心。

愛妳的艾倫

幫我跟范斯問好。

我們很快就又開心地團圓了。最重要的是,至少在這段短短的時期內,生活並不可怕。但在持續兩年處於未結婚狀態並且結束了一、兩段不開心的戀情之後,我改變主意了。新奇的約會場景還有以單身媽媽的身分工作都讓我覺得疲憊不堪。正如南傑瑟太太常說的:「世上沒有好事。」

在這樣的心情下,我認識了一個男人,被迷得暈頭轉向然後——你知道的。我們的初次見面是偶遇;我們住在同一個社區裡。那是一個週日下午,艾倫和我去游泳,剛到沒多久我就和泳池對面的他四目交接。在當時的迷戀之下,想當然耳,我認爲這就是命運。事實上當時他正直勾勾地盯著我看,我實在很難不注意到他。好吧,我當時穿著兩件式泳衣,身材纖瘦又曬成了古銅色。他顯然很喜歡我的外表,沒幾分鐘後,就有一位我們兩人都知道的人介紹我們認識了。就這樣。他熱烈地追求我，我沒有逃跑。我愛上他了，就像那句名言一樣：「愛得不智卻又太深。[2]」

我把犯過的錯都記在心上，因此將他一點也不像艾略特一事視爲好的徵兆。話說回來，他也不像任何一個曾和我約會過的人。他的風格有如牛仔——沒什麼修養但魅力十足，說話帶有德州西部的口音，長相粗獷陽剛又帥氣。他的字典裡大概根本沒有「靈性」這個字，但由於我們深受彼此的外表吸引，因此一開始我並不介意此事。

從我們認識開始，一直到之後相處的十七年間，這個男人在我的那段記憶中，都是擁有姓、名與中間名的。但由於後來發生的幾件事，如今這個男人在我的記憶中已經被刪減至只剩下名字的字首：B。我本應也把這個字母給抹除，但爲了能夠在這本書中指稱他，我保留了這個字母。在我與艾倫接下來的人生篇章中，他將扮演非常主要的角色。

我當時真是個蠢蛋。不幸的是，因爲我總是太晚開竅，所以人生中的大部分時候我都是個蠢蛋。我在孩童時期種下的那些金蓮花種子似乎要花上一世紀才會發芽，而我也一樣，花上了好久、好久的時間才終於回歸正軌。生活無時無刻都在提供教訓，但我從中學到了多少呢？顯然我學得不夠多——也不夠快。

2原文爲「not wisely but too well」，出自莎士比亞《奧賽羅》。

遇到B後，我再次太快墜入情網，這一切都是因爲我太過渴望能擁有「真正的」婚姻、太過渴望安全感——好像它們能讓我完整一樣。我真希望當時我能投注更多心力，靠自己的力量找到完整性與安全感。那時的我還有很多事需要學習。後來這段戀情讓我得到了一個重要的教訓：想要做自己的主人就要學會相信自己的直覺。

其實在一開始就有許多線索提醒我這位新任羅密歐並非我預想的那種人。但我忽略了那些線索。我應該在知道B的職業是推銷員時——事實上，他曾在某一段時期擔任過二手車推銷員——就看出不對勁了。我還記得他帶我回家鄉介紹給老朋友認識時——他們是同類，都在推銷業工作，我心中閃過的念頭是：他和他的朋友都不是我平常會認識的那種個性溫暖的普通人。但我按照過往的習慣，找藉口忽略了這種不安的感覺。

我跟隨了本能的慾望，接受了他的陽剛舉止、英俊外表與健全的性慾。我喜愛他熱愛交際的個性和慣於指揮的態度，也喜愛他在汽車、居家維修與園藝方面的實用知識。B總是會用「貝蒂，親愛的。」稱呼我，他總是在說我有多可愛，似乎永遠也說不夠。

他是個與眾不同的人。我還記得，我們曾參加過達拉斯一間高消費店家薩柯維茲（Sakowitz）的開幕式。B和我坐在一樓的手扶梯附近，當時包柏·薩柯維茲在我們旁邊發瘋似地與對講機中的人大聲討論著三樓手扶梯壞掉的事。

B看著他，用他扁平的德州西部口音說：「這種事也值得大喊大叫啊？」

另一件事發生在我們剛開始約會沒多久，那次我和他約在市立公園高爾夫球場，那裡地勢平坦，視野開闊。我抵達時，舉目所及全都是一群群高爾夫球手。接著，我看到遠處有一頂帽子像飛盤一樣被高高扔向空中——這是他告知我他在哪裡的方式。

B個性直接，說話直言不諱；其實他是個粗魯的人，但我當時將他的粗魯誤認成令人耳目一新的率直。他和我一樣離過婚。他的上一段婚姻中有三個孩子，他在孩子們眼中的父親形象似乎非常強勢；我在觀察到這樣的狀況後，認爲他或許能帶給艾倫一點必要的紀律。他求婚時問我是否願意和他一起搬到東德州的一個小地方，從紐奧良北上到那裡需要八小時路程。我覺得改變環境似乎正好符合醫生的建議。

當時我們住在梅泰一個被稱爲「富城」的區域。這裡有公寓社區、購物區和夜店——並不是最適合青少年成長的地點。葛雷斯金高中很不錯，但在週末與返校夜時，艾倫和朋友會想辦法跑進當地的舞廳玩，而舞廳並不適合才十五歲的孩子。她其中一些年紀比較大的朋友在百貨公司打工，而艾倫曾告訴我，他其中的一位朋友曾偷過首飾。這些狀況都讓我覺得很擔心，因此我非常樂意帶她離開這裡。

這個畫面永遠鐫刻在我的記憶中：十五歲的艾倫還是個可愛的女孩子，身材削瘦高挑，留著一頭及肩的閃亮金髮，獨自一人站在高中門口，在晨霧中聳了聳肩。

那是一九七四年四月的第一個禮拜，我在數個禮拜前再婚，當天一大早要離開紐奧良前往德州東部。我們已經決定艾倫將會和她爸爸一起留在這裡，直到六月念完葛雷斯金高中的高二爲止。我們會在幾個禮拜後的復活節再見，但我們從來沒有分開這麼久過。

只要從我們住的公寓穿越馬路，再走一個路口就會到學校了，那天艾倫和我兩人一起走過去。我們擁抱、親吻，向彼此作暫時的道別。她獨自往前走，在霧中轉過身向我揮手，接著垂著頭難過地繼續前進，然後再次轉過身向我揮手——一路都這麼反覆前進再回頭。這麼看來，她當時就已經表現出些許女演員的架式了。她總是這麼戲劇化，我的艾倫。

在她消失在我的視野中之前，她停頓了片刻，好像想要說些什麼。

我想起了艾達．盧皮諾（Ida Lupino）那句美麗的道別話語：「我們所有人都站在泥濘之中，但有些人仰望著星星。」

但艾倫道別的那瞬間是全然寂靜無聲的。下一刻，她消失在白霧中。

我走回我們住的公寓，鎖上門鎖。接著我和B開著兩部滿載的車，往人口數六千人的德州亞特蘭大出發。

我立刻就愛上了德州東部帶給我的嶄新體驗。對我來說，這種安寧平靜的小鎮生活是新奇且令人享受的。郊區的起伏山脈與高大松木都優美極了——對於長年住在海拔以下的城市、看不到任何山頭的我來說，這裡簡直美不勝收。住在紐奧良時，我們必須開車越過龐恰特雷恩湖，到斯萊德爾和科文頓才能看到松木林。但那座松木林的占地大小比不上德州東部這裡的松木。我想，我已經做好準備，可以接受風景上的改變了。

在亞特蘭大只有兩個方形街區的市中心內，沒有任何建物的高度超過兩層。這裡的皮卡車（pickup truck）吸引了我的注意。在紐奧良，似乎只有水電工人會開皮卡。但在這裡，幾乎每一輛車都是皮卡。女人開皮卡對我來說也是新鮮事，我覺得這真是太稀奇了。

市中心有一間藥妝店、一間廉價餐館和幾間其他種類的商店。我第一次造訪市中心時，就馬上發現了這個地區最優先考慮的事。我注意到這個小鎮裡的教堂數量遠比任何我到過的地方都還要多。每當我走進商店時，人們馬上就會知道我是鎮上的新面孔。其中一位店主問我：「你有教會家（church home）嗎？」

「有。」我回答她。我從來沒有聽過「教會家」這個詞。「但我找不到我的教會。」目前爲止，我看到了很多間不同的新教教派教堂，和一間小天主教堂。

那位女人不太確定這裡是否有聖公會教堂，但她認爲應該有一間。最後我終於遇到了一個能指引方向的人：從這條街走到底，左轉，再從下一條街走到底，左轉往山上走，會抵達一小片開闊的草地。就在那裡矗立著一座溫馨的白色小教堂，從敞開的亮紅色大門可以看到教堂內簡潔的原木長椅。

他們都非常歡迎我這個新人，我不但加入了教會，還負責彈奏教堂裡的小管風琴好幾個月。

後來，在某一個週日早晨，我和教堂的其他成員一起抵達時，發現我們深愛的教堂變成了一堆悶燒中的灰燼。這對我們每個人來說都是非常深沉的打擊。木製的教堂以及偏僻的地點使得縱火犯能輕易把我們做禮拜的地方點燃並燒毀。就像其他犯罪案件一樣，我們一直沒有找到兇手，也不知道兇手的犯案動機。

之後，我們的牧師和他妻子改在家裡舉辦週日聖餐。會眾很快就在一個較熱鬧、交通也較便利的街上買了一棟房子和一塊土地。我們在那棟房子裡舉行禮拜，直到一棟新的美麗斜頂教堂建好爲止。

我們加入了亞特蘭大鄉村俱樂部，他們的九洞高爾夫球場深具挑戰性。在那時候，任何高爾夫球場對我來說都深具挑戰性。我從來沒打過高爾夫，才剛開始上課，每一個跟我們一起打高爾夫的人都會提供許多建議。我們很快就認識了許多新朋友，參加各式各樣的俱樂部活動——高爾夫聯賽、跳舞和烤肉。

B和我住在公寓裡，後來我們找到了一間出租的小房子。我和過去一樣，在找工作時輕而易舉地找到了祕書相關的工作。我一開始在西南電力公司工作，後來又當上了律師祕書，而後又進了當地的一間手套製作工廠。

艾倫在復活節假期時搭飛機來找我，我們共度了一個開心的假期。我們參觀了當地的高中，對於所見所聞感到印象深刻。當地的公立網球場位於一座樹蔭濃密、環境優美的公園中，我們去打了網球。能夠再次相聚是一件非常令人開心的事，我很期待她能盡快結束高二的課程，過來久住。

我很確定這樣的改變對艾倫來說一定也會是好事，就像這種改變對我來說是好事一樣。我熱切地渴望能夠讓她住進這個友善的小城鎮（非常多浸信會教會、且沒有什麼喝酒的文化），遠離大城市那群酒肉朋友的不良影響。我們在六月開車到紐奧良，載艾倫與她的行李一起回來。她跟我一樣，很快就交到了朋友。至於保護她不受梅泰那群壞朋友的影響這回事，艾倫後來（一九九三年十一月九日）在受紐奧良週刊《話題》（*Gambit*）訪問時這麼說：

> 我當時的朋友大多都比我年長，他們會在外面逗留到很晚，我想這應該是我媽媽認為搬到德州亞特蘭大會是件好事的理由之一。——我們住的郡沒有什麼喝酒的文化，也就是說，年輕人必須開上四十五英里才能買到啤酒。你抵達買酒的地方時，你不會只買一手酒，因為你已經開車開這麼遠了，所以你會買一整箱。我們會

開車到一大片原野中，升起營火喝酒。在那個時候，我們最大的成就是讓男朋友把妳的名字用彩色的字母貼紙拼起來，貼在皮卡車後面。從這件事你就能理解，為什麼我會在高中畢業之後就回去紐奧良。

想當然耳，我對這些營火和啤酒的事一無所知。一開始，我甚至不知道艾倫不習慣亞特蘭大的生活。她似乎適應得很好。

每個剛認識艾倫的人都對她印象極佳。這是我在高中田徑場上認識的一位朋友說的，高中田徑場就在我們租的房子後面，我們時常去那裡散步和慢跑。這位朋友叫做保羅・加菲爾德，他是一位馬拉松跑者，跟我年紀相當，和家人一起從波士頓搬到亞特蘭大來。保羅告訴我，艾倫時常和他一起跑步，她可以一路上都在說話卻一點也不喘。保羅則只能應聲並繼續跑步。

加菲爾德一家人是德州亞特蘭大中，唯二的猶太家庭之一。我記得那時我是很後來才發現，他們家的孩子在學校曾遇到幾次反猶太人的事件。顯然這座城鎮並不是能夠輕鬆接納多樣化的地方。這裡也不是艾倫這樣的青少年能夠輕而易舉地接受自己性傾向的地方。

艾倫在秋天進入高中就讀高三時，她非常受歡迎。這是非常自然而然的——她是小鎮上的新面孔，這可不是什麼常見的事。不過，雖然人人都喜歡她，她卻只加入了高中網球隊。當時美式足球非常流行；整個小鎮的人都會在週五晚上去看亞特蘭大野兔隊的比賽。高中女生要嘛是加入樂團、要嘛是加入啦啦隊，不然就是加入紅夾克——這是另一個造勢啦啦隊（Pep Squad）。艾倫沒有選擇這三種團體，或許她從那個時候開始逐漸成爲獨樹一幟的人。

我們搬到德州東部時，艾倫的體重突然增加。她以前一直都是又高又瘦的小女生，但搬到亞特蘭大之後就變了。艾倫容易在承受壓力的時候增加體重，直到一九九七年出櫃之後，她才不再出現增重的狀況。出櫃讓她得到了解放，那些多出來的體重立刻自然而然地消失了，非常神奇。

高中時，艾倫和其他人一樣交男朋友、去約會。沒錯，其中一位追求者把她的名字弄成彩色字母貼在皮卡車後面，艾倫在後來開玩笑地告訴我：「就放在槍架正上方」。在高三那年，甚至有位英俊的男孩送了她一個鑲有小碎鑽的訂情戒指，他們穩定交往了數個月。後來有一次，一對情侶替她與一位不認識的男生安排了一次約會。艾倫穿戴整齊準備出門時，門被敲響了。她打開門，看到一個男孩站在外面。

他說：「是艾倫嗎？」

她指了指下一個街區，說：「不是，她住在隔壁的隔壁。」

他走回車旁，車內的情侶向他保證艾倫絕對是住在這裡。所以他又走了回來，而這次艾倫溫和地笑著和他一起走上車。這些記憶都閃閃發光。

在住進租屋處沒多久之後，我們找到了一棟待售的房子，幸運的是，我們買得起這棟房子。但不幸的是，我們買得起房子的原因，是因爲房子曾經歷一場火災，因而呈現半毀的狀態。但我們還是買下了房子，打算要從頭到尾重建這棟房子。艾倫和我把磚塊清走、釘上木板又在屋頂上鋪好防水紙。所有累人的工作都是我們三個在下班後與週末親力親爲地完成的。

我想，B非常吸引我的其中一項特質就是他很擅長家居雜務。他是真正會掌控大局的那種人，有時甚至太過控制。事實上，在我們蓋房子時，B在其中幾天的最大貢獻就是指揮交通。一天，在我爬到危險的屋頂上，正把防水紙釘在破洞上以防止雨水流入時，幾位朋友來拜訪，此時我的丈夫正待在毫無危險的屋內大吼著指揮我。我們的朋友們驚詫地看著我——這是什麼狀況？——但我只是聳聳肩，一笑置之。

B在面對艾倫時的頤指氣使則沒那麼容易一笑帶過。艾倫已經習慣她爸爸親切、溫柔且全然縱容的態度了。B非常專橫，雖然他並不總是如此，但他會插手干涉某些事情，並堅持艾倫要按照他的方式行事。我希望他在紀律方面帶給艾倫正向的經歷，但事實卻並非如此；他插手的方式苛刻而嚴厲。

有一次，B對於艾倫清掃我們家一個舊馬桶的方式非常不滿意。我聽見他們爭論時，他正好在對艾倫示範如何清洗馬桶。「妳要這樣洗。」他一邊粗聲說著，一邊把手伸進馬桶裡刷洗。「用點力，妳要做事的話，就要做到對。」

艾倫一語不發地瞪著他，拒絕把手放進馬桶裡面。

他開始大聲吼叫；她開始哭。我在此時介入，想辦法緩和了場面，告訴他們說，我也不會把手放進馬桶裡。艾倫擦掉眼淚，但我能看出她內心中的衝突。一方面，她對於我選擇的丈夫感到憤怒；另一方面，她愛我，希望我能跟他幸福快樂地生活在一起。

我夾在他們兩個中間，試著想要安撫雙方。就算我的直覺告訴我問題根本不會消失，我還是再次對此一笑置之——至少當時是如此。

我在再婚並搬到德州東部之前，曾做過一次全套健康檢查，確認我的健康狀況良好。就目前我們所知，我的健康狀況的確不錯。然而，在一九七五年年初，我發現右邊胸部有一個小腫塊。我們在亞特蘭大的一位醫師朋友介紹我去二十五英里外的德州大城鎮特克薩卡納找一位外科醫師檢查。我很喜歡道森醫師，也喜歡他保守的作風。他想要在那個月多做幾次檢查，確認腫塊是否有變化或者是否會消失。

後來，在我回去紐奧良造訪親友時，我又回去找布拉伯恩醫師，他是接生范斯與艾倫的婦科醫師。他替我做了溫度顯影法檢測，把結果寄給道森醫師。他們一致同意這是良性腫瘤，並安排我在一九七五年三月二十六日於特克薩卡納的沃德利醫院做切片檢查。那天早上，我跟B一起離開我們家，艾倫跟在我們後面，請求我讓她一起去醫院。

「艾倫，」我給了她一個安慰的擁抱，「我只是去做切片檢查而已。醫師很確定這是良性腫瘤。妳沒有必要爲了這件事向學校請假，我今晚就會回家了。」

那天稍晚，我從麻醉恢復時，有一邊的胸部已經被切除了。我的右胸纏滿了繃帶。他們對我動的手術是改良式乳癌切除手術。在最初的那幾個小時與那幾天中，我的心情不斷來回擺盪——恐懼、震驚、害怕、氣憤、失望。我爲什麼會遇上這種事？他們告訴我，因爲在我被麻醉時，我丈夫同意讓醫院施行該手術。有一部分的我認爲，他做出這個決定時必定由衷認爲這麼做對我來說是最好的；然而在情感上，我又因爲他沒有與我討論就下了這個決定而覺得受到背叛。

多年過後，我申請了那次手術的醫療紀錄的副本。紀錄共有四頁，道森醫師在其中陳述了切片手續，並說：「讓我們驚訝與失望的是，檢驗結果是惡性腫瘤。」我很感謝他的憂慮與關心，但當時絕對沒有人比我還要更驚訝、更失望。由於我過去信奉基督科學教派，所以極度缺乏醫療方面的知識。這已經夠糟糕了，讓我覺得更可怕的是，我在手術前沒有接受任何事前預警。

雖然我成功說服艾倫不要在第一天來醫院，但接下來的兩天她幾乎都在醫院陪我。B會時不時離開，但艾倫幾乎從沒離開過我身邊。我們曾經一起經歷過許多令人難過的事，但這次不一樣。我們從來沒有面對過疾病。如今駭人的癌症就站在我們面前。另一件同樣駭人的事是，她必須在醫院和我見面——這對我們兩人來說是十分陌生的體驗。艾倫看到我沮喪又震驚地躺在那張床上時，心中必定是恐懼的。但她依舊保持著堅強與冷靜，滿足我的每一個需求。過了很久之後，她才崩潰地告訴我：「妳動手術的時候我差點就要嚇死了。」

在醫師說我可以穿越走廊並好好洗個澡時，是艾倫扶著我進出浴缸，坐在我旁邊，擔心我是否感到痛苦。

幸好醫師進來病房幫我拆繃帶時艾倫並不在場。親眼看見手術的完整痕跡讓我嚇壞了。我不知道我當時預期自己會看到什麼，但我大叫道：「你們甚至連我的乳頭都沒有留下來！」我相信若這件事是發生在今天，醫師也會進行乳房切除手術，但當時這種手術並不常見。

道森醫師平靜地解釋：「這種手術是最安全的——這麼做能確保我們把腫瘤全都清乾淨。」他說，要是有任何癌症細胞沒有被清除，它們可能會轉移到任何部位去。

我很確定我已經永遠失去女人味了。B和我還是新婚夫婦，我蟄伏已久的肉慾已經被他喚醒了。如今我擔心他會因爲我的外表而覺得反感。那天稍晚，在艾倫與B都在房間時，我直白地對他說：「如果你想要離婚的話，我們可以離婚。」

他的回應？他聳聳肩，咕噥道：「哦，見鬼了喔，我又不在乎。只要我還能用其他部位讓妳興奮起來就好了啊。」B只會用這種詞不達意的方式安慰我。若艾倫沒有坐在我身邊的話，這句話或許還不算太過冒犯。

艾倫一臉僵硬，什麼話也沒說。她在後來告訴我，她才是覺得反感的人——讓她反感的是B的粗野與遲鈍。

我在陷入絕望之後，下定決心要憑藉自己的力量盡一切可能，讓自己不致成爲這件事的受害者。我覺得我適應地既迅速又良好，不過B真的完全不知道該如何在情感上提供支持。這些年來，他偶爾會提起那個腫塊或許根本不是惡性腫瘤，這更是一點幫助也沒有。正是他的言論促使我在多年後再次申請醫療紀錄。

從某種層面上來說，B無法提供情感上的支持其實也是我的問題。我把原本只應是切片的檢查安排在復活節的三天週末假期，計畫好要馬上回去工作，但我應該在事情發展出乎預料時就改變計畫，花更長的時間待在家裡休養。可是我沒有這麼做，我像往常一樣覺得「我能處理好這件事」：我週一就從醫院回到家，週二躺在床上一天，週三往胸罩裡塞了一雙絲襪就去工作了。這件事本身就已經夠糟糕了。沒有人告訴過我可以使用人工義乳或其他替代物品。一直到後來我去達拉斯時，一位內衣專櫃的女性推銷員提出建議之後，我才開始使用義乳。

在那個時代處於那樣的地區，我住院時沒有得到任何相關資訊，也沒有任何可以協助我應對病痛的支持小組能讓我加入。

一開始，我幾乎不太能移動手臂，因此我在公司時，每隔一陣子就必須到辦公室後方的門口，將手指搭在門框上向上移動，直到我最後能夠把手臂舉到與肩膀齊高。在接下來的幾年間，我一直在練習高爾夫和慢跑，也有在做瑜伽。因此，當我終於能成功揮舞高爾夫球桿並成功做出頭倒立姿勢時，我覺得自己已經完全恢復了。我當時追趕著許多事務，包括我的手工藝計畫、對英文書法（calligraphy）逐漸萌芽的興趣（後來我曾當過英文書法老師）、在特克薩卡納的東德州州立大學夜間部完成學士學位，此外當然還有我的祕書工作——這些事讓我一頭栽入忙碌之中。

然後，我當時還忙著完善我們的房子。雖然我們重建房子時速度緩慢又費盡心思，但在完成後，這棟房子變成了我們最溫馨的家。我之所以會這麼珍視這棟房子，或許主要是因爲我們在重建時一起付出了許多努力。等到我們終於入住後，我全心全意地投入了烹飪、招待朋友和維護我們的家——根本就是瑪莎·史都華（Martha Stewart）的翻版，不過當時我們都還沒聽過這個名字。

在乳癌切除手術後，除了艾倫完美地超乎想像的支持之外，我媽媽（孩子們都叫她嬤嬤）、住在帕斯克里斯帝的海倫和親友、住在休士頓東部的德州貝鎮的奧德莉、包柏與女孩們都寄了充滿愛的信件並打電話給我。我相信所有菲佛家的女性依舊熟諳寫信的藝術，雖然有幾年我和姊姊們彼此距離遙遠，但我們卻變得更加親近。

那陣子，媽媽頻繁地用電話與我聯絡。「親愛的，」她在某一天說，「我覺得我應該把這件事告訴愛瑟爾阿姨，你覺得呢？」

這是多年的「不要告訴愛瑟爾阿姨」之後，首次出現的轉變。但我同意了，是的，我們應該告訴她。

因此媽媽打給了她的妹妹，說道：「我要告訴妳一件貝蒂的事……」愛瑟爾阿姨立刻回答：「哦，什麼事？我要去樓下告訴梅西……」接著她又提到，梅西表姊正好和幾位朋友在進行每周聚會呢——大部分都是我在念高中時認識的人。

媽媽不希望「那些人」全都知道我們的事，因此她把原話吞回去，說：「噢，算了。我下次再跟你說吧。」後來她再也沒有提過這件事。

過了好幾十年之後，我在數年前問梅西，她是否知道我做過乳癌切除手術，她說：「是的，貝蒂，我知道。」

愛瑟爾阿姨也知道。這些年來她們從沒提過這件事。

顯然一個家庭一旦共同進入了守密模式，這個祕密就會被保守得很好。

范斯在聽說他總是健健康康的媽媽生病了之後非常難過，他盡他所能地多打電話並多寫信給我。范斯的電話和信中充滿了他在音樂奮鬥之旅中的各種刺激見聞。

艾倫一直都是他的頭號粉絲，因此每次都非常專注地傾聽范斯的回報。

這段時間艾倫還在念高中，她萌生了走向音樂事業的念頭，就像范斯一樣。她是天生的音樂家，歌聲美好，在高中之前就已經在寫詩與寫歌了。有趣的是，她在後來的節目中表演了數個與音樂有關的喜劇片段。

范斯在學校時就曾上台表演過音樂與戲劇，但艾倫不同，她到那個時候爲止從來沒有上台做過該類型的表演。事實上，某些和她讀同一所高中的孩子後來曾說過，雖然當時艾倫友善又受歡迎，但從某種程度上來說，她是個害羞的人。許多喜劇演員都曾是班級上的丑角，而艾倫顯然不是這種類型的人。但她依舊很有趣。在那幾年間，只要我因爲她做的事而感到生氣並想要糾正她，她就會開始模仿我的表情，直到我再也氣不起來，開始大笑。她的幽默感變得愈來愈自然、愈來愈成熟。

范斯其實比艾倫還要早踏入喜劇中。他在一九七六年開始編劇，由於實在太受歡迎，因此他和工作夥伴決定要冒險一搏，到紐約市發展。他們後來因此上了《週六夜現場》（*Saturday Night Live*）；范斯是比爾先生的死敵——惡名昭彰的「大手先生」。喔，不，比爾先生！

我的兩個孩子具有絕佳的創造力，讓我深感自豪。我記得當范斯決定不取得大學文憑，要直接踏上音樂與喜劇的道路時，我其實並不太開心。我當時認爲，我年輕時應該回去就讀大學並取得學位，做一個好典範。但這是他的未來道路，得由他自己選擇。他的本性是才華洋溢且深具創意性的，他就是這樣的人。我不打算說服他成爲不一樣的人，就像我也不打算說服艾倫成爲不一樣的人。

但范斯在一九七七年年中打了那通電話給我時，我還是非常震驚。他當時已從步調極快的紐約回到紐奧良，正在爲當地的電視台發想電視節目的主題。那時我斷斷續續聽他說過，他對自己寫的喜劇首播集〈豪華烹飪〉（*Cuisine Deluxe*）抱有很高的期待。他花了好幾個月在這齣喜劇上，已經可以播出了，他也談好要讓當地電視台播出這個節目一個晚上；他必須在隔天把所有相關物品撤除。但一道閃電在最壞的時間點劈了下來，導致停電，一切都毀了。或許正是這件事讓范斯決定徹底改頭換面，他在那天打電話來告訴我這件事。

「媽，」他說，「我加入海軍陸戰隊了。」

我等著他說出下一個哏。直到我理解他是認真地說出那句話後，眼淚流了下來。我問他：「范斯——爲什麼？」

他向我解釋，因爲他覺得自己在成長過程中沒有培養出紀律，而他需要紀律，這是最好的方法。

「喔？」我說。我依舊難以理解這件事，實在太出乎意料了。就算他打電話來說被外星人綁架了，我也不會這麼驚訝。除了驚訝之外，我更加覺得恐懼與無助。越戰才剛結束沒幾年，當時的狀況依舊歷歷在目。范斯上戰場？進入海軍陸戰隊？

「你爸的意思呢？」我問。我不願放棄任何一點能夠改變他決定的可能性。

范斯告訴我，艾略特（他曾是海軍）說他希望范斯選擇的是海軍。但其實無論我們說什麼都沒有太大的差別，因爲他已經跑完徵兵流程。他已經進入海軍陸戰隊了。

我問范斯，下這個決定是不是因爲他近期的幾個計畫都沒有成功，他回答：「或許吧。我只是覺得，是時候該做出重大改變了。」他已經打定主意了。

我並不樂見這件事，也如實告訴他我的態度。但我絕對尊重他的選擇與信念。這是他在邁入成人階段的路上，必須自己經歷的旅程。我能做的只有給予我的愛與鼓勵，並向上天祈禱他能尋獲所追求的事物。

艾倫在一九七六年六月從高中畢業，我認爲她當時並不知道自己要追求什麼，也不知道命運會將她帶往何方。但我知道，她決定要讓命運帶她前往不平凡的所在，她不會一直是無名小卒。顯然她很清楚，不平凡的地方必定不是德州亞特蘭大。

那天晚上，我帶著驕傲的淚水看著她從高中畢業。隔天，她立刻就搬回了紐奧良。

艾略特也有來亞特蘭大參加畢業典禮，他的新妻子維吉尼亞也跟他一起過來。我們在隔天和他們一起用了早餐。接著，他們把艾倫的行李裝上車，帶著她就這麼走了——離開我的生活。

這件事對我造成了災難性的影響。我們都無比想念對方。

一開始，艾倫一直試著釐清自己到底想要做什麼。雖然我媽媽慷慨地替她支付學費，但艾倫只在紐奧良大學念了一個月，就知道自己並不適合念大學。

她和爸爸、繼母與兩位繼妹住在一起，這跟住在我家和我一起生活是不一樣的。我能從我們的對話與信件中感覺得出來，艾倫正努力適應著離開我的獨立生活。而且，艾倫離家的過程比常人還要複雜，由於我們頻繁搬家，因此「家」代表的並不是一個實際的物理位置，而是有我在的地方。

這就是爲什麼艾倫曾試圖搬回亞特蘭大三次——因爲她想要和我住在一起——但每次她都在數個星期內就逃離這個小地方。有一次，她甚至想試著去我上班的手套工廠裡工作。就算她真的去了，頂多也只能維持個幾天而已。

她最後一次離開後，我寫了以下這首詩，最後發表在路易斯安那州立大學薛夫波特分校（我後來轉到這所學校，在這裡取得了學士學位）的文學雜誌中：

致艾倫

含苞玫瑰是完美的，但

想要使之永不改變並用
絲帶綁住它，只會帶來毀滅。
而且我們將永遠不會知道全然綻放後的
成熟玫瑰有多美。
它將在時機到來時成長。
我們試著永遠與彼此為伴。
這麼多不正確的決定——但
這麼做對我無益，對妳也無益。
現在是母女放手的時候了。
現在是我們成長的時候了。

在我寫下那首詩之後，又過了好幾個月，大約在范斯宣布他要進入海軍陸戰隊的消息嚇壞我的一年之後，我走到了密西西比州帕斯克里斯帝的海灘上，聽著艾倫說出一個令我更加震驚的消息——「媽，我是同性戀。」

在她哭出來、而我抱住她的當下，各種矛盾的情緒像冰雹風暴一樣從四面八方向我襲來。有震驚與不敢置信，沒錯，此外還有恐懼，我當下的恐懼程度不亞於范斯說他要入伍時的程度。我像所有母親一樣，一想到我的孩子有可能會在未來受到傷害就感到無法忍受。在艾倫向我坦白之後，我的反應比想到她可能受傷害還要更加驚恐，這種驚恐的主要來源是我的無知。我要如何保護她不受未知事物的傷害？

我當然不可能保護她不受未知事物的傷害，因此我立刻做出了非理性的衝動行為：我想說服她其實她不是這樣的人。因此那時我問她：「或許這只一個階段？」這使得艾倫以為我以她為恥。

艾倫花了將近二十年才告訴我這件事。萬幸地是，她說我從來沒有讓她覺得被拒絕或者不被愛。儘管如此，我的拒絕與我的擔憂在她看來其實是我以她為恥。

以她為恥？這句話讓我覺得可怕極了，而且我是在二十年之後才知道這件事的。那時候，我已經理解這件事太久、太久了，以至於我幾乎忘記了當初曾經歷的那些艱難。我當然從來沒有以艾倫為恥過。但在聽到她是這麼記得的時候，我開始努力回想那段時間我曾擁有什麼感覺，以及我是如何轉變為全然接納的。

如今回首，我發現我經歷的過程和許多人一樣，我在全然接納之前經歷的幾個階段就像我痛失所愛時所經歷的其中幾個階段——我們稍早提過，面對哀慟的階段包括了否認、憤怒、討價還價、悲傷與最終的接受。我在得知女兒的性傾向後所經歷的幾個階段或許沒有切割得這麼分明，但絕對也是一種成長的過程。而我的確覺得自己似乎失去了什麼。

在初次被震驚的大浪吞沒時，我還不清楚自己到底失去的是什麼。但是，艾倫和我一起懷揣著祕密從沙灘走回去海倫家時，我知道，我們不再是過去的我們了。我們什麼都沒有說。我不知道是否有人看出來我們曾哭過，但沒有人提出任何問題。

在開車回紐奧良的路上，我們的話不多。我們載著艾倫回到她爸爸家，我又擁抱了她一次，希望這個擁抱能安慰她、使她堅強。「我再打電話給妳」我向她保證。我想這句話就足以讓她知道，我們還有很多話要說。艾倫同意地點點頭。

我看著她走進房內，開始探究我失去的那個部分。她不再是屬於我的小女孩了。就像我寫下的那首詩一樣。現在該是時候讓她成長並追尋自我了，而探索自己的性傾向也是成長的一部分。但我從未想像過她與別的女人站在一起的畫面。我腦海中的畫面是她和一個強壯的男人站在一起——還有刊登在報紙訂婚專區上的笑臉。

又過了幾天，我和艾倫在晚上通了電話。在提到我對於訂婚照片感到失望時，我立刻覺得自己真是愚蠢。我逐漸曉悟，那種失去的感覺並非來自艾倫，而是來自我自己。多年來不斷否認我對自己感到失望，夢想她會找到白馬王子並過上幸福快樂的童話生活，艾倫出櫃後，我失去的正是這個夢想——這其實只是我自己從沒成功實踐的夢想。

在那通電話之後沒多久，我就收到艾倫的信，這句話讓我恍然大悟：「我現在很快樂，我很遺憾妳無法認同我——我知道妳不能理解——妳可能永遠也無法理解這件事。」

在這個時候，向來是個不敏銳先生的B發現我的心情一直很沮喪，「好嘛，貝蒂，親愛的，」他一如往常地拉長聲音說：「告訴我妳爲什麼心煩。」

我用盡全力才終於能結結巴巴地說：「艾倫……艾倫告訴我她是……她是同性戀。」他原本以爲我會說出什麼驚天動地的大消息，但這件事對他來說卻是沒什麼大不了的小事。

「噢，媽呀，」他說，「就這樣啊？」

B的反應讓我覺得心情好了一些——直到過了一個月後，我們回家去拜訪我媽媽，B沒有事先告知我就決定要把這件事告訴我媽媽，背叛了我對他的全然信任。B在晚餐時間直白地說出這件事，他的態度就好像他只是在請我媽媽遞鹽罐給他一樣。

我整個人僵在座位上，只能瞪著B。有一瞬間，媽媽看起來極爲震驚，但這種情緒很快就消失了。她轉向我，拍拍我的手，向我保證她愛著我們所有人。媽媽似乎並沒有因爲這個消息而感到憂慮。這讓我大爲放鬆！我還記得B曾在數個月前擅作主張地說了某件讓她非常生氣的事。他真的是個大嘴巴。

那天稍早我們在媽媽家休息時，他口無遮攔地說：「妳知道嗎，貝蒂真的很喜歡裸睡。」

媽媽一臉驚駭。「貝蒂，」她大聲道，「我可不是這麼教你的！」這個嘛，她掌家的時候可沒有給我們太多改變的空間。

B在某天我們一起在車上的時候，真的表現得太超過了。當時他負責駕車，我坐在前座，艾倫坐在後座。我正在詢問跟她朋友有關的事——像是他們平常去哪裡玩、喜歡做什麼事等等。

B比往常還要更加粗俗地問艾倫：「妳們是怎麼做愛的？兩個女孩子到底要怎麼一起做啊？」

「我不想跟你討論這件事。」艾倫露出不可置信的表情。話題馬上就改變了，但氣氛變得怪異而尷尬。

這件事使我意識到自己對於同性戀有多麼無知，或許促使了我去當地的公共圖書館閱讀。海倫在這段時間來訪，在向她分享並解釋艾倫的祕密後，我告訴她我讀的這些書對我有多大的幫助。

海倫很震驚，但最重要的是，她向我再三保證這個消息不會改變她對艾倫的愛。接著，她對我坦白自己幾乎一點也不了解同性戀。「這些書裡面都寫了什麼？」她問。

「妳知道嗎，」我告訴她，「歷史學家與人類學家說，自從人類這個種族演化出來開始就有同性戀的存在了，一般來說同性戀會占總人口數的百分之三至百分之十。不同的社會文化對同性戀的接受度比我們還要高得多。」

她向來好學，因此這些資訊對她來說很實在。「現在想想，」海倫說，「我記得以前曾經在文章上讀到，有很多知名人士與成功人士都是同性戀。」

我告訴她，我在書上看到同性戀並不是精神疾病、生理疾病、生理缺陷或偏差行為，這讓我鬆了一口氣。在五年前，也就是一九七三年時，美國精神病學會（American Psychiatric Association）董事會投票通過，將同性戀自精神障礙清單中移除，聲明同性戀是正常且健康的。

我告訴海倫這項資訊是二十年前的事了，這對我們來說都是新知。如今只有極少數醫學專家或精神科專家會持相反意見。有些受誤導的精神科醫師與心理醫師會基於自身宗教信仰，試圖使用心理治療來「改變」、「治癒」或「矯正」同性戀。社會的負面訊息導致一部分的人在面對自己的性傾向時遭遇困難，他們可能會嘗試著讓自己符合社會大眾眼中的性別角色。不過，這麼做很少能奏效，長遠來說尤其困難。我們就是會愛上我們會愛上的人，我們就是我們真正的樣子。

如今依舊有一些人和二十年前一樣，爭論說成為同性戀是一種錯誤，是一種心理失常，是不正常的——所謂的正常指的當然是異性戀。我很快就發現這只是一種社會觀感上的批判。對於同性戀來說，正常指的就是受到同性吸引、對同性有戀愛的感覺。同性戀也有許多異性的朋友，但他們對異性朋友不會抱持戀愛的感覺。這不代表同性戀是錯的，異性戀是對的。

海倫清楚地記得這段對話，我則印象模糊，她提醒我，不久前我還對於那些書無比感激。因此，我想要推薦所有剛得知家庭成員是同性戀並因此陷入掙扎的人，採取非常重要的一步——閱讀，你可以選擇你家附近的圖書館、書店或者上網。無知不會爲你帶來任何益處。

在艾倫向我出櫃的那年間，我們慢慢地把這個祕密告知其他家人。我們家就像其他家庭一樣，很快地大家都知道了這件事，但沒有人談論它。目前就我們所知，家裡的每個人都泰然接受了艾倫是同性戀這件事。范斯當然一如往常地愛著這個妹妹，絲毫不受影響。而且，他們後來還曾開玩笑說要約同一個女生出去。奧德莉的反應和海倫一樣完美，她們的兒女反應亦同；而深愛孫女、只希望孫女能快樂的嬤嬤一直泰然處之，後來還見過了艾倫的幾位女朋友。

真正對於艾倫的出櫃持反對態度的人，是艾略特。出於無知，他和他的妻子要求艾倫搬出他們家，他們說艾倫會對她的繼妹帶來不好的影響。艾倫打電話來告訴我這件事時，我能從她的聲音聽出來她傷得有多深。

「艾倫，」我試著想要說服她，她並沒有全然被她爸爸拒絕，「妳爸爸是愛妳的。」

「我知道啊。」她說。但接著她又忍不住補了一句：「所以他才要把我趕出他家嘛。」她告訴我，儘管如此，她爸爸還是申請貸款，協助她購買自己住的公寓。那段時間對艾倫來說非常難熬。然而她的反應非常優秀，她並沒有用同樣的態度拒絕爸爸。

在許多年過後，艾略特在訪談中指出自己當時的反應非常無知，他說他非常後悔當時曾那樣對待艾倫。對艾倫和她爸爸來說，這樣的醒悟還不算太遲。但對於許多拒絕孩子後又追悔莫及的父母來說，已經太遲了。

在上一次人權戰線爲了母親節造訪紐奧良時，我聽到一位男同性戀說了他的故事。「我出櫃的時候，」他說，「我的兄弟姊妹都拒絕讓我聯絡我媽。」他接著描述他的手足如何把年邁的母親送進另一個州的療養院，接著他們幾個人就擅自把母親的房子瓜分了。他們告訴母親說，因爲他是同性戀而且會拋棄母親，所以她不可以跟他說話——他們說他心懷的「信念」讓他不在乎自己的母親。

事實上，這些手足及其子女往後再也沒有來探望過她——沒有生日、沒有母親節，什麼都沒有。他說頭一年間，他媽媽會在他打電話過去時直接掛掉電話。過了一年後，他媽媽終於打了電話給他，他們自此後開始聯絡。她在死前要護士轉告兒子說：「我愛他，我很抱歉。」

令人心碎。接著我又聽到了一個相反類型的故事——充滿理解與接納的故事。

說故事的女人來自威斯康辛州，她是六個小孩的母親，她十七歲的兒子近日剛向她出櫃。她說：「我很開心他還能在家多待一年，這麼一來我們就能讓他知道，他是一個多棒的人。」

那位母親帶給我們所有人寶貴的一課：不要虛度寶貴的時間。我真希望我能更早理解這個道理。不幸的是，雖然我已開始擊退我的無知，但我花了更長的時間才跨越我的恐懼。

我從我閱讀的文章與書籍中得到了穩固的知識基礎，讓我能脫離否認的階段。事實就是如此，我不會對真相視而不見。我開始理解到，身爲同性戀並不是件錯事；但我還是想知道，爲什麼艾倫一定要是同性戀呢？換句話說，這是誰的責任？

但，若艾倫本來就應該是這樣的人，那又怎麼會有人應該對此負責呢？她也在好萊塢功成名就。這是我的責任嗎？還是她爸爸的責任？

我原本有可能會在下一次與艾倫談話時問出許多家長會問的問題：你覺得爲什麼會發生這種事？但如今我已對這件事有了更深入的了解，因此我知道這是個荒謬的問題。成爲同性戀並不是一件會「發生」的事情，像是「發生意外」這類的事件。正如後來艾倫說過的，同性戀就是她的一部分，一如她的眼睛顏色或者膚色。

我原本也有可能會問出這個問題：是不是因爲妳經歷過什麼事，才造成妳是同性戀？爲了要找出一個「本就如此」的事情的原因，問這個問題也同樣是沒有意義的。我們在生命中經歷的事件會形塑我們的人格特質，但不會使我們變成異性戀或同性戀。世界上的每一個同性戀都是在不同環境中被扶養長大的，有些人的成長環境較優渥，有些人的成長環境較不健全，和其他異性戀沒有兩樣。

感謝老天讓我跨越了那個階段，不再需要我自己、某個人或者某件事來對此負責。儘管如此，我還是有其他問題要問，例如這個極其過時的問題：「但是如果妳不結婚的話，之後要由誰來照顧妳呢？」

「妳呀。」艾倫打趣地說。她讓我了解到，她並不擔心自己會為了這件事而需要找一個男人一起生活，那麼我又何需為此擔心呢？

我很高興這個問題在現代社會已經過時了。如今女人在工作場合的地位穩固，不再需要「好的照顧者」。

「那小孩呢？」我問。這是我的另一個恐懼——身為同性戀代表她不會有小孩。這也是非常過時的觀念。對那時的艾倫來說，小孩不是她要優先考慮的事。若我在現在提起這個問題，她必定會有很多意見。我認識的很多同性戀伴侶都已經生了小孩或者領養了小孩。在這些家庭中，小孩都被照顧得很好，家長在下這個重大決定之前都曾經過一番深思熟慮。

我還有一個問題要問：「說不定妳只是還沒有遇到對的男人？」

「我們之前不是已經討論過這件事了嗎？」艾倫回問。但在那之後沒多久，她顯然決定要給異性戀世界最後一個機會，因此開始和傑夫約會。她在電話上跟我描述傑夫時，說他是個英俊的年輕人，個性友善又天資聰穎。我心中燃起了希望。他的每一項特質聽起來都像是年輕女性的夢中情人——至少我當時是這麼認爲的。

「艾倫，」我在電話中提議，「妳何不邀請傑夫來帕斯克里斯帝跟我們一起過聖誕節呢？我們都很希望能認識他。」

「這是個好主意。」她說。她很快就安排好讓傑夫過來海倫家一起過聖誕節。

傑夫與艾倫描述的一模一樣，甚至更加俊美，而且又能說會道。在開車前往紐奧良的路上，我和他聊得很愉快。我已經重新開始在心裡想像艾倫的照片刊登在訂婚版面上的樣子了。

我們一家人都對傑夫印象很好。他帶了自己的吉他，那天自彈自唱了幾首非常幽默的歌，惹得我們哄堂大笑。

在他彈唱的途中，我看向艾倫。她也跟我們一樣在大笑。但身爲女人，我能感覺得出來她並沒有迷上傑夫。他們只是朋友而已。我看清了真相，真正希望他們成爲戀人的其實是我。我希望她的生活能輕鬆一點，又覺得生活輕鬆的前提就是她「像其他人一樣」，但她並不像其他人一樣。我終將學會感謝並欣賞她的「不像其他人一樣」以及她的堅強、勇敢與誠實，這些特質使她能成爲真正的自己。

對的男人不會「拯救」艾倫。她不需要被拯救。這個醒悟對我來說真是一大進步！在這段通往接納的旅途中，一九七八年的聖誕節是一個很重要的轉捩點。從那時候起，我開始認識艾倫可愛又美好的朋友們，逐漸開展拓寬我的世界。他們的友誼以及對彼此的支持使我深受感動。

我們家最喜愛的一位朋友，名叫麗茲。我進城裡時，艾倫時常會帶麗茲——艾倫總是稱她為蜥蜴小姐[3]——一起去我媽媽家。麗茲馬上就變成了嬤嬤的「自己人」，因為那時她在泛美人壽保險公司工作！我媽媽和鄰居每年都會在萬聖節上街跳舞，艾倫後來也常帶麗茲來一起跳舞。每個人都會帶一些食物或飲料來，街上每年都會有一位DJ以及一大群人在跳舞。

我在最近回去紐奧良拜訪的時候遇到了麗茲，她向我提起了嬤嬤的一位卡郡人朋友，是一位九十多歲、可愛又嬌小的奶奶。

「媽呀，」麗茲說，「她的舞技厲害得要命。」

我們都記得之前有一年，她和艾倫抵達時正逢那位奶奶「開始認真跳舞」。艾倫愛極了那位奶奶跳的舞，她立刻衝上前去，和奶奶跳起了當晚最狂野的一支舞——觀眾全都大聲叫好。

在我放開心胸去認識艾倫的朋友，以及對她來說很重要的幾位女朋友後，我發現我看見的只有良善與愛。艾倫很快樂，她正朝自己的人生目標前進。我還能要求什麼呢？我對我女兒的愛從未減少過——或許甚至增加了，因為她比過去更需要我的愛。

艾倫曾說過，或許我永遠也不會完全理解這件事。我很高興她當時說錯了。更讓我高興的是，她願意給我時間——讓我能學習、能理解、能看見。我需要的只是時間。

我知道有些閱讀本書的人或許你們的旅程才剛開始，你可能會感到擔憂與抗拒，甚至感到憤怒與沮喪。你可能會像曾與我交談的那些家長一樣，會想要知道這個過程要花上多久的時間——以及要怎麼做才能讓自己全然接受這件事。我只能從我自身的經驗告訴你，在終於走完了這段漫長且艱辛的路程後，我抵達了一個全新的所在——在這裡，我心懷全然地接納，我爲了艾倫真正的模樣而歡慶。

那是嶄新的一天。慌亂與無知的雲翳已全數散去。我看見了「媽，我是同性戀。」這六個字，我曾以爲這六個字是重擔，但事實完全相反。

我如今終於理解，艾倫透過二十歲的出櫃給了我這輩子最棒的禮物——她的誠實。她當時就在我心中種下種子，使我得以在未來成爲我想要成爲的那種人——獨

3 麗茲的英文爲Liz，蜥蜴的英文爲Lizard。

立、堅強、誠實。但我當時還沒走到那裡。在接下來的幾年間，艾倫逐漸踏入了脫口秀的世界，我則踩著非常緩慢的步伐，學著如何靠自己的力量站起來[4]。

由於此事，以及未來發生的更多事件，我如今認爲我的女兒是我最好的老師以及最親密的知己。

4作者在此用了雙關，脫口秀的英文是stand-up，站起來也是stand up。

第二部

1978-1997

神並非無所不在，所以祂發明了母親。
——俗諺

這不是童話故事——人生沒這麼美好。
——艾倫·狄珍妮，二十三歲，描述美好人生

第五章

誠實的重要性

洛杉磯，一九九七年四月三十日

那天晚上七點半多，一輛加長型禮車把我載到比佛利山莊的創新藝人經紀公司（Creative Artists Agency），派對已經開始，我們要幫艾倫．狄珍妮——這位電視名星——慶祝她的同名電視影集已邁入第四季、以及我們取了代號的「小狗集（Puppy Episode）」的播出。這一集非常特別，引發了廣大爭議。

我們的車停在創新藝人經紀公司前，我看著窗外那棟流線型的大型白色現代建築，心中想著，對許多身在娛樂產業中的人而言，這間公司——以及其名下掌握了名聲與權力的客戶——代表的是演藝事業的高峰。

艾倫在演藝事業上走了很遠的路才從德州亞特蘭大抵達這裡。話說回來，我搭的車也走了很遠的路才抵達這裡。

我從禮車中跨出來，後面是光彩照人的艾倫，以及她鍾愛的、同樣光彩照人的安·海契（Anne Heche）。攝影師立刻按下快門，記者接二連三地向艾倫提問。艾倫的反應格外鎮定，她笑著面對相機，幽默而簡短地回應記者，接著與安肩併肩地走進大廳。我心中充滿了幾乎滿溢而出的激動、驕傲與緊張，迅速地跟上她們兩個，感覺就像是新娘子的母親一樣。

這麼說也沒錯，畢竟在不到一小時後即將要發生的事情，其重要性不亞於婚禮，也不亞於任何父母必須見證孩子經歷的人生階段。不，艾倫扮演的角色艾倫·摩根並不打算買一隻新的小狗。即將發生的事，是影集中的角色艾倫·摩根與真人艾倫·狄珍妮在全球數百萬名觀眾面前出櫃。從某方面來說，這件事與婚禮相同，都值得慶祝——不只對我們來說是如此，對美國數以百萬的同性戀者及他們的家庭來說也是如此，這晚對所有人來說都是歷史性的一刻。

派對舉辦在一個通風良好、裝潢時髦的寬闊空間內，香檳四處流動，侍者用托盤端著開胃小點穿梭人群中，不過最引人注目的還是舉辦在全美各地的「艾倫派對」。人們聚集在一起，像是爲了看超級杯或奧斯卡，或者是爲了更盛大的事件。

「媽，我簡直不敢相信。」范斯說。我在擁擠的大廳遇到他，給了他一個熱情的擁抱。

這個事件足以讓任何媽媽流下喜悅的眼淚。但話說回來，無論我們期望的結果有多正面，其實沒人能真正預測到播放《小狗集》後會帶來什麼反應。我由衷希望並祈禱觀眾的感覺會跟我在一個月前看著彩排與拍攝時一樣：愉快、激動、歡樂、動容、感動、驕傲。同時，我知道艾倫在萬分艱難地下此決心之後，會帶來極高的風險。播放之前就已經有爭議逐漸冒頭了。美國人真的能接受主流情境喜劇的主要角色——一個普通的鄰家女孩，是同性戀嗎？

在過去將近一年的時間中，他們一直在安排這個計畫。有關於這一集的所有資訊都應該是最高機密。在一九九六年的夏天，艾倫做了決定後便請編劇到她家去，告訴他們這件事。這個消息讓他們非常激動，他們知道這將會是歷史性的事件。不過其中一名編劇感到有些惴惴不安——這位編劇就是范斯，他那年也是編劇小組的一員。若艾倫不是他的妹妹，他或許不會感到擔憂。但哥哥這個保護者的身分使他無法不去考慮負面的可能性。

在有人把消息洩漏給媒體之後，負面的事件立刻出現了。消息走漏很有可能使《小狗集》終止於此。我們永遠也沒辦法知道是誰把故事洩漏出去的。至少我們認識的人之中沒有人承認過。我第一個感受到的負面影響與迪士尼樂園有關。當時迪士尼樂園即將首次放映一支電影，名叫《艾倫的能源展》（Ellen's Energy Exhibit），我們受邀出席首映，當天會出席的還有影片中的科學家比爾．奈（Bill Nye）；之後這支影片將會成爲明日世界（Epcot）[1]的常設影片之一。迪士尼是艾倫的電視台ＡＢＣ的頂頭上司，他們替我們安排好了飛機。我從來沒有去過迪士尼樂園，非常期待能參觀遊樂園和能源展。但在《小狗集》的消息走漏之後，迪士尼的高層決定艾倫最好不要出現。我們的首映日邀請被取消了。

這件事本身就已經夠糟糕了，但之後還發生了更可怕的事。在拍攝《小狗集》的最後一天，節目才剛結束一位助理導演就接到電話，要她請所有人離開該棟建築。迪士尼的警衛很快就趕到現場，有條不紊地護送所有人離開。他們收到了炸彈威脅。

安全是我們最大的隱憂，但除此之外，我們還有其他嚴重後果需要考慮。其中包括了娛樂產業中的有識之士提出警告，說出櫃將使艾倫的事業毀於一旦或者受到嚴重損傷，更不用說會對她的私生活造成多大的影響，甚至有可能出現無法挽回的可怕情形。我們那時當然不知道出櫃後艾倫會變得更出名，她的愛情生活將會比過去都還要豐富、完滿、快樂——我們將會在她的旅途上與她共享這份喜樂，我們的生活將會以我們連想都沒想過的方式變得更棒。

是的，她將會面臨強烈的反彈。這是必定會隨著此決定而來的風險——電視台與工作室將會打退堂鼓，撤回支持，最後中止這個影集。但就算艾倫能在事先確切

1「明日世界」（Epcot）是迪士尼世界（Disney World）的其中一個主題園區。

知道這個決定帶來的後果，她也絕不會改變心意。她的決定帶給我的感覺也絕不會因此改變。

艾倫做這個決定並非基於她會失去什麼、或會獲得什麼。對她來說，做出這個決定是基於誠實的重要性，這麼做之後，她再也不需要在談到所愛的人以及自己時對任何人說謊。她原本當然也可以選擇維持正常的假象，爲觀眾創造出異性戀的形象，私底下在親友圈中公開出櫃。但我認爲艾倫永遠忘不了，當年在密西西比州帕斯克里斯帝的那個二十歲女孩曾哭著希望自己的母親能理解她。她知道，世界上還有其他年輕人正在進行相似的自我探索。在當時的社會上，艾倫代表的是成功的、受到主流文化接納的正面形象，身處這樣的位置上，她的出櫃將爲所有正在自我探索的年輕人以及所有社會階層的同性戀帶來重大改變，因此她認爲承受這些風險是值得的。

在我們做了這些事的當下，有許多事是我們還不知道的。我想，當時我們所有人都還不知道未來這件事將會成爲多麼重大的里程碑。我不知道——至少在我走到觀眾席前排坐下時並不知道。在晚間八點二十五分，觀眾席已經全都坐滿了，我們一起等待著觀賞影集的播出。我在燈光熄滅的前一刻轉過頭，看向觀眾席後排中間並肩坐著的艾倫和安，我永遠不會忘記那一幕。她們兩人充滿自信的魅力，看起來美極了，我不由自主地拿出相機拍了一張照。在那瞬間，巨大的恐懼與各種假設沖刷過我的思緒，我終於意識到這件事有多重要。我非常震撼地發現，我的女兒——她從來沒有打算成爲社運人士，這輩子唯一真正想做的事，就是能讓其他人展顏歡笑——是我此生認識的最勇敢的人。她不避危險，爲了說出真相而賭上所有的自己。

在我告訴你這個冒險故事的後續之前，我或許應該先往前回溯，解釋一下我們是如何走到這一步的。

幸運的是，在講述這段過去時，我能憑依的除了回憶之外，還有我們家人之間的大量通聯信件。雖然我已丟棄了許多私人物品，但我總是把信件或者爲我手作的小禮物等較私人且與情感相關的物品留著。在艾倫剛進入演藝事業時，她寄給我的其中一封信末段寫道：「請把這些信留下來。我沒有留下任何類似於日記或日誌的物品，唯有信件是例外，讓我能在未來回憶——這麼一來，妳或我才能在未來寫書時有所依據。」

▲我和我的小捲毛兒（兩歲時）。

▲靜像照（艾倫、
她還保留至今的洋娃娃、
以及充滿愛的老爸。

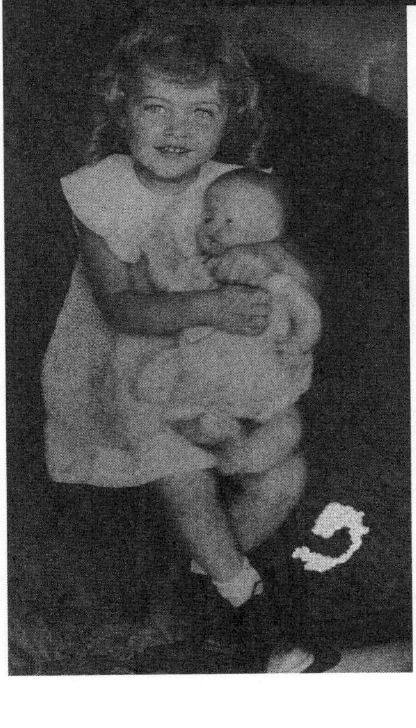

◀有其母必有其女兒。
我也很鍾愛我的洋娃娃喔！

▶貝蒂·珍·菲佛的高中照片——
試著想要成爲一位迷人的姑娘。

▼一九四八年的三姊妹：
貝蒂、海倫和奧德莉——
當時還是三位鄰家女孩。

▲我們三個人在一九四六年於奧德莉的婚禮上拍攝。海倫是首席伴娘，我則是伴娘，當時就已經在夢想自己是下一個新娘了。

▶奧德莉、貝蒂、媽媽和爸爸。

▲公開演講，過去與現在：一九六三年在舊金山的泛美人壽保險業務員大會……

▲以及一九九八年作爲人權戰線國家發言人。

▲我和范斯。
這可是五零年代
的流行服飾！

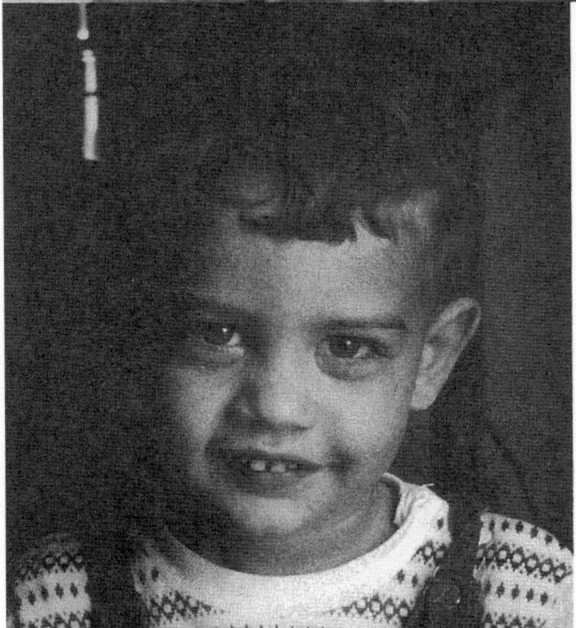

◀年輕時的范斯，
我寶貝的長子。

▲艾倫的第一次生日——冉冉升起的新星。

▲穿著睡衣的小艾倫——從小時候就愛笑。

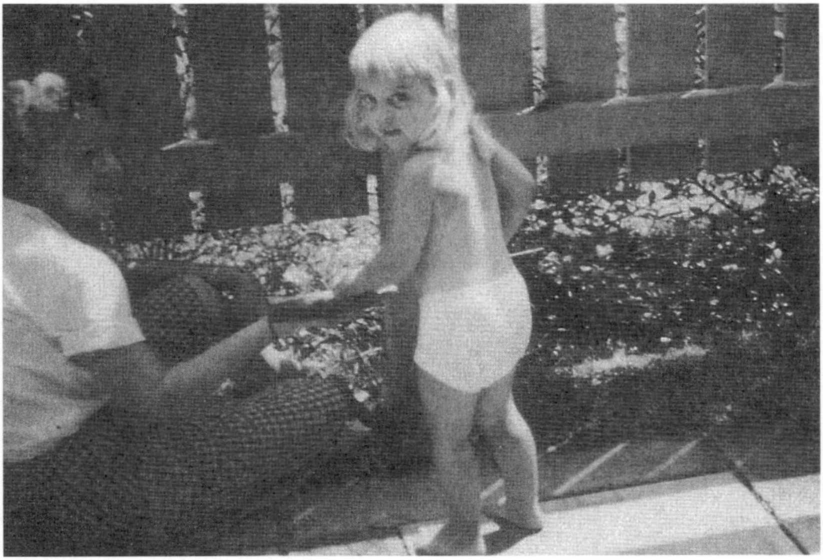

▲艾倫和姥姥——年幼時期的狗仔隊跟拍！

▲穿著雨衣的艾倫……可愛到不行！

▲艾倫和她最愛的大哥哥范斯。

▲我充滿創新想法的兩個孩子正搭著一輛湊合著用的休旅車四處胡鬧。

◀我、艾倫與范斯，約拍攝於一九六三年，這一張照片可以反映出我們閉口不提的壓力。

▶這是艾倫——正慢慢顯露出喜劇演員的天賦——拍攝於帕斯克里斯帝的海邊。

▶十三歲的艾倫拍了這張照片並簽名送給我，這是未來明星之路的預兆。她當時哪裡會知道呢？

▼到了後來，艾倫看著這張照片評論說：「喔，沒錯，當初真是一點線索都沒有呢。」

▶三姊妹——海倫、奧德莉、貝蒂——拍攝於一九九四年前往銀髮旅館時，我們總是盡可能地多多相聚。

▼艾倫和我一起出席艾美獎。是誰比較自豪呢？

◂范斯和我享受著典型的洛杉磯日常。

▾我與我的兩個女兒——三人都盛裝打扮，即將參加一場首映會。

▲艾倫和我一起拜訪席德西奈醫院的青年線，那裡會有青少年志工負責接聽生活受挫的青少年打來的電話。

▲一群年輕的社運人士正熱情地歡迎我。

▲我和喬伊斯林・埃爾德斯醫師，是我頭幾次參加人權戰線的晚餐。

▲和伊恩・麥克連爵士拍攝於倫敦。

▲前往百慕達的旅程——獨自一人旅行並享受其中的一位女子。

第六章

媽，我愛妳；艾倫，我愛妳

在二十歲時，艾倫與我分享了她的祕密，我們逐漸把這個祕密告訴其他家庭成員，和那些親近且值得信任的朋友。但對外界而言——同事、員工、房東、認識的人而言，以及在她成名之後對大眾而言——她依舊懷著祕密，這個祕密幾乎存在了二十年。

由於我也分享了這個長達二十年的祕密，因此從某種程度上來說，我成了艾倫的共謀。一開始，我覺得自己必須時時刻刻擔心這個祕密被不對的人「發現」。隨著時間流逝，我逐漸適應了要如何繞開並迴避朋友和同事的問題，這些問題包括「她有沒有男朋友」或者「最近能不能替她介紹一位好男生等等」。我慢慢學會了在提及艾倫的愛人時謹慎用字，用「朋友」或「室友」指稱她們，又或者完全避免提到她們。有一次，一位同事直截了當地問我：「艾倫是同性戀嗎？」我設法避過了直接回答。我的回應可能是笑著聳聳肩，或者「這個嘛，這可是個非常私人的問題！」之類的話。

保守任何形式的祕密都是極為沉重的負擔。但從另一方面來說，由於我小時候被媽媽的警告——「別告訴愛瑟爾阿姨」——訓練得很好，因此我很擅長於保密。我沒有立場決定是否應該把我女兒的性傾向告訴他人。有資格下決定的人是艾倫。

在我們一起經歷了這些事情之後，或許這個祕密使我們變得更加親密了。無論我們是否把這個祕密告訴外界，我們在面對彼此的時候都非常誠實而坦白。艾倫用各種方法讓我知道她毫無條件地深深愛著我。我則讓她知道我不但全心全意地深愛著她，我也仰慕她。她的成長過程並不平順。但她從青少年時期開始就流露出了不凡的力量與勇氣，或許正是這樣的特質使她在難以生存的演藝圈中能夠不屈不撓地堅持下去。

艾倫在一九七八年的志向當然還沒有那麼高遠。她的信件內容以及我們的對話大多圍繞在更加平凡的日常生活中。我記得那年剛入秋時，我打電話問她最近的工作如何。她當時在人力仲介公司斯內林司與斯內林司（Snellings & Snellings）擔任就業顧問。

「一切都棒極了！」她驕傲地回答，向我吹噓了起來。「我跟妳說，我們辦公室有一個板子上面畫了長條圖表，每個人的名字都在上面，只要我們成功替顧客安排了工作，我們就可以在名字下面增加代理費用。我的名單是最長的，而且目前在我們辦公室裡排名最高——我這個月到目前爲止已經累積三千八百點七八元了！」

「艾倫，這真是太棒了。」聽到她這麼積極樂觀讓我覺得很開心。

艾倫繼續道：「我們公司的老闆前幾天跑來我們辦公室——就是在紐奧良的斯內林司與斯內林司掌權的那位女士——她說：『老天，妳這孩子真是大熱門呢！』接著另一個市中心辦公室的老闆打來說：『喔，超級明星！』我一直冷靜以對，然後她告訴我，從來沒有人在剛進公司這麼短的時間內就達到這麼高的業績。」

我恭喜艾倫努力工作帶來的成果，接著我們又聊起了她和室友一起住的那間新公寓。她說公寓內部美侖美奐。過了幾天，她寫了一封信來告訴我真實的狀況：

……今天收到了第一張帳單。電話費——四十四美元。分期付款加上定期帳單只要四十二美元而已呢！好吧，現在事情變得有點艱難了。我們昨天去雜貨店買東西花了二十一美元。我已經開始覺得有點怕了——但我們會撐過去的。公寓的狀況很不錯，到處都是蟑螂。

這幾天沒發生什麼大事——除了我想要一台電視。還有我的車！！我每天下班回家都要走上兩英里——不過每天走路其實蠻不錯的——下雨的時候除外！目前為止我還算是幸運——只因為流汗而全身溼透而已！

艾倫的顧問工作維持了數個月；之後轉而到迪克希美材行當店員。她當店員的期間不長，但她對這個工作充滿熱忱。同時，我把我的檸檬黃雪佛蘭織女星[1]（Chevy Vega）送給她，也給了她一些拿來加汽油的零用錢，這樣她就可以省去走路和搭公車的麻煩了。但她依然必須支付食物、房租、電話和水電瓦斯等費用，只能盡量節儉。每當她需要買衣服時，她會去二手商店買——但有時連二手衣物都買不起。艾倫在其中一封信中描述當時的天氣變得有多冷。她開玩笑地問我能不能幫她織一些衣物，包括毛衣、圍巾、長褲和鞋子。

在艾倫充滿創造力的志向尚未廣爲人知時，范斯．德傑尼勒斯已經小有名聲了。事實證明，兩年的海軍陸戰隊訓練對范斯的整體事業來說帶來了好處。他找到了他覺得自己缺乏的紀律，在軍中生活的嚴格規範下做得很好。事實上，他在聖地牙哥結束了新兵訓練後，被選爲優等生。

范斯進入海軍陸戰隊後駐紮在亞利桑那州的猶馬，他在這段期間曾以記者的身分受訓，甚至在週末時去KYEL電視台擔任兼職運動主播。

在我打給范斯的一通電話中，我向他吐露了我有些擔心艾倫在工作上遭遇的瓶頸。我當時說的必定是「我覺得沒有鼓勵艾倫去上大學讓我充滿罪惡感。范斯，我

1盛行於 1970-1977 年代的一種車款。

覺得我以前大概對你們兩個不夠嚴厲。」這一類的話，但我覺得范斯的狀況和艾倫不一樣，因爲他已經進入海軍陸戰隊接受工作訓練了。而艾倫則讓我很擔心。一週後，他寫了一封長信給我——這是非常罕見的事。他向我強調了下面幾個重點。

艾倫非常聰明，之後一定會找到好工作的。妳不需要為了任何事而心懷罪惡感。因此而懷有罪惡感是很荒謬的事。我覺得艾倫和我其實只是有點瘋瘋癲癲的，妳再怎麼做也不可能改變這點。所以說，請妳接受事實吧，妳的兩個孩子就是有點神經質罷了。我們都沒有犯下多人謀殺案也沒有加入人民聖殿教（People's Temple），妳應該要為此感到開心才對。相信我，艾倫以後一定會找到好工作的。她總是很擅長與人相處，我很確定她會在兩千年（西元）之前找到正職。

這個嘛，我們都知道范斯說的最後一部分的確成真了。

范斯在兩年後回到紐奧良，在WQUE電台擔任DJ，他在高中時就曾在這裡工讀過。他的聲音低沉又富有磁性，反應機敏，很快就變得炙手可熱。在這段期間，他聯絡上了幾個樂手和主唱芭芭拉．梅南迪斯，一起組了樂團，名叫「冰冷」（The Cold），後來冰冷在一九八零年代初期的紐奧良大紅大紫。范斯．德傑尼勒斯是當地騰捷飛升的明日之星。

沒過多久，艾倫就找到自己最熱愛的事業了。哥哥的人際關係網絡極佳絕對不是件壞事。范斯的女朋友瑪爾夏．卡瓦諾是全國廣播公司在紐奧良的主播，也是當地燒烤俱樂部（Gridiron Club，一個與媒體及電視廣播界相關的組織）的成員之一。艾倫透過瑪爾夏獲得機會，得以在一年一度的諷刺音樂劇中表演一小段唱歌。那年的諷刺音樂劇是由《今夜秀》（*The Tonight Show*）所編導——又是一個即將會在未來大放光芒的節目。

雖然這種初次登台的方式並不是最好的選擇，但艾倫很興奮，她在電話上告訴我：「我等不及了！到時候一定很好玩，而且曝光度很高！」

要曝光給誰看還是個未知數。但顯然艾倫已經開始厭煩各種「正職」的乏味本質了。她不斷嘗試各式各樣的職位，工作清單愈來愈長——服務生、酒保、油漆工、洗車工、服飾店店員、唱歌電報（singing telegrams）歌手[2]、法律公司打雜，還只維持了三小時的園丁（這還只是她做過的一小部分工作而已）。

對於艾倫這麼一個充滿創造力的人來說，一直沒辦法在工作中發揮創意必定讓她覺得很痛苦。有一些正職甚至讓她覺得厭惡至極。但往好的方面來看，我會認為或許其中有許多工作對艾倫的喜劇事業來說其實是最好的訓練。

2 歌手接受委託，至指定的接收人面前唱指定的歌。

她最常講的一個故事之一，就是她在當吸塵器推銷員的事。當時她很努力地推銷客戶一款最頂級的吸塵器，這款吸塵器比次一等的吸塵器還要貴上一百美元。這兩個吸塵器幾乎一模一樣，唯一的差別在於頂級吸塵器的前面有燈。一天，艾倫在竭力推銷這款頂級吸塵器時，一名女人問了一個顯而易見的問題：「我為什麼會需要一個上面有燈的吸塵器？」

艾倫腦筋動得很快，她馬上回答：「這麼一來你在晚上用吸塵器的時候，就不用開燈吵醒其他人了。」

那名問問題的女人一定很有幽默感。她買下了最貴的那台吸塵器。

一九八零年五月二十日那天，我為了慶祝我的五十歲生日，買了一把小提琴。B搖搖頭，倒了一杯他自創的酒，裡面有波本威士忌、水和七喜汽水，他稱之為「長老」（長老會教徒的簡稱）。他對我說：「妳瘋了嗎？」

我當然沒有瘋。我只是對於拉小提琴有興趣而已。拉小提琴對B來說實在太陌生了，這件事本身就應該是一個對我的提醒，讓我知道他既無法理解也無法支持我成為真正的我。在那不久之後，我們出公差至田納西州查塔諾加，我注意到他們州的愛樂管弦樂團將會在那段期間表演。我必須拜託B帶我去。

「有艾琳．法瑞爾（Eileen Farrell）的獨唱。」我試圖想誘惑他。

「妳說嫁給法蘭克．辛納屈（Frank Sinatra）的那個老女人啊？」他問。

「不是，」我說，「你說的是蜜雅．法羅爾（Mia Farrow）。」

一開始B斷然拒絕。但我實在很想去，又不太敢自己開車上結滿冰霜的道路，最後他勉強同意帶我過去——條件是，只要他不想聽就可以隨時走人。但當天的第一位小提琴家帶來了奇蹟，那是一位紅髮的年輕男子，喜歡炫技。他演奏時非常激昂熱烈，使B看得入迷，我們因此留在演奏廳把整場表演看完。然而不出所料的，B並沒有因此突然對文化產生熱烈興趣。

噢，好吧，我用艾略特的例子來說服自己，對於古典音樂的共同愛好並不是一場成功婚姻的先決條件。後來我自己去上小提琴課，練習了一陣子之後技巧逐漸嫻熟，並進入特克薩卡納市民管弦樂團中演奏。

當時我並沒有留意到什麼跡象，但在之後我不斷地回頭檢視這段期間，我可以清楚看出自己之所以會發展出小提琴這一類的嗜好，是因爲我在日常生活缺乏真正的成就感，我想藉由這些嗜好滿足這種空乏。整體來說，我在亞特蘭大的生活領域狹小、逼仄又不怎麼刺激。范斯與艾倫的生活領域則完全相反。也或許是因爲這個原因，當時我生活中的刺激感幾乎都來自他們的私人生活與事業生活中的起起落落，都是間接的刺激。

我實在太需要得知他們的生活情況了，愈頻繁愈好，所以我在某天想出了一個主意：我寄給他們一人一疊寫好地址也貼好郵票的信封。我覺得這麼一來，我們就可以更頻繁地互相聯絡，又可以省下電話費了。范斯向來不是個喜歡寫信的人，因此我更進一步地在寫信給他時，於信紙下方畫一條虛線，標註著「由此剪下」。他可以在虛線下方寫下他的回信。我甚至在虛線下方替他寫好了「致我最親愛的媽媽」。這下他可沒有理由不回信了吧！

艾倫不需要那麼多誘導。她愛極了這種溝通方式，寫信的頻率很頻繁。她在一通電話中讓我充分理解她覺得這個主意有多天才，她告訴我：「媽，妳知道嗎？妳的女兒希望自己能在長大之後變得和她媽媽一模一樣。但或許上小提琴課的那個部分就不用一樣了。」

無論生活有多麼令人厭煩，艾倫都知道怎麼做能讓我開心起來。我問起她最近的一個正職——在森格爾劇院每天輪班兩次販售舞台劇的季套票，她的回答讓我覺得樂極了。

「這個嘛，」她以典型的樂觀語氣開頭，「非常累但這裡的人都很棒，所以工作起來很有趣。」接著她又用非常世故的語氣說：「噢，妳懂的，劇院的人嘛——他們都是一個樣。」

但很快的，我就發現艾倫並不想要身居幕後、和劇場的人混在一起，還有賣季套票；她想要站到舞台上，成爲焦點。脫口秀這個主意於焉誕生。我很難準確地指出這個想法是在什麼時候出現的，但我知道時間點大約介於一九八零年八月四日至九月九日之間，當時艾倫在天主教女子高中做慈善表演，大受歡迎。

第一次的成功引領她發展出自己的表演，後來她開始在每週五晚上到紐奧良大學校園內的一間咖啡廳定期表演。她的表演廣受好評，甚至上了皮卡尤恩時報。艾倫把報導剪下來寄給我，在信中說：「這是我的第一篇剪報——把它保存好，以後我們可以把這篇剪報拿去跟拉斯維加斯的看板比較大小差幾倍。」

我在收到那封信之後開車南下到紐奧良，首次觀賞艾倫的表演。跟我一起去的還有表姊梅西和她丈夫阿爾曼德。我們三個人坐在舞台正前方的那一桌。艾略特和維吉尼亞的座位在我們附近，跟他們坐在一起的是我以前在教會認識的幾位老朋友。

在艾倫剛開始表演的那段日子，她習慣使用很多道具。（她後來發現，不用道具反而比較好，可以讓觀眾想像道具的存在。）那天，她大步走向舞台中央時，袖子裡冒出了一支長長的長春藤，「我剛從醫院出來，他們忘記幫我拔掉靜脈注射管了[3]。」她說。這句話使觀眾席內冒出了一些笑聲。

艾倫接下來的表演惹得大家頻頻發笑，她眼中閃爍著迷人的光采。整體來說，她的表現非常出色。我如今已不確定當時我預期自己會看到什麼樣的表演；或許我

3此爲諧音雙關，長春藤的英文是 ivy，靜脈注射管的英文是 IV，發相近似。

當時認爲，舞台表演也只會是艾倫轉瞬即逝的興趣之一。但只看了她的表演十分鐘我就覺得非常驚豔。不知怎地，我覺得這次不一樣。

由於我向來不是特別喜歡聽笑話，所以我在發現艾倫不說笑話後覺得很開心；她通常會說一些有趣的小故事，並演出一些真正或者虛擬的情境。她的表演風格從一開始就非常乾脆俐落——而她故作嚴肅的年輕鄰家女孩面孔甚至會引來更多笑聲。那天唯一值得抱怨的是，隔壁桌的一位年輕男子一直在艾倫表演時講話。若這件事發生在現在，我會直接請他安靜，但當時的我只會悶著頭生氣。

在表演過後，艾倫坐到了我們這桌，她立刻受到眾人的恭喜與讚揚。在其他人都稱讚完畢後，輪到我了。我首先給了她一個大大的擁抱，並告訴她表現得有多麼傑出。接著我又告訴她：「艾倫，我會盡我所能地幫助妳的。」我知道這就是她想要的。她找到了真正想要追求的事業了。

一九八零年十月十三日

親愛的媽媽：

我才剛剛跟妳通完電話，但我忘記請妳幫我一個忙了。妳還記得妳在咖啡廳曾告訴我，妳會盡妳所能地幫助我，甚至提供金援嗎？這個嘛——我極度需要一台卡帶播放機（而且要是很好的那種）。但與其給我三百塊或四百塊讓我去買一整套機器

——你只要在亞特蘭大替我買一台好的播放機就可以了（妳說過播放機在那裡賣得比較便宜）。妳可以跟他們買可攜式播放機中最好的機種，價格大約是三十或四十塊左右。我需要拿播放機來研究我的錄音帶，而妳的報酬將會是在未來某一天得到一輛嶄新的寶馬以及／或者位於達拉斯的公寓大廈。是不是很划算呀？或者妳也可以寄一張五百塊的支票給我，妳的回報將會是在未來某一天環遊世界一周——或者寄一千塊給我，我會把整個達拉斯買下來送妳——或者——

祝我可愛的媽媽身體健康

我愛妳，妳的女兒

我選擇了在亞特蘭大替她買一台卡帶播放機。不過我實在很幸運，艾倫後來給我的回報含括了她所列出的每一個選項，甚至更多——當然，把達拉斯買下來送我除外。

艾倫的艱困生活還遠遠沒有結束。她寄出下一封信時，正好處於人生低潮——那時老舊的雪佛蘭織女星壞掉了，而她最新的那份工作也沒了。喜劇表演不足以支付所有帳單——真要說的話，喜劇表演無法支付任何開銷。她在一九八零年十一月的信中寫著：

我每天都在報紙上找工作，但什麼工作機會都沒有。我想要找靠近我家的工作。現在我無論去哪裡都要搭公車，實在太煩人了。我一直祈禱我寫的歌能賣出去——我極度需要這筆錢。我這一生都窮得要命。

工作與缺錢讓她非常沮喪，我猜想她這時也非常渴望能遇到生命中特別的那個人。我在信中問她，最近有沒有認識什麼人，她回信寫道：

我最近不太去「那些酒吧」了。原因很簡單，我覺得很無聊。每次走進去都看到一樣的人很無聊，那些遊戲很無聊，看著每個人用毒品與酒精讓自己墮落很無聊。這個週末我去看了「冰冷」在禮拜五與禮拜六晚上的表演——他們的表演精采絕倫！但表演的地方有一大堆混帳！

在那之後又過了兩週，艾倫突然轉運了。她去法國區（French Quarter）的克萊德喜劇角落（Clyde's Comedy Corner）面試，那是當時紐奧良最炙手可熱的一間喜劇俱樂部，俱樂部裡的人都對艾倫的表現印象深刻，他們決定讓艾倫在週一晚上定期表演——而且是有支薪的表演。事情還沒完，她在信中寫道，一位名叫馬諦．班森（Marty Bensen）的喜劇產業大人物正好看了她的表演，他告訴艾倫：

「妳是天生好手。妳的表演非常有趣。我覺得妳以後會闖出一番名聲。」

艾倫就此進入了專業脫口秀的世界，她在克萊德喜劇角落每週表演一次，每晚可以賺到大約十五美金的鉅款，後來增加到一個晚上二十五美金。艾倫沒有等太久，她很快就得到了主持節目的機會。做了爲期六個月的節目主持人後，艾倫真正學到了許多與喜劇相關的知識。她不但有機會能觀察更多經驗老到的表演者，還可以在介紹其他表演者時磨練自己的即興表演才能。在面對起鬨和喧鬧的觀眾時，艾倫的現場反應非常出色。有幾次她甚至光用一個眼神就讓喝醉的人閉上了嘴巴。

從很早期開始，艾倫就堅決不在表演中使用髒話或猥褻的主題。她的理由？「我媽也在觀眾席裡。」她總是這麼說，就算我不在時也一樣。許多喜劇產業中的人認爲你必須要講「不雅笑話」才能逗觀眾笑，但我認爲艾倫．狄珍妮讓他們重新考慮了這件事。

在接下來的這個夏天，她開始接受城外的小型預約，其中包括了在達拉斯喜劇角落出場表演。在一通令我緊張得喘不過氣的電話中，她告訴我她現在有多興奮。「他們都超級愛我。」她說。「一切都好極了、超級棒、簡直無與倫比！我還能說什麼？我從來沒有哪個工作做得這麼好過。」她接著向我描述達拉斯的狀況，以及前往截然不同的新地方有多好玩，「還有那裡的人。每個人都既有錢又好看。我們今天一整天都搭著禮車到處跑！」

她的生活開始有了起色。大約在這段時間，我聽艾倫向我提起了她的新女友凱特。沒多久，艾倫就和凱特同居了。我聽到這個消息後，急急忙忙安排好行程，想要等到學校一放假就過去認識艾倫人生中的新愛人。

在一九八一年，艾倫的事業逐漸起飛時，范斯的事業已達到新高峰，如今他在冰冷樂團中當貝斯手。他的外型是標準的一九三零、四零年代的英俊影星，因此有幸登上了《人物》（*People Magazine*）等當地音樂雜誌的封面。樂團當時引起了當地的轟動，他們是一九八零年代新浪潮音樂（New Wave）的先驅之一。主唱芭芭拉．梅南迪斯（Barbara Menendez）是驚才絕豔的人物。我總是說，她是瑪丹娜還沒出現之前就出現的瑪丹娜——性感又才華洋溢，一站上舞台就能吸引所有人的目光。他們錄了數張專輯，其中幾首單曲大有可爲，他們希望樂團可以因爲這幾首歌而享譽全國。

我們每個人的生活狀況都正變得愈來愈好。但接著，我們各自遭遇了一連串的失意與困難，我如今已無法記清楚這些事件發生的順序了。

范斯遇到的問題是，雖然冰冷樂團是紐奧良名聲最鼎盛的樂團之一，但卻不知爲何遲遲無法跨足至紐奧良之外。雪上加霜的是芭芭拉——她是樂團能成功的大功臣之一——結婚並懷孕了。范斯和樂團的其他成員之後重新組了樂團，名爲「基調」，繼續引領紐奧良的新浪潮音樂，但他們再也沒有找回冰冷樂團當初的魔力。

接著，艾倫深受哀慟所苦。一天傍晚，艾倫在開車前往某處時路經車禍現場，她注意到似乎有人因車禍死亡。當天稍晚，她才得知車禍現場的死者是凱特，她的女朋友。這是她第一次認真談戀愛，也是她第一次遇到與她年齡相近的親友死亡。我在我父親死時才開始艱難地理解「我們的生命有其限度」，艾倫也一樣，她開始質疑過去她在靈性方面所學到的一切事物。若神即是良善，若神即是愛，祂怎麼可能會允許這種事情發生？

隨著她開始以不同的角度看待自己的哀慟，她慢慢發展出了一段與神的假想對話，其中包含了各式各樣的問題。這就是她的脫口秀〈打電話給神〉（Phone call to God）的最初由來——這齣脫口秀之後讓強尼．卡森（Johnny Carson）留下深刻印象。

這個故事最精采的地方在於，就算她從那間與凱特同居的公寓搬出來，並搬進了一間滿是跳蚤與蟑螂的公寓（她在這裡寫下了〈打電話給神〉的腳本），並深陷絕望之中，她依舊知道總有一天她會上《今夜秀》，爲強尼．卡森演出這齣脫口秀。

脫口秀的內容大概是這樣：

喂，上帝，你好。我是艾倫。

（停頓，等待回答。）狄珍妮……？

（傾聽回應。）什麼事這麼好笑？

（傾聽。）

噢。是啦，聽起來的確有點像。[4]沒有，從來沒人這麼說過，（停頓）喔。所以說，我只是對下面這裡的某些事感到有點好奇。……不，不是切爾蘿（Charo）……我是說，耶穌基督啊……不，不是祂，我們還在討論原本的事……我只是想知道，為什麼這裡要有跳蚤。

（傾聽回應。）

啊？不……我不知道除蚤項圈企業中有這麼多員工。……還有防蚤噴霧企業。……我也沒有想到這件事。

在接下來的幾年間，由於艾倫必須保守自己的祕密，所以她在談起車禍時只能說凱特是朋友，而非伴侶或愛人。我知道，必須否認這段關係的重要性讓她很受傷。這是還未出櫃所帶來的另一個重擔。

在一九八一年之前我都不知道，艾倫還保守著另一個祕密：B在她高中帶給她的兩次可怕折磨。要是我的婚姻一直都維持在健康快樂的狀態，她可能會選擇永遠也不告訴我這件事。在我某次去拜訪她的時候，我告訴她B和我處得並不好，但我真的很不希望婚姻再次失敗。我向艾倫透露，其實我只是沒有決心能離開那個家獨自生活而已。

艾倫的表情顯得很失望，「媽媽，妳值得更好的人。」她說。

「艾倫，」我說，「他有他好的一面。而且我們很愛我們的家。」除此之外，我又加了一句：「無論他有什麼缺點，我都知道他很愛我。」

這時艾倫搖搖頭，嘆了口氣，告訴我說，在她十七歲時，我做了乳癌切除手術之後沒多久的某天，發生了一件事。這些話並不容易說出口。她說：「他要求要摸我的胸部。當時妳在洗澡。」

她停了下來。我不可思議地看著她。她到底在說什麼？

艾倫接著又道：「他說妳擔心妳另外一邊的胸部，他想要摸摸看我的，看看跟妳的摸起來一不一樣。」

我整個噁心反胃了起來。這對艾倫來說是多麼可怕的一件事啊！她怎麼有辦法拒絕？她那個時候才十七歲，無論什麼事都非常信賴我。但這五年來，她卻什麼都沒有告訴我。

我努力地組織語言，問她：「妳之前爲什麼沒有告訴我這件事？」

艾倫哭了起來，「因爲妳經歷了那麼難過的事，我不能再傷害妳了……然

4 指艾倫的姓氏「狄珍妮」（DeGeneres）聽起來像「退化」（degenerate）。

後……」她的聲音轉弱。

「還有別的事？」我問。

艾倫無助地看向旁邊，好像希望自己不需要告訴我這件事。接著她點點頭。還有別的事，她說，更糟糕的事，大概發生在我手術後的一年。在某一個週末，我因母親生病，而需搭飛機飛到紐奧良，那天艾倫看完電影後，B載她回家後在車上對她毛手毛腳。艾倫一邊哭一邊說：「我把他推開。他當時放棄了，但等到我們回到家之後，他又在家裡試圖想摸我。」她停頓片刻，試著平靜下來。

我感到憤怒、困惑又不知所措。「後來呢？」我恐懼地問。

「我跑進我房間，把門鎖上。我嚇壞了。後來他試著想要破壞門鎖，我就從窗戶爬出去了。」她那天晚上住在朋友家裡。

「喔，艾倫，我很抱歉妳遇到了這種事。」我抱著她說，「我很抱歉。」

想到她必須經歷的痛苦就讓我覺得心都碎了。讓我更難過的是她必須獨自承擔這個沉重的祕密，不能告訴任何人。而她這麼做的原因是她實在太過擔心我以及我的幸福了，這讓我感到無法言說的感動。

雖然艾倫告訴我這件事距今已經幾乎是二十年前了，但對我來說，現在寫下這個故事依舊讓我感到非常痛苦。我當時理所當然地對B感到憤怒又噁心。但更強烈的情緒是自我責怪。我責怪自己沒有注意到這件事。「我早就應該知道的。」我不斷這麼說，「我早就應該要知道的。」

我回想艾倫的高三生活，那時她突然想要退學回去紐奧良。我當時告訴她，絕對不行，我非常堅決地要求她必須把高三念完。那時我覺得她的要求毫無道理。如今我終於知道，她當時爲什麼那麼焦慮地想要逃跑了。

坦白說，我寧願不要把這些事情含括在我這個平凡媽媽的故事中。我會有這種想法，可能是因爲我過去習慣於否認、習慣於正常的假象、習慣於假裝這種事從沒發生過。但，它們的確發生了。在深思熟慮之後，我選擇在這本書中把這件事說出來，我希望其他或許跟我一樣習慣否認的母親——或者任何讀者——能留意自己的直覺，採取行動。這麼做不只是因爲你愛你的孩子、你要保護你的孩子；這麼做也是因爲你愛你自己。不幸的是，我當時還沒有學到教訓。

我沒有在電話上和B提起這件事，我決定開車回家，當面和他對質。我一路上都在祈禱這件事不是真的，應該有其他更合理的解釋。那天晚上我抵達我們家並大步衝進去時，B還沒睡。在我還來不及開口前，他就開始說：「貝蒂，親愛的，我真想妳。」

「艾倫告訴我你做的事了。」我怒氣沖沖地打斷他。他的臉上浮現出困惑的表情。「妳在說什麼？」

我複述了他摸艾倫胸部的事。B一邊聽一邊點頭，接著傷心地搖搖頭。身爲頂尖推銷員的B火力全開，對我使出他的所有技巧，「我很抱歉。」他承認。「我當時缺乏判斷能力。我實在太擔心妳了。」

「如果你真的那麼擔心的話，」我指出，「爲什麼你不問你自己的女兒？」他的女兒住得不遠，他們兩人感情很好。「你爲什麼不用她的胸部確認？」

B聳聳肩，「我當時沒有在思考，我告訴過妳了。我做錯了。」

我讓這件事就此揭過。但接著，我提起了另一件事，我重述了艾倫告訴我的事情。B傾聽時難過地看著我，表情既驚訝又受傷。

「我不懂她怎麼能那麼說。」他輕聲說。「事情並不是這樣的，貝蒂，我發誓……」他顯然陷入了掙扎，似乎想要坦白某件事，但最後卻什麼都沒說。

「什麼？」我堅持他把話說出來。

「事情正好相反。是艾倫主動的。」他沉靜地說。「她對我毛手毛腳。」

我指責他說謊時，他說艾倫是故意編造出這個謊話，想要讓我離開他。

接著，B開始強烈地請求我不要離開——不要放棄我們的愛、我們的家以及我們共同的生活，這些都是我們努力建構出來的。

我在隔天打電話給艾倫，告訴她B說的話之後，電話那頭只剩下艾倫的呼吸聲。她感到崩潰而震驚，她無法理解我爲什麼會認爲B說的有可能是真的。

我的心和思緒都被攪成了碎片。我心中衝動的那部分告訴我要馬上離開，而固執的那部分則告訴我就算船要沉了我也要繼續留在船上，我被困在這兩種想法之間，陷入了思想上的癱瘓。我知道我再也沒辦法真正信任B了，但我沒辦法停止愛他——至少當時還沒辦法，我也無法承認自己面臨了第三次失敗。我沒有毅力與勇氣在擁有了新生活之後，離開這段新生活重新調整自己——而且這已經不是第一次了！我直到現在還是很後悔我沒有在當時就離開，這是我這輩子最後悔的事。

我直到現在還是說不清楚我與艾倫之間的關係爲何能倖存下來。有一段期間，她幾乎無法理解我爲什麼還要繼續和B在一起，她的確有權這麼認爲。謝天謝地，原諒是她的天性。至於原諒我自己——那又是另一個故事了。

諷刺的是，儘管我們經歷了這些困境，又或者正是因爲這些困境，我和艾倫在經歷了這段波折之後變得比原本還要更加親近。這件事展現出了另一個和愛與接納有關的重要觀點。愛與接納是雙向的。我們這些父母其實也一樣需要你們這些小孩，就算你們其實不理解我們正在經歷什麼事也無礙於這個事實。

噢、噢、噢！這是我以爲我肚子痛得很嚴重時心裡的感覺，也是我實際上發出來的聲音。我實在太小看這次的肚子痛了。

第二天早上我被緊急送到急診室，我當時還不知道肚子這麼痛的原因是有膽結石刺穿了我的十二指腸。在動過手術之後我出現了術後感染的症狀，必須再動一次手術，住院時間比做乳癌切除手術時還長。再「噢！」一次。

我這一輩子都沒有罹患過什麼嚴重的疾病。因此，在這場婚姻的頭五年就連續經歷了兩次危及生命的疾病是一件很奇怪的事。艾倫一直告訴我，她覺得我的內在焦慮、我生活中的潛在感情以及這些物理上的疾病之間有直接關聯。我必須同意她的看法。

正如我之前覺得一團糟時一樣，艾倫總是能讓我微笑，尤其是這段她寄到醫院的訊息：

我最親愛的最寶貝的媽媽：
妳以為妳只是肚子不舒服，
但老天啊妳錯得離譜，
如今妳在醫院裡
還有管子插進妳的鼻子裡——
妳一點也不開心。
妳讓海倫阿姨擔心得要命
還有奧德莉——以及狄克，
當然還有范斯以及

他整個樂團——冰冷，
還有我以及所有從我口中得知這件事的人，
在梅泰的嬤嬤，
擔心得不得了，
妳當時到底在想什麼呀——
妳難道不知道妳
被這麼多人所愛著嗎——
現在妳要趕快好起來
回到家裡
因為我可沒有時間擔心妳。
我自己也有一堆問題！

我這次也跟往常一樣，沒多久就恢復了正常生活。很快地，我再次開始工作、上學以及我的一系列興趣與計畫。當時我正在著手進行的一項充滿創意的計畫，是寫一首歌給艾倫當驚喜，歌詞描述了她過去做過的所有工作，音樂是「弦樂假期」（Holiday for Strings）的曲調，我自彈自唱，用自己的小提琴做伴奏，把這首歌錄在錄音帶上。艾倫收到禮物後開心地回了信給我：

媽媽，妳的支持讓我覺得不勝感激，無論是經濟上還是情感上的支持都是如此！妳讓我能繼續走下去——讓我保持活力，給我希望。我總是稱讚妳有多靈巧。但是我有告訴過妳——妳唱歌的聲音有多麼美妙嗎？妳應該好好運用這副嗓音。我不知道該如何運用——但總之妳應該好好利用它。不、不、不，妳的才華實在多不勝數。妳會演戲、會唱歌又會跳舞？——好吧，拉小提琴、打網球、彈鋼琴、打高爾夫、慢跑、教英文書法、畫畫、寫作、烹飪、縫紉、編織、編流蘇結、開車、說法文，而且妳還留下了好多時間給我——媽，妳實在棒透了！我決定要把妳保留下來。

如今再次閱讀這些信件，我女兒對我的愛以及她在表達上的天賦使我感到慚愧。她當然知道這世界上沒人比我更愛她，也知道我會盡我所能地給予她精神支持。或許我這名一直支持著她的頭號啦啦隊員給了她勇氣，讓她在職業生涯前期遇到顛簸時還能繼續堅持下去。

無論如何，在一九八一年十月，艾倫下了一個非常勇敢的重大決定——她決定獨自一人搬到加州舊金山，那裡是喜劇蓬勃發展的地方。艾倫在信中興奮地寫道：

聯合街實在太不可思議了，簡直就和幻想的一樣。街上有華麗的男人——華麗的女人——全都打扮得豔光四射。每個人都是有錢人。我不知道該怎麼向妳描述才好。妳來找我的時候妳就會知道了。我會帶妳到那裡去，妳就會說——這不是童話故事——人生沒這麼美好。

她開始在妙語（Punchline）與另一家咖啡廳（Other Café）這一類的俱樂部中工作，並獲得了很熱烈的迴響。但她原本是中型池塘中的中型魚類，如今變成了大型池塘中的小型魚類，這可不是什麼容易的轉變。因此，她又找了一份店員的正職工作。我在電話上問她狀況如何時，她向我承認：「無聊透頂。我一直在走神。我想要變成明星——現在就要！我真恨死了等待。」

「撐下去。」我一如往常地告訴她。

雖然她沒有明說，但我從她的其中幾封信中感覺到她很想念家鄉的朋友與親人，還有她的哥哥：

我前幾天打電話給范斯。我們開心地聊了好一陣子。爸更早之前曾經打電話給我，我問范斯他會不會覺得爸愈來愈老態龍鍾（是這樣寫沒錯吧？）。他說我不知道，為什麼這麼問？我說因為他聽起來很老，而且他把每件事都重複說了五遍。范斯說，喔，他一直都是這樣。他一直都是這樣。對，他一直都是這樣。他快把我笑死了。嘿媽——妳的兒子真是太棒了。

艾倫是對的。我的兒子真的很棒，在他跟著樂團四處巡迴的那些年，我一直非常想念他。一直到我某次去紐奧良，范斯到機場來接我時，我才真正理解他的冰冷樂團有多受歡迎，其中最喜歡他們的就是年輕女孩，或者他們稱之為追星族。我抵達機場時，范斯被圍繞在層層粉絲之中，他們都想要他的簽名。他必須從人牆中努力擠出來，才能讓我看到他在哪裡。

在這段期間，他一直沒有辦法來找我，直到基調樂團要到薛夫波特演出，他才終於離我們家夠近，近到我能夠去看他的表演，然後在表演結束後他開車載我回亞特蘭大。終於看到我們的家對他來說意義重大。他這次來訪非常愉快，但時間短暫；隔天我開車送他回到薛夫波特，他便再次離開。

又過了一陣子，由於眾多歌迷的要求，冰冷樂團再次重組。他們又一次幾乎打破界線，差點就要跨足全美音樂市場。但又一次的，他們的主打歌曲組合不對，又或者是管理技巧不夠強。范斯後來另組了一個樂團，該樂團在之後一段時間也有一群狂熱粉絲。我還記得他告訴我樂團名稱時我做出了什麼反應。

「告訴我妳覺得怎麼樣，」他激動地說，「我們把樂團取名為皮特理家（The Petries）。」

「皮特理家？」我遲疑地問。

「對，爲了紀念迪克·范·戴克（Dick Van Dyke）和瑪莉·泰勒·摩爾（Mary Tyler Moore）[5]。」他解釋。

我告訴他這名字棒極了。正如我先前說過的，我的兩個孩子都是電視兒童。

對我們所有人來說，改變都即將到來。一九八二年的夏天，艾倫回到了紐奧良，因爲她認爲留在舊金山不會有什麼大成就。她在決定回來之前告訴過我，一個人奮鬥非常寂寞，「而且也很嚇人，」她說，「有時候我會懷疑這一切是爲了什麼——懷疑這一切是否值得。」

回到紐奧良後，艾倫回歸了當地喜劇圈。遺憾的是，當初助她成名的克萊德喜劇角落已經關門大吉了，所以她只好靠著在法律公司打雜貼補收入——她在那裡工作了將近一年。這是她維持最久的一份正職，也是她的最後一份正職。一九八三年三月，她依然在那裡工作，她用法律公司的便條紙寫了一封便箋給我。

5 此二人是美國知名影集《迪克·范·戴克秀》（*The Dick Van Dyke Show*）的男女主角，他們在劇中的姓氏即爲皮特理。

來自
辛蒂．布萊特利

親愛的媽媽：

我不由自主地想著：「嘿，我現在有時間，我正坐在電話前面，我應該寫一封信給我媽媽。

P[6]

好啦。我覺得好多了。」

我愛妳，艾倫．李或

辛蒂

巴爾翰與邱吉爾
路易斯安那州紐奧良

她永遠都知道該怎麼逗我發笑。

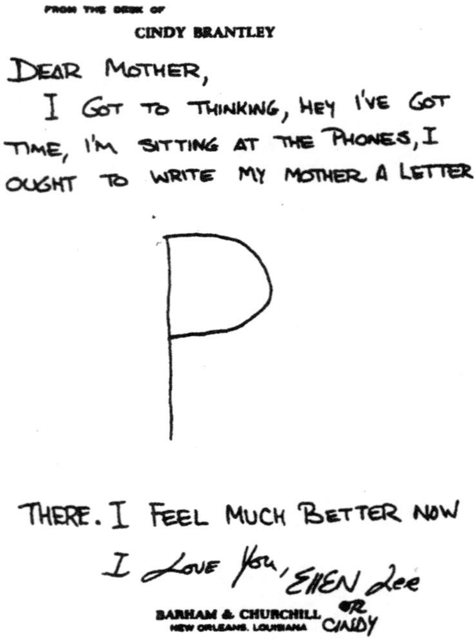
FROM THE DESK OF
CINDY BRANTLEY

DEAR MOTHER,
I GOT TO THINKING, HEY I'VE GOT TIME, I'M SITTING AT THE PHONES, I OUGHT TO WRITE MY MOTHER A LETTER

P

THERE. I FEEL MUCH BETTER NOW
I LOVE YOU, ELLEN LEE
OR
CINDY

BARHAM & CHURCHILL
NEW ORLEANS, LOUISIANA

▲此封信件原稿。

我在路易斯安那州際公路上開車時想到了那個「P」，又開始大笑。我需要大笑。又一次的，我的婚姻出現了問題，我再次試著離開B。問題還是一樣——艾倫遇到的事。

雖然我是個否認大師，但我永遠也無法消除心中的憂慮。很顯然地，我心底其實很清楚當時曾發生過非常糟糕的事，我一直無法平靜；我無法放下這件事。多數時間他只會聳肩應付我，但每當我們真的認真討論起這件事，他的故事以及某些細節都會出現微小的改變。

那是最後一根稻草。我意識到這件事時，正一邊開車一邊盯著車窗外向後飛逝的熟悉景色。我們不可能把這件事用掃把掃進地毯下，永遠對其視而不見。這件事是存在的，我們遲早必須處理。

我希望能早點結束這件事，所以搬回了紐奧良，和我最愛的女兒艾倫·李搬進了同一間公寓。

因爲我想要避免B做出戲劇化的舉動，所以我告訴他，這次的分開只是暫時的，我打算等到一切都安頓好之後再想辦法跟他說，我其實想要結束這段關係。我甚至應徵了一份祕書工作，開始找有哪些學校在招生——我終於打算完成我的學士

6「letter」同時有信與字母的意思，write a letter 可以有兩個意思：寫一封信或者寫一個字母。

學位了——這時我收到通知，路易斯安那州立大學薛夫波特分校提供獎學金，讓我在他們學校完成學士學位。我只剩一年要念了，而且薛夫波特分校有出色的語言病理學碩士課程。

艾倫在法律公司花了漫長的一天工作後回到家，就發現我在客廳來回踱步。順帶一提，我們住的這間公寓裝飾得很講究，十分舒適。艾倫的品味與風格向來是一流的；雖然當時她沒有太多錢或者沒有錢，但她還是有辦法把每一個她住的地方都打造出溫暖而愉悅的氛圍。

「怎麼了？」艾倫問我。她立刻知道事情不對勁。

我告訴她我陷入了兩難，並承認說：「我不知道我能不能放棄這個機會。」

「但妳明明不快樂，爲什麼還要回去跟他在一起？」

我告訴她若我不回去的話會造成什麼樣的後果——一場不愉快、甚至可能很醜惡的離婚；再次放棄完成學士學位；又再一次被困在祕書工作中。或者，我說，我可以回去過安逸的生活，繼續忽視這場有瑕疵的婚姻中的問題，直到我念完大學，因爲學士學位能讓我獨立自主。

艾倫看著我，眼中飽含憂慮，但她只是說：「妳只要選擇對妳最好的那條路就好。」

所以我選擇了比較實際的方法——也就是阻力較小的那條路——回去B身邊，

並領取獎學金。在與我不同世代的人看來，我或許是個意志力不堅定的人。但對許多與我同一個世代的女人來說，尤其是對我們這些爲了結婚生子而輟學的人來說，我們的選擇會隨著時間流逝而不斷限縮。我們學會了生存與盡人事，但令人難過的是，有時候我們必須付出的代價是婚姻的幸福以及我們的自尊。

我再次到紐奧良短期拜訪時，經歷了一件很重大的事情——與艾倫的女友金姆見面，當時她們兩個正在同居。這是我第一次見艾倫的女友，我很興奮終於能認識這位擄獲了艾倫的人。

我抵達她們的公寓時，艾倫給了我一個擁抱，接著向我介紹站在她身旁的一位年輕女士，她有一雙黝黑的眼睛、一頭捲曲的紅褐色短髮，看起來熱情又富有魅力。「這是金姆。」艾倫說。她對金姆介紹我：「這是貝蒂。」

金姆對艾倫的關愛顯而易見，我馬上就喜歡上她了。

當時她們租的房間是紐奧良很典型的狹長型雙拼屋中的一小部分，雖然艾倫的品味絕佳，但她們房間的油漆與家具充滿了令人目眩神迷的粉紅色與褐紫色。（抱歉了，艾倫，我知道妳讀到這邊時一定會很震驚）我之所以會記得這件事，是因爲我花了好幾個禮拜替她們編織一個粉色與褐紫色相間的毯子。

那天下午的氣氛很溫馨，我們聊起了彼此的近況，好消息是艾倫在脫口秀的表現絕佳。從種種跡象看來，她應該快要變成大人物了。很顯然的，艾倫身爲法律公司打雜員工的日子已經步入了倒數。她最近實在太常在跑腿時遇到曾在喜劇俱樂部看過她表演的人了，每次總是會讓她覺得有些難堪。

每當她在辦公室做錯了什麼事，並解釋說雜役並不是她的此生志業、她其實是一位喜劇演員時，其他人似乎對此並不怎麼感興趣。「好，妳是喜劇演員。」他們會對她這麼說：「可以幫我影印這份文件嗎？」

艾倫告訴我，她向他們抗議，堅持說：「真的，我在前陣子變得愈來愈有名。很多人都知道我。」這句話會讓他們笑個一兩聲，然後——

「好的。現在我們需要一些咖啡。妳可以換一下濾紙嗎？」

在這次的短暫拜訪，艾倫和金姆跟我分享了她們刺激的計畫。她們兩個決定要一起搬到舊金山去。「這次我要好好做。」艾倫說。「我之前還沒有準備好。現在我準備好了。」

事實上，那年秋天她就在當地以及附近的俱樂部獲得了足夠的預定場次，終於辭去了法律公司的工作。她和金姆把所有資源都集中在搬家上，戒除了其他娛樂。儘管如此，存錢依舊不容易。一九八四年一月收到艾倫的信時，我再次大笑出來：

我快要發瘋了。因為現在我們正盡量不要花錢，所以只能坐在家裡看電視。但今天早上，有個男的跑來切斷有線電視的訊號，原因只不過是我們兩個月沒有付帳單。范斯明明是在帳單逾期五個月之後才被斷訊的！

艾倫在寫信給我之前拔了一顆阻生智齒，因此接下來她在信中描述了之後的細節。她說她恢復得很好，又說把縫線拆掉花了她十二美元。

幾天後，我在信箱中找到了一封微微凸起的信件，顯然裡面附上了禮物。我把信打開後發現了一顆智齒，直到現在我還保留著這個小紀念品。喔，我的艾倫。

過了短短幾個星期後，我又出現了大同小異的想法：喔，我的艾倫，還有，喔，我的范斯。

他們爲了籌措搬家的錢想出了一個計畫，打算在紐奧良的圖盧茲劇院辦一場道別秀。我從薛夫波特——我和B暫時搬到那裡了——開車過去的路上已經紅了眼眶。看秀時我坐在第一排，我非常以我的兒子與女兒爲榮。范斯是技巧精湛的主持人，艾倫則爲家鄉的粉絲們帶來了一場非常精采的表演，其中有許多粉絲都是從艾倫一開始在紐奧良大學咖啡廳表演時，就開始密切注意她了。在表演結束後，他們舉辦了一場道別派對，感覺就像是家庭聚會一樣——每個人只要繳交六美元就能入場。

評論全都在熱烈讚揚這場表演。其中有一位當地撰稿人提到說，艾倫即將參加一場聲望極高的全國性喜劇比賽——表演時刻電視台（Showtime）舉辦的「全美國最風趣」（Funniest Person in America）大賽。他預測艾倫將會贏得比賽。

「艾倫，」我在她離城之前的最後一通電話中問她，「妳有沒有讀到那個人寫的文章？」

「有啊，」她用有些懷疑的語調說，「我還跟一位和我一起在達拉斯工作的人討論過這件事，他說贏得『全達拉斯最風趣』的人聽說，他們已經選出全美最風趣的人了，只是還沒公佈。謠言說贏家是女的。據我所知，我是決賽裡唯一一個女的。」

「艾倫，那真是太棒了！」我說。「我會替妳交叉手指和腳趾的。[7]」

她不想抱著太高的期望，所以說：「喔，這個嘛，我們到時候就知道了。我的意思是，我很懷疑贏家怎麼會是我。不太可能。」

但事實上的確是有可能的。在得知結果之前，艾倫就和金姆一起出發前往舊金山了。這次她具備更豐富的經驗與更敏銳的觀察力，已經準備好要面對即將發生的重大改變了。

艾倫當時剛邁入二十六歲。我在她的生日卡上寫著：

艾倫——妳是一份禮物。

妳在出生時是一份禮物——一份美麗、快樂、寧靜的禮物。

妳曾把一生放在我的手上。
所以，妳的志業會是把歡樂與笑聲放在別人手上也是自然而然的事——
這是上帝賜予妳的才能，未來妳還會繼續發展下去。
妳知道妳永遠都會擁有我最深的愛，
但除此之外——我也非常喜歡妳！

媽媽

7 交叉手指是祝對方好運的迷信小動作，交叉腳趾則是作者的幽默。

第七章 重大突破

「喜劇演員因為開玩笑而不得不拒絕獎金」——

這是一九八五年二月紐奧良報紙附贈刊物的標題。故事述說了一名來自小鎮的女孩如何在過去一年間獲得了戲劇性進展。文章內容描述了艾倫如何參加了表演時刻電視台舉辦的「全路易斯安那州最風趣」比賽——她參加的主要理由是五百美元的當地獎金，從沒想過自己有機會能奪得全國冠軍。

但艾倫在抵達舊金山沒多久後就發現，的確，表演時刻電視台的評審真的選擇讓她在一九八四年「全美最風趣」大賽中奪冠。

她覺得驚訝嗎？當然驚訝。不過艾倫認爲：「我覺得比起我的訝異來說，這件事讓史蒂夫．馬丁（Steve Martin）和伍迪．艾倫（Woody Allen）更加驚訝。」

沒多久艾倫就雇了一位經理人，全國各地的知名喜劇俱樂部紛紛開始將她的表演排入行程。在一九八四年的接下來那幾個月，我的信箱一直塞滿了信件、卡片和剪報，她用這些東西詳述了她的刺激冒險，顯然她在喜劇方面的才華使她得以盡展所長：

一九八四年五月二十日

我現在人在洛杉磯的一架飛機上，我本來應該在二十分鐘左右之前就出發前往奧克拉荷馬市的。機長（至少他自稱是機長啦。當時說話的人是個男人。）宣布說，飛機出了一點小問題，大概需要十五至二十分鐘來「解決」。我立刻聽到對面的女人對她剛認識的人說：「上次我搭飛機他們也說要等二十分鐘。最後我等了三小時。」

如今已經過了三十分鐘了。要我說的話，我覺得問題比機長說得還要嚴重得多。我剛剛從窗戶看出去時發現，有五個人一邊瞪著飛機一邊搖頭——其中一個好像在說：「我不知道，它應該能撐過去吧。」這時候，我想到剛剛在機場時我注意到那裡有一間基督科學教派閱讀室。或許我剛剛應該進去一趟才對。

這時，我對面的女人說：「我就說吧，我剛剛是不是說過……」（她的朋友在她話都沒說完時就站起來離開了，所以她開始對著我繼續接下來的對話。）我看著她，露出了傑克．尼克森（Jack Nicholson）看向這種聒噪女人時會用的表情。她閉上了嘴。

現在是十一點三十五分。從我離開妳到現在，我們被請下飛機，因為那架飛機無法起飛。所以現在我再次身處於一群憤怒的陌生人排成的長長人龍之中。排在我旁邊的女人很友善，她跟我搭話，我們告知對方為什麼我們必須在特定時間抵達奧克拉荷馬市。她說她的女兒剛動完手術，她希望能在女兒回到家時在家等她。但我成功說服她我的理由比她重要。所以我贏了。然後，她哼起了某首曲子，我沒聽過，音調非常尖銳。有幾隻狗開始繞著我們打轉。我請她不要再哼歌了。她依言停止了。

現在我坐在飛機上，身邊坐著某個人的祖母，她一定已經七十多歲了。自從我坐下開始，她就一直跟我說話——她告訴我她去澳洲旅遊的事，給我看她上一趟飛行的菜單。我不得不幫她打開沙拉蛋黃醬包、芥末醬包、法式沙拉醬包、鹽和胡椒粉包，最後還開了一包花生。我真希望她能趕快睡著。我用盡一切方法試圖讓她不要再跟我說話。我戴上耳機，想要專心聽飛機提供給每個人觀看的新聞影片。但她一直拍我，問我影片在說什麼。她不是應該戴上耳機才對嗎？？然後我又試圖假裝快要睡著了，我換上了睡衣睡褲——一切都是為了想要強調我要睡了！但，喔不，這也沒有用——她開始評論睡衣睡褲的布料了。好吧、好吧，我說得太誇張了——她沒有評論布料啦……

我已經精疲力竭了——我剛剛試著想在「廁所」上睫毛膏——但是，呃，我變得有點像艾利斯・庫柏（Alice Cooper）（就是那個把眼睛旁邊畫得一圈黑的傢伙）。其他人還以為娛樂圈處處都光采奪目、金光耀眼呢，哈！

要是能在情境喜劇中出場表演，我就必須每天早上五點起床——但為了每週九千美元的薪水，我覺得是值得的！

雖然成爲全美最有趣的人是一次重大突破，但這件事爲艾倫帶來很大的壓力，她必須證明自己真的如同表演時刻電視台所說的那麼有趣。事情並非一帆風順。

我還記得艾倫初次在家鄉引起爭議的狀況，那次一位皮卡尤恩時報的撰稿人認爲下一年的比賽絕對會變得亂七八糟，寫了一篇態度負面的文章描述當地的有才喜劇演員已死。范斯身爲保護意識極高的哥哥，他非常憤怒，寫了一篇慷慨激昂的信件給報社，爲比賽的價值辯護，並指出：

至於前紐奧良人艾倫・狄珍妮的事業，絕對是會前途大展的，感謝關心。贏得表演時刻電視台的比賽百益而無一害。艾倫花了非常多時間與表演時刻電視台合作——她拍攝了許多喜劇片段，為了演藝事業日以繼夜地工作。

由於范斯是當地的名人，所以他的信引發了大量關注。能看到哥哥與妹妹彼此關照並欽慕對方實在讓人深感欣慰。我常聽說同在演藝事業中追求成功的手足互相忌妒、彼此敵對，但范斯與艾倫從來不會這麼做。事實上，每當有人問艾倫誰影響她或者啓發了她，她最先提起的一定是范斯的名字。

爲了表現得如同媒體讚譽得一樣好，艾倫承受了巨大的壓力，而這並非她眼前唯一的挑戰。她很快就發現四處表演的生活令人精疲力竭——而且所費不貲。雖然公司會支付住宿費，也會提供諸如食物與交通等每日開銷，但這些錢其實從來都不夠艾倫支付其他雜費和短時間內前往外地的各種花銷。另外，一旦她開始雇用經理人與經紀人之後，她要付給她們的薪水加上了稅金與傭金，比之前規模較小的時候還要貴得多。接著，一位經理人因管理不善使得艾倫陷入了經濟上的困境。我的母親，也就是她的嬤嬤試著以下列這些務實的建議來幫助她：

艾倫親愛的，我很擔心妳和妳的帳單。妳不能抱持著「好吧，要是我沒有，那就沒有吧。」這樣的態度。人生不是這樣運作的。如果妳不得不犧牲或剝奪自己的權益，那就這麼做吧；但，親愛的，妳要靠著自己的薪水過活。這麼做會讓妳開心得多，妳也會更加享受自己的工作。

……好啦，小甜心，親愛的，我愛妳與金姆。

嬤嬤

雖然艾倫的經濟狀況令人擔憂，但在二度搬到舊金山的那一年間，她逐漸建構出了穩定的事業。她經常出現在達拉斯的喜劇俱樂部，我總是會想辦法去那裡看她的表演，享受與她相處的寶貴時光。每個要表演的晚上都會有兩場秀——每次只要我去那裡，我一定會把兩場秀都看完。

我們一直保持通信，再加上我很常去達拉斯見她，薛夫波特和舊金山之間的距離好像也沒那麼令人難以忍受了。無論我們何時與彼此見面，艾倫都想要知道我遇到的每件事——好壞皆然。在一九八五年年初，我告訴她的好消息是我在春天榮獲學士學位，開始進修語言病理學碩士課程。我告訴她上課的狀況很好，那時我們正面對面地一邊吃午餐，一邊聊聊彼此的近況。艾倫笑了起來，她提到了我最近寄給她的一封信，我在信裡開玩笑地寫道：

我這個週末過得真的很刺激。我做了兩件慢跑長褲，還有兩個要放在小餐廳長椅上的抱枕布套。生活刺激得就像是在快車道上飆車一樣，我快累壞了！

我也笑了。我們都知道，事實上B和我都很努力地把我們的家布置得更美好。薛夫波特的房子真的愈來愈棒了。「妳和范斯一定要來看看這棟房子，這對我來說意義重大。」我嘆息一聲。接著，我轉為嚴肅地說：「我前幾天在思考有關於我們相處時間的質與量的問題。我們相處時的品質絕佳。艾倫，許多母女雖然住在同一個小鎮上又每天見面，但她們彼此相處時並不快樂，品質與我們相差甚遠。」

艾倫點點頭。另一方面，她指出，她比較希望我能住得更近一點。她沒有明講，但我能從艾倫的字裡行間聽出來，她堅信我總有一天會離開B，只是早晚的問題而已。她當然希望我能早一點離開。「妳之前說的無緣無故口頭攻擊是怎麼回事？」

「喔，已經沒事了。」我迅速回答，一如往常地盡力粉飾太平。B之前毫無理由地對我大發脾氣，直到他發現我有多難過的時候才停下來。「他最近想要補償我，所以對我超級好。」接著，我又提起了另一件新消息——B在聖誕節送我的鑽石。那顆鑽石大小超過一克拉，精美絕倫。「我有跟妳說過嗎？我們把鑽石鑲在我的純金戒指上，旁邊又鑲了六個不規則的碎鑽。」

艾倫提醒我，我已經寫信告訴過她這件事了。「記得嗎？」她說。「妳在信裡跟我說了所有附加條件。」艾倫指的是B的姊姊並不想把鑽石賣給他，因爲她想要「把鑽石留在家族內」，後來她把鑽石賣給B時提了一個條件，要我死了之後，把鑽石留給B的女兒。「根本狗屁不通。」艾倫接著說。「就像妳說過的，反正妳也不想要成爲那個愚蠢家族中的一員。」

「實在是很掃興。」我承認，我告訴艾倫，當時我就讓B知道，等到艾倫的表演事業有成之後，她可以自己替自己買鑽石——如果她真的想要鑽石的話。「先跟妳說一聲，」我告訴她，「如果我真的出了什麼意外，他們可以把鑽石拿回去，但是戒指和碎鑽都是妳跟范斯的。它們也值一小筆錢，你們想怎麼處理都可以。另外，你們可以把我的銀飾、瓷器和水晶都拿走，還有菲佛祖母的瓷器——所有原本屬於我的東西都是你們的。」在陷入感傷之前，我告訴她一個真的很令人興奮的財務消息。我愉悅地說：「我買了三百美元的個人退休帳戶。受益人是妳跟范斯——每人一百五十美元！銀行的小姐問我，之後要定期領款還是一次領完。我覺得管他的——就盡情享受生活吧——所以你們每個人都可以立刻拿到全額。」

艾倫露出感激的微笑，並爲了她將在未來拿到的遺產對我道謝。接著她說：「如果我出了什麼意外的話，妳和金姆可以平分我的衣物。由於妳有一台車，所以我的車就留給金姆。但妳能拿走我的所有筆記本與素材，以免」——她故作嚴肅地接著說——「妳想要繼續發展我的事業。」

這個話題莫名地讓她想起了她爸爸，他曾把脫口秀能用的點子寫在好幾張索引卡上寄給她。「那些點子很好笑。好吧，是其中一部分很好笑。」艾倫說，「但要由他來說那些話才會好笑。我說起來就不有趣了。」艾倫也提到了艾略特最近曾問起我的近況。我和艾略特在提起對方時總是語帶尊重，這讓艾倫覺得很棒。

我也同意她的觀點。「我很開心妳爸爸和我之間的關係友善而溫馨。妳下次跟他聊天時告訴他，我前幾天聽了《鱒魚》（Trout）。」我在艾倫還沒開太多玩笑之前迅速跟她解釋清楚，《鱒魚》是舒伯特的音樂作品，艾略特跟我都很喜歡。

話題轉移到艾倫最近很期待的一件事——她很快就要搬到充滿名人與成功人士的洛杉磯去了。她當時在全國各地的俱樂部四處巡迴表演，表現極佳，並不是非得搬到洛杉磯不可。但艾倫在考慮另一件事：影視。她知道若想要進軍影視業，洛杉磯是唯一的選擇。

「喔，艾倫，」我總是比較務實的那個，「妳負擔得起嗎？」她才剛跟我說她買了一台負擔不起的新電視。

「好吧，」她聳聳肩，「電視是衝動購物沒錯。過得很慘的時候我一定要做點衝動的事啊。」她指的是她在這段時間變成單身，把所有閒暇時間都花在看電視上。我微笑著聽她繼續說：「我是個總是衝動的人。搬到舊金山就是衝動的決定。進入這一行也是衝動的決定。」

我理解她的感受，因為我務實的那一面也總是伴隨著衝動。但洛杉磯和好萊塢給我的印象還是讓我覺得有些畏懼。

艾倫認為風險是人生中不可或缺的一部分。「妳看爸。」她說。我回想起他在仔細考慮每一項決定時花費了多少心力。「爸做事從來不衝動，他總是很謹慎。」

「妳知道嗎？」我很享受這次的長久對話，「妳的觀察力很敏銳。妳真的很懂得看人——各種不同的人。」

「這就是爲什麼我等不及要演戲的原因。」她說。「我很擅長讀懂其他人。我看過人們表現出各式各樣的態度——處理不同情勢與不同情緒時的各種方式。我天生就能夠吸收這些態度、感受這些態度。我可以感覺到某種情緒，在我的眼中描述它——而且是用我自己的情緒去描述。」

她發展出了嶄新的志向——她渴望能在某一天成爲真正的演員。

就這樣，在一九八五年九月，艾倫因此踏出了新的一步，搬到洛杉磯。爲免你們以爲她的日子一帆風順、毫無壓力，讓我告訴你她一開始住在哪裡吧：東洛杉磯。艾倫總是積極樂觀，她告訴我廣告上說東洛杉磯具有「紐約魅力」。但她一搬過去就馬上發現，附近的區域都是電影用來拍攝幫派衝突與都市衰敗的恐怖場景。她在領了幾次薪水之後很快就搬走了。

沒多久，艾倫就不再是唯一一個搬到洛杉磯的德傑尼勒斯成員。范斯在聖誕節前夕也搬了過去。這對他來說是事業上非常重要的一步，因爲洛杉磯是音樂產業的樞紐。他立刻就與吉娜·夏克（Gina Schock）組了一個名爲「夏克之屋」（House of Shock）的樂團，吉娜是一九八零年代非常成功的女子團體——「加油合唱團」（Go-Go's）中的鼓手。夏克之屋以極快的速度簽下了唱片合約，因此范斯在接下來的好幾個月間都待在工作室裡。他從來都不是最好的通信者，如今我又更少聽到他的消息了。

我爲什麼會這麼低落？這是我在週日早上獨自開車去做彌撒的路上問我自己的問題。那天薛夫波特的天氣一如往常的炎熱，我的人生則一如往常的忙碌又充滿活動。B和我幾乎快把我們的房子翻修好了，我在碩士班的課程很有趣——不過也非常吃力。

雖然B很想念亞特蘭大，但我很開心能搬到薛夫波特。薛夫波特有路易斯安那百年學院（Centenary College）與路易斯安那州立大學，讓我忙碌的生活充滿文化氣息。這裡有一座小型博物館，商店的品質不錯，鄰舍氛圍也很棒。住在這裡讓人覺得心情愉悅。我甚至變成了當地社區劇場的活躍成員之一，還交了一些新朋友。

那個週日沒有任何特殊的理由會讓我覺得「活得不像自己」——我一個理由都找不到。然而，在我向一張靠近我的長椅走過去，想要坐下時，另一波毫無來由的悲傷突然將我吞沒了。我試著忍住眼淚，坐下來，期望彌撒能盡快開始，讓我感覺好一點。

我住在薛夫波特時會定期到聖公會教堂做禮拜，不過我也時常造訪這個天主教教堂，因爲天主教教堂的克雷頓神父講道十分發人深省。這個週末克雷頓神父講道的態度如同以往一樣充滿熱忱。但不知道爲什麼，他的字句無法減輕我心靈的重擔。我以前只體驗過一次這種感覺——那是好幾年前的事了。

當時是一個寒冷的夜晚，我和B在車上，正要外出吃晚餐、看電影。我突然覺得情緒潰堤。我開始哭，但不知道爲何而哭——挫折、壓抑的憤怒、悲傷。我愈是試著停下來，我就哭得愈厲害。B喃喃自語地說我這次真的是發瘋了。我們只能掉頭回家。

我在那時以及這個週末彌撒時所感覺到的悲痛感其實都來自於同一個源頭。我的生活是一個謊言，我的婚姻是一個藉口。我坐在教堂裡的時候，突然理解了這個醜惡的真相，開始直面自身的羞恥心。我爲什麼沒有勇氣去做我明知自己該做的事呢？

當時范斯和艾倫與我相隔遙遠，我從來沒有那麼想念過他們。我當然知道他們愛我、想念我，但他們也有自己的人生要過。我不能爲了他們改變我的人生；我必須學會爲了自己而改變我的人生。

雖然那次的經驗極爲痛苦，但卻成爲我人生中的轉捩點，使我下了一個重大決定——雖然我可能要再花上幾年才能下定決心真正實踐那個決定。許多年過後，我回過頭去檢視十幾年前那段無比黑暗的日子，我才了解到，我會陷入低潮是有原因的。低潮帶給我的訊息是——是時候重新評估我的人生，下定決心做出改變了。

我當時做好準備之後，開始用非常緩慢的速度，像是蹣跚學步的嬰兒一樣——重新學著如何走路。

諷刺的是，後來等到我真的離開，開始真正獨自生活之後，我時常會記起那天在教堂的那種孤寂感。無論是在教堂那件事發生之前或之後，我從沒有感到那麼孤單過。

「媽媽，」艾倫的聲音很興奮，她在電話中用誇張的氣音說，「妳現在是坐著的嗎？」

我坐了下來，「我是坐著的。」我期待著她即將宣布的重大消息。

這幾天，無論是好消息還是壞消息，艾倫要說的總是重大消息——就連她只是打電話來告訴我她那天「經歷了有史以來最痛苦、最可怕、最嚇人的抽筋」也算。那時是一九八六年十一月，在過去的幾個月間，她告訴我的幾乎都是好消息，其中包括了她被拉斯維加斯凱撒宮（Cesar's Palace）雇用。

但我在數個月前曾到洛杉磯短暫停留，我要離開洛杉磯時艾倫非常難過，她在好萊塢的經歷似乎讓她變得很低落。在那之後，她寫信給我說：「我想要離開演藝圈。……媽媽，做這行真的很難！我很快就會需要休息一下了。」

好吧，我只能手指交叉祈求好運了。說不定一切就到此爲止。在冗長的寂靜之後，我也用戲劇化的氣音說：「我快緊張死啦。到底是什麼事？」

艾倫的聲音倏然一變，像唱歌般告訴我：「十一月十八號，我要上《今夜秀》（the *Tonight Show*）！是《今夜秀》！強尼．卡森（Johnny Carson）！」

我開心地跳了起來，跟著她一起興奮地說個不停，告訴她我有多高興。「現在我面臨的最大難關，就是站在強尼和攝影機和數百萬名觀眾面前不要當場昏倒！」

我再三向她保證，我保證她一定會表現得很好，接著告訴她，我們全家人那天晚上都會守在電視機前面。

艾倫和我立刻開始通知所有人。艾倫很快就收到了來自嬷嬷的信：

我親愛的艾倫：

非常謝謝妳寄給我這些美好的信件，妳那麼忙，我沒有想到會收到妳的信呢。昨天傍晚我從教堂回家之後，發現收到了一封來自妳的信，還有一封來自你媽媽的信，妳可以想像我有多開心。

我們的禮拜快要開始了，我發現我的一位朋友就坐在我後面。我靠過去悄悄跟她說：「我孫女艾倫要在十一月十八日上強尼．卡森的節目。」當時的狀況有趣極了。我能聽到耳語聲從長椅一路蔓延到後面——「蜜爾的孫女要在十一月十八日上強尼．卡森的節目！」

我應該要在此說明一下，我以前曾聽過我媽媽那間教堂裡的「耳語」。我和她一起上教堂時，她看到了一位名叫喬安的朋友坐在前三排，正大力地對自己搧風。我媽媽對我「耳語」說：「喬安在更年期。」我覺得這句話也被傳遞出去了。

好啦，這一天終於來臨；但在我們還沒來得及在電視機前面坐好，艾倫便打電話來，悶悶不樂地說她的表演在最後一刻被取消了。好消息是，他們重新把艾倫表演的時段安排在十一月二十八號禮拜五——感恩節的那個週末。

B和我開車到德州貝鎮（Baytown）去奧德莉和包柏家，媽媽和海倫則從紐奧良搭飛機過去。我們一起過了一個美好的感恩節，隔天晚上我們聚在一起時，心情莫名地有些緊張，我們一起等著看艾倫的初次粉墨登場。

她走出來時一臉鎮定、掛著微笑、精神集中，我立刻就知道她不可能會出錯。她在談起小的時候父母對她有多壞時讓觀眾大笑出聲：「對，我記得那天我從幼稚園走回家時，他們才告訴我那是幼稚園。……我後來才發現，我已經在工廠工作兩年了。」

觀眾哄堂大笑，在艾倫講起她的家庭有多健康時，觀眾們笑得更厲害了：「我祖母從六十歲開始每天走五英里。她現在九十七歲了，我們沒人知道她走到什麼鬼地方去了。」

等到艾倫講到「打電話給神」這個段落時，每當她說完一句話觀眾就鼓掌一次。真的不可思議。

接著，更加不可思議的事發生了。在她結束表演後，攝影機伴隨著如雷貫耳的掌聲將畫面帶到強尼那裡。他也正在鼓掌，臉上掛著無比愉悅的表情。他舉起手，好像要對艾倫舉起大拇指，但卻突然招手要艾倫過去。這簡直是前所未有的事！很少有喜劇演員能在初次登場後可以到座位區，坐在強尼身邊。更是從來沒有喜劇女演員在初次表演之後被強尼親自邀請到座位區的。所以當攝影機切回艾倫這邊時，她站在原地的表情好像在說：「要誰過去，我嗎？」確定強尼是在叫她後，艾倫輕快地走了過去，臉上掛著爽朗的笑。

她表演的那部分一結束，我立刻跳了起來，大聲尖叫——她太棒了，而我太開心了。過了幾分鐘後，電話響了，是艾倫打來問我們喜不喜歡她的表演，她想要和我們分享這特別的一刻。我們一起重溫當時的感受，從頭到尾再討論一遍。

這次的電視表演顯然是艾倫的事業生涯中最重要的突破之一。在接下來的六個月中，她又上《今夜秀》表演了四次。她是天生好手——表演一次比一次更好，她總是表現得幽默、惹人喜愛又聰明。電視世界（TV-land）的每個人都開始談論這次的新人是個有腦的藍眼金髮妞，叫做艾倫．狄珍妮。

一開始，我媽媽很高興她孫女的事業大獲成功。但很快地，嬷嬷就開始因爲艾倫的祖母散步玩笑而覺得受傷。在我去拜訪她的某一天，她對我脫口而出：「我真希望艾倫能不要在表演裡提起我。」

「媽媽，」我在回答時盡我所能地表達出愛與關心，「她不是真的在說妳。那只是一種幽默的祖母形象而已。妳知道每當艾倫說起她的可怕父母時，她並不是在說我們。大家都知道她不是在說妳。」

我費盡唇舌，試著想對她解釋，但媽媽不買帳。與此同時，艾倫也覺得很受傷。她向我抱怨說，她不但沒有從祖母那邊得到想要的一句恭喜，嬤嬤反而變得苛刻又挑剔。

我試著建議艾倫要怎麼和我媽媽和好，幸好這件事很快就過去了。但艾倫針對家庭與無條件的愛所說的一個想法讓我深思許久。在我媽媽爆發後，我寫了這段話給艾倫：

> 無條件的愛是一種非常、非常罕見的東西——我認為在面對妳與范斯時，我的感覺就像是無條件的愛。所以，為什麼我還要繼續住在離你們有半個美洲大陸遠的地方呢？此外，昨天晚上我在廚房的電話跟妳說話時——（B）正好從日光浴室回來。他聽到我在「喔！」跟「啊！」地不斷驚呼——但他從來沒有問我，我們在聊些什麼。我自然也沒有告訴他。我要說的是——我已經厭倦了把生活切割得這麼零碎。我祈求能得到這些問題的正確解答。所以——我想要跨出這段漫長路途中的其中一步——可以請妳寄給我洛杉磯郡學區和橘郡學區的收件地址嗎？

「我已經厭倦了把生活切割得這麼零碎。」這是我寫給艾倫的話。這些文字出現時，我正搭飛機從薛夫波特前往達拉斯。我打算要去見艾倫，她將在達拉斯的即興表演俱樂部（Improv）演出。她現在定期在那裡擔任主要表演者。我當時迫切需要放個假，那天是一九八八年五月十四日，正是假期的第一天。

在我的要求之下，艾倫已經把洛杉磯當地工作機會的資料寄給我了，但我還沒準備好要跨出這一步。我沒有到洛杉磯工作，反而在一九八六年年底取得溝通疾患碩士學位後選擇了保守的作法，原地不動。我和過去一樣，在找工作方面一帆風順，很快就以語言病理學家的身分受雇於薛夫波特學校系統和附近的波西爾城學校系統，開始了我的職業生涯。這是我這輩子第一次感受到工作帶來的滿足感。我深愛我做的工作與看到的景象，我能對他人的生命帶來正面的影響。

但我的生活卻被切割得更加零碎了。在外界看來，我是心情愉悅、勤懇工作的社會人士，目前已婚，兩個成年的孩子都各自在困難重重的職場上表現得很好。但這些描述都不符合我心中正發生的掙扎——事實上，我被困在婚姻中，想要向前走卻沒有能力跨出第一步。

我看向窗外，盯著不斷向後飄動的雲朵，把煩躁的思緒拋到腦後，這麼一來我才能開開心心地享受這次的假期。畢竟這個禮拜就是我的生日了，這趟旅行的其中一部分正是我最親愛的女兒給我的禮物。

這趟旅程簡直不亦樂乎——幾乎從一開始到最後一刻都是。

我連續兩天晚上都在達拉斯觀賞艾倫驚豔四座的表演，接著我和她一起搭機前往洛杉磯。艾倫現在住在西好萊塢，相較於她初次登陸諾曼第的地點好上太多了，目前她依舊單身。范斯住得不遠，他和我們在附近一起用午餐。

范斯比以前還要更帥了，他向我提起了最近的一段新戀情，告知我這次他很認真。他也提及了幾項新的計畫，包括他以作曲家的身分和一家唱片公司簽了合約，也以喜劇與戲劇編劇的身分和電視台簽約，又過了一段時間後，他在這間電視台製作了名為《印地安納州奇怪鎮》的影集，之後也穩定地產出了許多成功的系列影集。

此外，艾倫在午餐時告訴我，她正開始涉足視覺藝術。

「妳真的應該看看他的畫作。」艾倫熱烈地說。「簡直超乎想像。」

接著范斯記起艾倫最近登上了《US周刊》（*US Magazine*），我們一起狂奔到雜誌攤買了一本。雜誌裡面寫了許多美譽之言，還放了一張很大的照片，我們三人開開心心地站在雜誌攤旁閱讀了起來。

這趟行程剩餘的部分是一連串的美食、景點觀光和人群觀賞。住在洛杉磯的人似乎全都是俊男美女，我從來沒有看過那麼多好看又盛裝打扮的人。就連服務生看起來也像明星一樣。

這次假期的高潮，是艾倫帶著我和她一起搭機從洛杉磯前往賓州的福吉谷（Forge Valley），她計畫要在那裡替指針姊妹合唱團（Pointer Sisters）主持表演的開場。這份工作的薪水是數千美元——這在當時是很大的數字——這也是爲什麼艾倫堅持要這麼重視這次活動並替我付機票錢。她因爲即將賺到一大筆錢，開始覺得自己很富有，所以在我們還沒離開洛杉磯前就開始大手大腳地花錢，而我則不認爲這是個好主意。

事實上，在出發前往機場的幾個小時前，艾倫在打包時問我能不能去商店替她買一組她先前看到之後非常喜愛的餐具組。那組餐具非常華美，但也非常昂貴。「等妳回家再買。」我勸告她。

艾倫當時因此覺得有些不滿。但後來這件事卻讓她感到寬慰。

飛往賓州的航程很愉快，抵達後，我們被接送至福吉谷麗笙飯店，住進了寬敞而漂亮的套房，裡面有一個很大的按摩浴缸，我隔天早上花了一個小時悠閒地泡在裡面。

那天晚上，我們坐上了來接我們的加長型禮車，飛速抵達了戲院。

我陪著艾倫走到她的更衣間，接著上到舞台，她要在觀眾抵達前檢查舞台上的各項物品。

隨著表演的時間愈來愈近，艾倫向我介紹指針姊妹合唱團三位成員中的其中兩位。後來，等到表演時間真的、真的快要到的時候，他們通知艾倫說，指針姊妹合唱團中的第三個成員突然生病了，目前在送往醫院的途中。

「所以這是什麼意思？」在艾倫告訴我這個消息時，我問她。

「意思是表演取消了。」她說話時是笑著的，但一點也不開心。

「也就是說……？」我甚至不用把問題說完。

艾倫只是鬱鬱寡歡地點點頭。「對，」她說，「也就是說我沒有薪水。」

我唯一能擠出來的正面想法，就是至少她沒有買下那組餐具。

我們回到禮車上，在悶悶不樂的沉默中一路開回飯店，與此同時有數百人剛剛抵達戲院，正在停車，準備要進場——然後聽說這個壞消息。

發生了這件轉折後，我決定直接搭機回我家，並堅持自己付機票錢。艾倫沒有與我多做爭執。

這個故事帶來的啓示是：表演事業的路上總是充滿許多小波折與少數重大變故。

在一九八零年代後期，我人生中其中一個亮點是凱麗．瑞莫（Kerri Remmel），她是薛夫波特一間私人語言治療診所的業主兼負責人。凱麗是一位傑出的語言病理學家，也是出色的老師，後來更成為了我的好朋友。

我在經歷了人生中的許多決定後，只與朋友依舊保持連絡，這是件十分耐人尋味的事。而凱麗．瑞莫絕對是我會保持聯絡的朋友之一。在我開始替她工作時，她已經取得語言病理學的哲學博士了，後來她更取得了醫學博士，成爲神經內科的住院醫師。多數人在知道了凱麗的學經歷之後，會預期她是一位嚴肅的女士，但凱麗其實是個直來直往又幽默詼諧的人——她的外表亮麗，個性迷人。而且她也極爲聰明。

身爲一個剛拿到文憑的畢業生，我不可能再找到更好的工作了。她的診所環境舒適，附有最新設備與豐富的藏書資料，對我助益極大。我的工作讓我接觸到形形色色的病患與不同的語言疾患。這份工作充滿成就感、激勵人心，而且必定能使我的事業更上一層樓。

一開始凱麗提供這個工作機會時，B和我都已經準備要回亞特蘭大了，他覺得那裡比較有家的感覺。事實上，我們打算住回我們親自重建、充滿愛的那棟房子。不過凱麗提供的工作機會實在太好了，我說服了B讓我自己住在薛夫波特的公寓裡。表面上看來，我可以在週末回家。但其實我認爲這個方法能讓我更輕易地與B永遠分開。這是我第一次覺得自己想出了一個可行的計畫。

一開始，B不太喜歡這個方案。但當我在紙張上逐條計算出這麼做能省下多少錢後，他馬上就改變心意贊成了。

我自己的公寓。過去這麼多年以來，擁有自己的公寓對我來說一直都像是瘋狂的夢想。在一九八八年七月，我在薛夫波特簽下了六個月的租約，租了一間小而舒適的公寓，瘋狂的夢想成真了。但是，等等——別爲貝蒂．珍高興得太早，讓我先警告你，我之後還會犯下幾個錯誤。我快樂嗎？這個舉動讓我更接近獨立自主，但我是否希望能獨立自主呢？不，完全不是那麼一回事。我嚇壞了，失去了判斷力。

儘管如此，該年秋天我終究還是向B提起了離婚的話題。B抗拒任何形式的分手。他顯然覺得很挫折，並向我提議可以付費讓我做諮商——對於他這種守財奴而言，這已經是一種非常大的讓步了。我接受了他的提議，但在第二次諮商時，治療師告訴我不用再去了，他說：「貝蒂，妳不需要諮商。妳很健康。」

我當時在日誌中寫下了這則評語：「這真是太讓我驚訝了。」能有一位家庭成員之外的人告訴我，我在這場婚姻中不斷苦苦壓抑的感覺其實是合理的，讓我鬆了一口氣。

這次的諮詢更加強了我想要離婚的決心，而且B很快就爲了財產分配而露出無比醜陋的嘴臉。如今他想要整棟房子。

失去的五個階段——否認、憤怒、討價還價、沮喪和接受——再次出現了。我花了許多年否認我與B之間的問題，現在我進入了憤怒的階段。

艾倫和范斯聽說我打算與B離婚後，他們開始力勸我搬到洛杉磯，我本來也打算這麼做，但我媽媽的健康狀況卻突然惡化。在那年年初，她不得不在家裡放上氧氣筒。雖然我很想要搬到加州去，但那裡實在太遠了。

因此，在審慎的考慮後，我在該年年末把所有私人物品裝滿了我的車，從薛夫波特開七個小時的車前往紐奧良。好消息是，離婚進行得很順利。壞消息是，我必須搬去和我八十三歲的媽媽住。

一開始，這個決定似乎合情合理。我原本獨自一人住在薛夫波特，缺乏支持系統。我健康狀況不佳的母親則獨自住在她家裡，我姊姊和我都很擔心她。我們在電話上討論過這件事——住在德州的奧德莉與住在密西西比州的海倫——最後我們認為讓我搬過去是個正確的選擇。

我很快就發現搬過去住，無論是對我還是媽媽來說都不是個正確的選擇，當時我幾乎還沒把我帶去的物品拆箱。雖然我試著幫助我媽媽，但她顯然對於自己需要幫助一事感到惱怒。她一直都是非常活躍的人，任何事都喜歡自己動手，很享受打理庭院與散步。她並不喜歡抱怨，只是不習慣自己在某些事情上變得無能爲力。蒙主祝福，我媽媽直到生命的最後一段路依舊在與她逐漸衰弱的身體對抗。過了幾年後，她再也無法離開房子了，一次，她的神父來拜訪她，在說話過程中提到了我媽媽是無行爲能力的人。這使我媽媽感到非常憤慨。雖然她必須二十四小時都掛著氧氣筒，但她絕對不認爲自己是個無行爲能力者。

蜜爾德莉．菲佛是一位獨一無二的迷人小姐。但她絕對不是個好相處的同居人。我搬進去與她一起住之前，她在我爸爸過世之後的那十九年都一直照著自己的方式過生活。她是個深受習慣支配的人，因此她自然希望每件事都能按照她的規矩。

在我住在德州東部與薛夫波特的那幾年間，我們曾去過我媽媽家無數次。每次我們離開，我媽媽都會把客房的床單洗一遍，我非常確定這件事，正如我非常確定我的名字叫什麼一樣的確定。每一次，在我們要離開的那天早上，我媽媽都會說：「貝蒂，不要鋪床。」她從來沒有漏過這句話。這句話後來變成了我們的一個小玩笑。我們在要離開的那天早上起床時，B會說：「貝蒂，不要鋪床。」目的是為了能在幾分鐘過後，再聽見一模一樣的這句話。

對我來說，搬進這個極度結構的環境中，簡直是等著災難從天而降。我還記得有一次海倫來訪時，她發現媽媽不願意跟我說話。「妳這次又做了什麼好事？」

我聳聳肩，表情困惑。海倫知道這個聳肩代表的意思。這代表媽媽覺得很受傷。受傷的原因有可能是我說的某句話或做的某件事，又或者是我沒有說某句話或者我沒有做某件事。有可能是我說早安時不專心。無論原因是什麼，我告訴海倫說：「我試過道歉了。沒有用。」

海倫氣餒地搖搖頭。她、奧德莉和我當然都深愛我們的媽媽，我們絕不會明知故犯地惹她傷心——因此我們永遠都不懂，爲什麼我們必須那麼頻繁地道歉。海倫向來是我認識的人裡面個性最親切的人。但就連她都不能倖免於難。

我不記得海倫來訪的那一次，我媽媽的憤怒是如何消除又或者是何時消除的，但事情的發展一如往常——我媽媽又會再次生氣。

使狀況更加複雜的是，我找的新工作並不是讓我特別開心。雖然在拿到了語言病理學的碩士學位後，找工作不是件難事，但我當時的工作是行動治療師——我必須根據病人的需要到病人所在的地方——這並不是我特別感興趣的領域。

這一切的一切都讓我輕而易舉地決定和B重新和好。我或許正進入了「失去的五個階段」中的「討價還價」階段。討價還價其實是另一種形式的拒絕或者找藉口：你說服自己，某個人之所以會死去或者你之所以會失去某個人是因爲你自己犯了錯，你對自己保證你會做得更好，因此你期待一切都能恢復如初。我永遠都搞不清楚，當時我是如何合理化B的所有行爲舉止與觀點、如何合理化我們之間的關係的，總而言之，我就是成功地合理化了。

請記得，他是個推銷員，他非常迷人又性感。在紐奧良度過了悲慘的四個月後，我一聽到他用德州西部的口音說：「拜託，貝蒂，親愛的，回家吧。」我就融化了。「家」這個字是我的軟肋。

在剛開始，能再次回到亞特蘭大的家讓我感到很快樂。但這個階段並不持久，我很快就在德州泰勒的德州東部醫學中心醫院找到了一份非常棒的工作。因此，B和我做了我們唯一一件擅長一起做的事，我們整理好行李搬到了泰勒去——那是個愜意的小鎮，位於達拉斯往東兩小時車程——我們在那裡買了一棟房子，再次打造安身之所。

一方面來說，我的新工作充滿成就感，我交了一群熱情的新朋友，彼此都很支持對方。另一方面來說，我心中一直有個聲音在告訴我，和B重修舊好是不會有結果的。我命令心中的那個聲音閉上嘴，說服自己我們值得再一次機會。這就是「討價還價」階段。因此，一切回歸到我熟悉的正常假象——這次的假象看起來太正常了，以至於我們不只住在一起試著和好，我們甚至再次結婚了。當時有人建議我們在重新結婚前再等一等，但當時我的第一個念頭是：未婚同居？其他人會怎麼想？又或者，其實這個問題的重點在於，我媽媽會怎麼想？

讀到這裡時，你應該和艾倫、范斯、嬸嬸、我的兩個姊姊和我最親近的朋友們一樣，都恨不得能馬上知道：貝蒂到底什麼時候才要永永遠遠地離開那個傢伙啊？她到底要遇到什麼事件才能受到當頭棒喝？

好啦，別再煩惱了。在一九九零年的夏末，大約是我們重婚剛過一年後，紙牌屋坍塌了。我和B在一起了十八年，這段期間我們搬家了無數次、分開了幾次、曾短暫離婚一次，我終於真真正正地準備好要帶著決心永遠踏出這扇門了。

沒有任何一個事件是最後一根稻草，只是一連串的領悟終於使我採取了行動。我必須面對的第一個事實是，無論我多麼努力地嘗試、拒絕、協調或討價還價，我都放不下他對艾倫逾矩的這件事。我對他的信任已經在許久之前就消亡了。但不知道怎麼回事，儘管我無法信任他，愛情的火焰卻花了很久的時間才燃燒殆盡，如今只剩下星星之火。

一天，B和我一起看新聞節目時發生的事讓我大爲震驚。節目主題是馮．畢羅（Von Bülows）一家人，螢幕上他們一家人的居住環境富麗堂皇，簡直就像《富貴名流的生活》（*Lifestyles of the Rich and Famous*）節目中會出現的房子。旁白說：「馮．畢羅一家人的住所充滿頹靡的風格。」

「那是哪一國的風格？」B問。

我看了看他，接著不可置信地轉開視線。如果我不能從這件事看出我們之間沒有絲毫共同點的話，那大概沒有任何事能讓我看清了。

大概過了一個禮拜左右，在九月底時，我下班回家，發現B在門口等我。他連一句「今天過得怎麼樣？」都沒說，就在我鼻子面前揮舞著一張銀行結單，開始指控我從他那裡偷東西。

由於他實在太過吝嗇，我之前不得不開一個儲蓄帳戶，在每次收到薪水後存一點錢進去，如此一來，我才不用每次想要送孩子或者其他家庭成員禮物時，都要和他進行一番爭論。戶頭裡的錢不多，但都是我的錢，在我看來，這跟他一點關係都沒有。

我盡我所能地以冷靜的態度告訴他這件事，並加了一句：「我對這個家庭的貢獻遠大於我應該付出的份量；我絕對盡了我的那一份義務。」

我說的是實話，他無法以合邏輯的論述反駁我。所以，他開始不理性地威脅我，他說他要把我擁有的所有東西都拿走——包括我的存款、我的養老年金、我在單身時用與他無關的錢做的投資。

我想著，你這個小氣巴拉的混帳東西，但我一句話也沒說。在過去的這些年來，我一直覺得他充滿魅力與吸引力，現在我像是第一次認真看見他一樣，發現他一點迷人的感覺也沒有。事實上，我當時站在那裡盯著他看，赫然發現他其實長得有點像理查德·尼克森（Richard Nixon）。

在接下來的那幾天，我們陷入冷戰——我們分床睡，彼此幾乎不說話。等到我們再也受不了這樣的狀況後，我們終於打破這種沉默，開始文明地溝通。我想，我們應該都知道這段關係已經走到了盡頭。

最後一次考驗發生在十月初，當時這段婚姻還剩下最後一口氣，我獨自飛到洛杉磯參加范斯的婚禮。范斯的結婚對象是米米，一位活潑美麗的年輕女子，出生於比佛利山莊的一個著名家族。我抵達時，范斯向我預告了接下來幾天的所有規劃

——米米的父母將會替我們舉辦一場酒會、我安排並主持的晚餐將要進行排演，以及即將在花園舉辦的唯美婚禮。艾略特和維吉尼亞也會來，他們在前幾年搬到了聖地牙哥。就在這個時候，必須獨自面對這些場合的恐懼層層疊疊地淹沒了我。毫無來由地，我覺得以單身女子的身分經歷這麼重要的人生階段讓我無法忍受。

或者，用我對范斯解釋的話來說：「我只是還沒準備好要單飛。」所以，我拿起電話，打給B，請他跟我一起參加婚禮。我們在那幾天一直維持著正常夫妻的假象。這是我們再擅長不過的事了。

婚禮完美無瑕、高貴優雅。米米家是猶太人，結婚典禮中的許多傳統元素都讓我覺得既感人又奇妙。艾略特、艾倫和我一起站在美麗的猶太式結婚頂棚（chupah）之下，旁邊是范斯、米米、她的父母，當然還有拉比（rabbi）[1]。

有人問我，會不會介意范斯的結婚對象是猶太人。我從來沒有過這個念頭。在范斯結婚的時候，我的所學已足以讓我不只接受這件事，更爲此感到激動，因爲我們的家庭將會變得更多元。事實上，請你能原諒我說出這句老套的話：我最好的朋友剛好就是猶太人，真的。

1 猶太人的特別階級，大部分爲有學問的學者、老師等，是智者的象徵。猶太人的拉比有廣泛的社會功能，尤其在宗教當中擔任重要的角色，常代表主持猶太教儀式。

我在婚禮的前一天晚上主持的晚餐排演中，與拉比進行了一場長久且美好的討論，他的關愛與智慧讓我深感震撼。

范斯與米米顯然深愛彼此，這才是我在意的事。不幸的是，後來他們的婚姻中出現了一些壓力，這些壓力與宗教無關，主要是因爲他們兩人的個人狀態與事業狀態無法同調。他們的婚姻並沒有持續太久。雖然如此，他們分開時依舊對彼此懷著愛意與尊重。

就像我和艾略特的狀況一樣。在離婚了十八年後，我們已經放下了不開心的回憶。雖然我們如今已不是伴侶，但在我們一起注視著我們的孩子長大成如此美好、健康的人時，我們依然同時感覺到身爲父母的無比自豪。

B在婚禮後就搭飛機回去了，我則打算再停留幾天，這讓我們彼此都鬆了口氣。在過了這麼、這麼久之後，我終於放下了。到此爲止了。餘燼中的星火也熄滅了。再也沒有否認、再也沒有憤怒、再也沒有討價還價。我覺得心中空盪盪的，非常難過；在失去的五個階段中，我邁入了典型的第四個階段：沮喪。我將要在這個階段停留好一陣子才能恢復。但我確切地知道，我們已經結束了。我生命中的這個篇章已完結，是時候該重新規劃我的人生了。

「妳是認真的嗎？」艾倫問我這個問題時，正開車載我去洛杉磯國際機場搭下午的飛機回家。她之前就曾聽我這麼說過了，所以她的警戒是可以理解的。

「我是認真的。」我對她強調。但接著，窗外的飛速後退的景物逐漸變得模糊，我不得不暫時改變話題，問道：「我們在趕時間嗎？」在我看來，艾倫總是開得太快，有鑑於我們不太可能錯過航班，我覺得避免被開罰單應該是個明智的選擇。

「不要轉移話題。」艾倫說。她把速度下降到規定上限，將話題導回去：我需要做出明確的規劃，一勞永逸地離開這段婚姻，搬到我最終的目的地去——也就是靠近我的兩個孩子的地方。

「妳是對的。」我表示同意。「百分之百正確。就只是……」

「只是什麼？」艾倫輕柔地問。

我沒有回答。但她很了解我，她只是看了我一眼，就理解了我的無數恐懼與未竟之語。我擔心的不只是在嶄新的城市中孤身一人的不祥預感；我擔心的另一件事，是我不想依靠她和范斯而活。

艾倫把車停在人行道旁，跟我一起搬下行李箱，接著給了我道別的擁抱，她的眼眶裡噙著淚水，體貼地對我說：「無論妳的決定是什麼，在決定之後要馬上通知我。」

我在飛機上有很多時間可以思考，也有很多事需要思考。我開始在心裡有條有理地構想計畫。在洛杉磯與達拉斯的途中，我下定了決心，是時候該徹底改變我住了十七年的環境了。我思考著住在大城市的各種優點，發現我已經錯過了很多東西。

我至今還清晰地記得那幾分鐘，我從窗戶往下看進一片黑暗中。每隔一陣子，下面都會有一小簇光線閃過。在那一刻，我知道是時候離開小鎮生活了。

第八章

出櫃、出櫃……

一九九零年的感恩節早上六點，我離開了泰勒，車子裡裝滿了物品。我過去也曾離開過。但這次有別於以往。

我已自過去的錯誤中學到教訓，這次我非常謹慎地擬定計畫，比之前還要更加有條理。這是我第一次搬到我真正想去的地方，搬到那裡之後我可以時常見到艾倫與范斯，不再像過去多年以來那樣，每年只能匆促地拜訪他們幾次。

在經過幾次的電話面試後，我在洛杉磯的私人語言病理公司找到了一份工作。與此同時，艾倫和她當時的伴侶珍——她是一位高挑迷人的年輕女子，也是一位頂尖攝影師——花了好幾個星期替我物色房子，我之後會在帕薩迪納工作，因此她們便在附近尋找符合我經濟能力的物件，最後終於找到了一個好地方，能讓我重新開始嶄新的人生。

我看著德州東部的起伏山丘在我身後逐漸遠去，離開的重量狠狠壓在心上。我如今六十歲，而我決定要從頭開始。恐懼、孤獨與後悔的浪潮席捲而來，其中還混雜著寬慰與期待之感。我愈是思考這次我下了多重大的決定，我就愈是覺得自己渺小無比。因此我下定決心，不要再去想過去或未來了。我把錄音帶中我最喜歡的德布西調高音量，一路跟著曲調哼唱，就這麼駛過了德州的中部與西部。我試著活在當下，周遭的地形逐漸轉爲平坦，舉目所及都是一片寬廣的平地，眼前的路直直延伸至地平線之外。

我很習慣獨自開車，我過去時常從德州東部或路易斯安那州西北角的薛夫波特開車到紐奧良的東南角，不過我從來沒有獨自開車越過半個美國。從務實的角度來說，我覺得「不要讓自己看起來獨自一人」是個好主意。因此我拿出一盞燈（取下燈罩）放在前座，用連帽大衣把燈整個包住，再用帽子罩住燈泡，最後替它繫上安全帶。這個詭計似乎很有效——直到我在新墨西哥州停下來加油爲止。幾個在加油站工作的年輕人靠過來，想要看得更清楚一點；他們一弄清楚自己眼前的「乘客」是什麼東西之後，全都捧腹大笑起來。

「算不上魅力四射，」我聳聳肩說，「但他是個不錯的聊天對象。」

由於當時是感恩節，路上沒什麼車，高速公路幾乎無人問津。看著德州的平原逐漸退場，新墨西哥的懸崖峭壁與廣袤的天空占據了視野，這樣的景象讓我深深著迷，幾乎沒有注意到時間的流逝。第一天，我一路開到了新墨西哥州的聖塔羅沙才停下來過夜。

隔天我的精神更好了，我開車橫越了新墨西哥州和亞利桑那州，在夫拉格斯塔停下來用午餐。我很喜愛這個地方的小細節——壯觀的岩層、美國原住民帶來的影響以及西部風格的建築——我把這個地方列入了「改天來探訪」清單之中。那天晚上，我在加州尼德斯的一間汽車旅館過夜。

「嘿，是我，我快到囉。」我用旅館房間的電話打給艾倫。「我人在尼德斯——妳知道的，就是史努比的哥哥史巴克住的地方。」

我們同時大笑起來，接著開始估算起我要開多久的車才會抵達。

艾倫實在太高興了，告訴我她根本沒辦法入睡。一直以來她都知道我終有一天會搬出去。她只是不知道我會花上這麼久的時間。

「我會在二十四小時以內抵達的。」我滿足地嘆了一口氣，知道自己今晚會睡一個好覺。「明天見了。」

隔天早上，我開車越過了荒涼的莫哈維沙漠。要是車子在莫哈維沙漠出了什麼問題，一定會是一場大災難，但幸好我的旅程一路平安，只是有些不習慣一路上映入眼簾的沙漠景色。在我留意到之前，我就已經開上洛杉磯的高速公路了。洛杉磯的高速公路可真是不得了！如果你對於這條高速公路不太熟悉的話，你可以想像自己身處在車聲隆隆、錯綜複雜的六線道高速公路上，公路本身是架在空中的，上下方都有高速公路通過，四周還會有突然憑空冒出來的上行路口、下行路口、出口與入口。好消息是那天正好是感恩節週末的禮拜六，車流量並不多。壞消息是車速快得像是在賽車場上競賽一樣。我想要避免遇上麻煩，因此一直開在最靠右的車道，但卻無意間下了交流道，離開了高速公路。

我的車、戴著帽子的燈和我一起沿著斜坡向下，開進了洛杉磯市中心的一塊倉庫區。開到這裡就已經夠糟了，更糟的是我在放假的週末開進來。街道上空無一人。牆上佈滿塗鴉。路牌不是被撞倒了，就是不見了。這裡看起來簡直像是戰區。有那麼一瞬間，我陷入了恐慌，但這一路上想必一直有守護天使陪伴著我，祂並沒有在這時拋下我。在繞著幾個街區開了一圈之後，我找到了另一個上高速公路的交流道，繼續我的旅程。

我記得的下一件事，就是把車停在艾倫的西班牙風格平房前面的車道上——這是她自己買的第一棟房子——房子前面停著她嶄新的米色寶馬敞篷車。（還記得那輛黃色的織女星嗎？）

我剛按下喇叭，門就被飛快地推開。艾倫首先走了出來，接著是珍。跟在她們後面的是范斯跟米米。我走下車後就被擁抱給淹沒了。「歡迎來到洛杉磯。」他們幾乎異口同聲地說。

在我們全都一起走進屋裡的同時，我回答說：「能來這裡真的讓我覺得很開心。」

如果說心之所在即爲家，那我現在就已經到家了。

一點接著一點，一步接著一步，這種改變並非一夜之間完成的。我花了很長一段時間，才終於消除了「結婚才能保護我」這個念頭。我感覺得到一種潛在的沮喪，有時候我會覺得自己迷失在無底深淵中——那道深淵介於知與無知之間的溝壑、介於過去人生與往後人生之間。這道溝壑之間的橋樑是我的工作、艾倫、范斯和我視爲室友的兩隻小貓。

「以後會變得比較輕鬆嗎？」我還記得我曾這麼問過心理治療師。事實上我早向專家諮詢了，但直到那陣子我才爲了尋求意見開始在帕薩迪納看心理治療師。當時B再次試圖想要跟我和好，但我知道是時候該武裝起自己了。

我的心理治療師向我保證，以後會變得比較輕鬆的。接著，她停頓片刻，平靜地問我：「貝蒂，妳想要什麼？」

我一時無法回答。我花了大半輩子試著做對的事、做實際的事、做能夠讓自己脫離困境的事。但我想要什麼呢？我告訴她，下次我會給她答案。那天晚上，我在日誌中寫下了以下的句子：

無論我想要什麼——都不會是我的前夫——我可以允許自己去探索我想要什

麼。我將會經歷悲傷——因為我失去了家庭——失去了在社區中的地位。我想要逃離，但又感到生氣，因為到了這個時候我的人生應該已經安定下來了，我卻不得不逃離。你在放下的同時，也是在允許新事物的到來。

在另一次的心理諮詢中，我的心理治療師說：「貝蒂，妳有發現妳從來沒有提起過被背叛的感覺嗎？他的行爲深深傷害了妳。但妳還沒有向自己承認這一點。爲什麼？」

「這是我所受的訓練。」我提醒她。「我從小就被訓練要否認我的感受。不，不只如此——應該是感受沒有意義。你不應該有那種感覺。不要興風作浪。不要小題大作。當個好人。」

她溫柔地解釋我是如何將自己棄之於不顧的。對我來說，和B在一起重要到我甚至無法承認他的背叛。我反而繼續維持和他之間的關係，忽略了我自己與我的需要。她說，我過去這麼長時間一直都依循他人的教導，忽略了自己的某些部分，而我的功課就是認清我忽略了什麼。

這句話非常出乎我的意料：如果我們只表現出不真誠的「美好」或者其他偽裝，是無法讓感情成長的。唯有真誠地表現出真正的自己，才能建立穩固的感情。我開始遵照這個論述行事——真誠地面對過去的我——並思考我到底想要什麼，我很快便驚訝地發現這讓我變得快樂得多。沒多久，我終於踏入了第五個也是最後一個階段，接受。

同時，我以真誠的態度開始忙碌於打理我的蝸居，在迷人的南帕薩迪納認識鄰居與朋友。

我在稍早找到德州亞特蘭大所謂的「教會家」——聖公會諸聖堂，教堂裡的會眾都態度積極且熱衷於參與社區活動。我加入了他們的單身小組，也加入了附近三標準桿高爾夫球場的男女高爾夫小組。帕薩迪納有一間非常棒的針織店，名叫馬利波沙，我參加了店裡的週三晚上聚會，與會者多為女性，其中有一、兩位男性，我們聚在一起編織和聊天，有時會喝幾杯紅酒、用一些點心——是非常愉快的聚會。

我深愛如今的環境與日常行程，但我不喜歡每天都要疲憊不堪地駛過高速公路。因此，在一九九二年的春天，我搬到了舒適的影視城——住在這裡比較方便工作，也方便我和艾倫及范斯見面。這裡到處都是有趣的商店與餐廳，而且離家很近，我只要走路就能到我想去的地方。附近有一座網球場，我參加了那裡開設的進修課，認識了一位與我年紀相當的友善女性，安潔．榮。我們變成了好朋友，後來一起從網球轉戰到高爾夫球去。因為打高爾夫球比較方便聊天。

我的生活變得愈來愈棒。接著，在一九九二年五月的一個下午，洛杉磯的警察毆打超速的羅德尼．金（Rodney King）一事的審判結果出來了。一開始，人們對於不公正的無罪判決所懷抱的怒火似乎是可以理解的。但後來憤怒的暴民開始攻擊無辜的機車騎士，損毀他們自己社區附近的商店與住宅，我只能眼睜睜地看著我家附近的街道上發生可怕的慘劇。

隔天早上起床後，周遭一片寧靜，我覺得沒有理由曠工，唯一的理由是我的兩個孩子警告我，去工作並不安全。曠工？那可不是我的風格。

我家附近的街道充滿了詭異的寂靜，我抵達公司時發現工廠是關閉的。我只能惱怒地掉頭往家裡開去。就在這個時候，狀況開始變得有些嚇人。我看到前方不遠處有新生的火焰帶起的黑煙正緩緩上升。我開車經過的每間店都關起來了，有些店家的老闆拿著槍。車上的收音機播報著猖獗的搶案，愈來愈多住宅被縱火。我回到家後，發現范斯和艾倫驚慌地留下了幾條語音訊息。我打回去告訴他們一切平安時，他們想當然耳地告訴我：「我就跟妳說吧。」

我們把那天剩下的時間全都花在觀看與暴動相關的新聞上，覺得傷心又沮喪。羅德尼．金的回應可說是一針見血——「我們就不能和睦相處嗎？」

令人難過的是，雖然被燒毀的建築已重建，我們在修復黑人與白人之間的關係上依舊沒有重大進展——不只是在洛杉磯，在美國的其他主要城市也是如此。我們需要付出更多努力。我們需要拆除分隔彼此的高牆，無論這道高牆是基於種族、宗教或性傾向而存在都一樣。正如艾倫後來在受到偏見攻擊時流著眼淚做的回應，我們需要理解的是「我們其實都是一樣的。」

在暴動過後，我開始思考我能做些什麼來增進他人的生活品質。對我來說，所有形式的政治運動都還相當陌生。因此我效法艾倫的範例，找機會到慈善廚房與天使食物計畫（Project Angel Food）[1]當志工。

事實上，那年的聖誕節我就是在天使食物計畫度過的。艾倫和范斯都不在城裡，若不去當志工，我也只會獨自度過，因此我覺得好好利用這段時間是個好主意。那天晚上我在日記中寫道：「今天是快樂又滿足的一天，我很喜歡這樣的生活方式。」

一九九二年十二月，我的生活出現了一個正面的改變，我開始在席德西奈醫院（Cedars-Sinai Hospital）工作了，我在那裡工作一直到退休爲止——在那裡工作的經驗從頭到尾都非常棒。我主要診療的是中風、頭部損傷或動過喉部切除手術的病人。這個工作使我覺得心滿意足。或許有些人會覺得這個工作聽起來令人沮喪，但對我而言絕非如此。首先，我在讀研究所時受過的訓練以及在診所看診的經驗都讓我事先有所準備了。其次，我時常能在工作中看到病人出現不錯的進步。

進入席德醫院沒多久，我認識了一位極親密的友人——芮琪．李維，她是同爲語言病理學家的同事，個性和藹、會照顧人又幽默。芮琪和我變成了死黨，我們一起籌畫員工活動，在工作的嚴肅專業憂慮中添加了些許輕鬆的氣氛。

「貝蒂，妳知道嗎，」在我們成爲朋友不久後，芮琪在某一天的午餐過後告訴我，「我從來沒有預期到妳會是這麼有趣的人。」

「什麼意思？」我問。

「妳看起來很保守。」她說。

顯然我已經逐漸找回我衝動且無憂無慮的個性了。事實是，我從來不覺得自己是保守的人；那只是我在過去這些年來發展出來的一種保護機制。我當下就決定要努力擺脫保守的個性，同時我深信我們全都可以變得更好，永遠、永遠都不會太遲。

因此，我繼續試著用開放的心胸接觸更多人事物，盡我所能地在生活中認識其他好人。

在該年年底，我已經愉快地適應了這份工作，在家庭與朋友間建立了支持系統，另一件令我深感自豪、滿心歡喜的是，我在西好萊塢爲自己買了房子，正忙著布置，準備要搬進去。

我收到了地毯公司的帳單，還有一封來自艾倫的短信，如下：

1此計畫專門提供熱食給深受愛滋病所苦的患者。

聖誕快樂，貝蒂
也祝妳新年快樂
這裡是一點小錢
因為我愛妳
請妳把新家布置得漂亮美麗——
妳可不會希望家裡看起來醜陋至極，
那未免也太過可惜。
很高興妳搬到了這個城市裡。
我很驕傲妳完成了這麼多事情——
妳是一位非常了不起的女性。
所以，請妳要對自己感到自豪
一九九三年將會是妳
有生以來最棒的一年——
現在快出去玩並買些好東西
給妳的新家當作裝飾品。
愛妳的，艾倫

終於，我覺得我真的抵達目的地了。我已經放下了令人失望的過去，經歷了放手的每個步驟。生活美好，未來充滿無限可能。有一句俗話說，你被栽植在哪裡就應該在哪裡開花。而這句俗話在我的版本會變成，你被移植到哪裡就應該在哪裡開花。我的生活十分符合這句話。

我在這年的結尾寫下了這篇日誌：

一九九二年十二月三十一日

新年前夕快樂——工作——忙碌的一天——去拿了外帶的全素烤餅——半瓶香檳——九點十五分上床。新年新希望？或許——多微笑——多交朋友——盡我所能地在工作表現得更好——享受每樣事物與每段友誼。享受我的住處，支付房貸。運動。游泳。逛博物館。多做自己有興趣的事。做個真誠的人。做個真誠的人。做個真誠的人。

加州大學洛杉磯分校校內的羅伊斯廳（Royce Hall）是一個約有兩千個座位的古老劇場，曾有數位舉世聞名的歌劇演員、舞者與古典音樂家在此表演，票劵都被搶購一空，這裡因此而變得名聞遐邇。知名的詩人與作家曾登上這裡的舞台朗讀他們的作品，當然還有許許多多極受歡迎的音樂家與樂團曾造訪這裡，更使羅伊斯廳聲名遠播。但很少會有喜劇表演者到這裡來表演。在一九九三年十月二日的晚上，三十五歲的喜劇表演者艾倫·狄珍妮將在此演出，舉辦為期一個晚上的音樂會，她將在此演奏專屬於她的音樂——笑聲。

表演開始之前，燈光暗了下來，我迅速地環顧擠滿了人的劇場空間，花了片刻時間思考她走了多遠的路才終於抵達這裡。幾年前她還在紐奧良大學內的咖啡廳裡表演，觀眾只有十人左右。而現在，她到達了這裡。

讓這天晚上更令人興奮、更特別的是，這場表演的主持人是范斯。他首先介紹了開場的表演者，才華洋溢的德魯比奧三姊妹——她們年齡不明，多年來一直在全洛杉磯表演唱歌與吉他演奏，她們的表演總是很有趣。接著他介紹起艾倫，一如他在紐奧良的道別表演上所做的介紹一樣，一切都完美無缺。

在過去的這幾年間，艾倫和以前一樣，一直沿著階梯向上走。一九八九年，她終於跨足她一直想要進軍的情境喜劇，成爲《開放看屋》（*Open House*，原名《二重奏》（*Duet*））中的固定角色，她在劇中扮演的是一位愚蠢的祕書兼接待員瑪歌·凡·米特爾。

艾倫從來都不曾忘記提及，能夠在每週播映的影集中占有一席之地是多幸運的事。她說她深愛這整個過程，尤其是經過知名的派拉蒙（Paramount）大門的時刻。雖然影集在隔年春天就停播了，但瑪歌·凡·米特爾後來成爲了邪典角色（cult figure）。在多年之後，人們還是會在遇見艾倫的時候，對她引用她那系列影集中說過的台詞。

在影集停播後，她再次回到脫口秀的舞台，不過現在她開始在羅伊斯廳這一類的場所表演。她不再需要和食物飲料爭奪觀眾的注意力，台下的觀眾是專門爲了看她表演而付錢買門票的。這樣的改變令她相當振奮。

她在一九九零年與一九九二年各在HBO的脫口秀《一夜情》（*One Night Stands*）上表演過一次，引來了眾多關注。很快的，她就從「未來最厲害的新生代女性喜劇演員之一」變成了單純的「最厲害的喜劇演員之一」，與其他頂尖的男性脫口秀演員齊名。

一如既往，當時也發生了一些令人失望的事——例如她有一次確信自己必定能拿下山姆．金尼森（Sam Kinnison）新節目中的一個角色，但卻失之交臂。但好消息緊接在後——她將在ABC電視台的情境喜劇《蘿瑞．希爾》（*Laurie Hill*）中擔任常駐配角，飾演一名護士。但不幸的是，該影集播映沒多久之後就停播了。

艾倫打電話來告訴我這個令人失望的消息後，我像往常一樣安慰她，替她加油打氣，我告訴她這件事實在可惜，接著又說：「之後還會有更好的機會。遲早會有的。事情的發展總是如此。」

艾倫同意地嘆息。我們總是用這種不可救藥的樂觀哲學在生活。

後來的確出現了更好的機會——而且是好得多的機會，而且這個機會出現得並不遲。只過了兩個禮拜，也就是十一月的第四週，我就在日誌本裡寫上：「艾倫打來告訴我一個令人震驚的消息，她將要和ABC電視台、迪士尼與黑色馬林斯公司（Black-Marlens）合作拍攝影集。」她終於要有主演的影集了。

雖然這件事令人期待萬分，但我想應該也要提一下我自己遇到的好事。我隔天就在日誌本中寫下與下列完全相同的文字：「除霜*#*&*#冰箱。打開之後冷媒全都跑出來了。現在我沒有冰箱可用了！真是倒楣透頂。」

我的家務問題當然很快就解決了。同時艾倫的新影集《我的朋友們》（*These Friends of Mine*）也正在全力推動當中。正如她在羅伊斯廳的表演，該年年初拍攝首播集的過程對艾倫來說是一個真正的里程碑。幾位來自席德西奈的朋友都曾帶她們的先生來探班，我則一如往常，以身爲艾倫的母親爲榮。

我接觸過艾倫和范斯過去的演藝事業經驗，經歷過那些糟糕的時刻，所以我知道想要預測一齣影集是否會成功，其中有許多無法預測的變數與未知因子。有趣的編劇自然是情境喜劇的重要元素之一，但更重要的是觀眾覺得自己與劇中角色有什麼樣的連結，以及表演這些角色的演員是誰。無論從哪個角度來看，我都認爲這齣影集將會非常受歡迎。但其他因素有可能會使一切出現大逆轉，例如播映時段——影集要在哪一天晚上的哪個時段播映——以及電視公司如何推廣影集。

有時候，電視台一開始買下來的影集集數有可能只有六集。以《我的朋友們》這齣影集來說，ＡＢＣ一開始買下來的是十三集，電視台決定要在一九九四年年初當作季中劇播出。對艾倫來說，這樣的安排已足夠保證她可以暫停脫口秀的表演，休息一下。

有鑑於影集將在一九九三年秋天開始製作，艾倫便花上整個夏天在全國各地進行「暫別脫口秀」的巡迴演出。她在緬因州的一次訪談被問及巡迴演出的密集程度，以及她爲什麼決定要暫別脫口秀時，艾倫非常認真地回應：

> 我從過去的經驗學到，心情愉快是人生中非常重要的一件事。如果你做的事會讓你不開心——那麼無論你多麼努力的試圖假裝——那件事終究會由內而外地吞噬掉你，那件事終究會殺了你。

要我說的話，我認爲她回答得非常好——我們可以由此隱約窺見她的另一項未來事業。

隨著艾倫的知名度愈來愈高，社會大眾與媒體愈來愈想要探究她的隱私。只要有訪談問及她的戀愛狀況，她總是千篇一律地回答：「我的私人生活是隱私。」這句話合情合理。畢竟每一位名人都理該能擁有自己的隱私——梅格·萊恩（Meg

Ryan）、湯姆．漢克斯（Tom Hanks）、艾倫．狄珍妮。但話說回來，這三個人之中有兩位都正談著社會大眾接受的異性戀戀情。人們對於湯姆娶了芮塔．威爾森（Rita Wilson）、梅格嫁給丹尼斯．奎德（Dennis Quaid）的看法，不應該有別於對艾倫，或任何同性戀者正在與同性別的人談一場美好戀情的看法。這只是我們在了解這些人的時候獲得的資訊之一。就這樣。除此之外，艾倫的戀情事實上跟我們一點關係也沒有，就像梅格的婚姻、湯姆的婚姻也跟我們一點關係也沒有；當然了，若他們選擇要公開談論另一半那就是另一回事了。

不幸的是，對艾倫以及其他同性戀公眾人物而言，事情並沒有那麼簡單。讓你自己的親友圈知道這件事的確無傷大雅，但演藝圈的普遍態度是：當我們論及美國主流文化的接受程度，最好還是不要出櫃比較好。這種態度背後的意涵是觀眾不會接受同性戀演員飾演異性戀的角色，更不用說異性戀的戀愛場景了。不好意思喔，但他們在做的事就是「演戲」啊，不是嗎？

這層「天鵝絨布幕」遮掩了好萊塢最大的祕密之一——電影與電視影集中一直以來都存在著同性戀演員，他們全都只能聲稱自己是異性戀，永遠被困在謊言之中。但對於某些總是飾演男女主角的知名演員來說，出櫃犯了很大的忌諱——就算生活在相對寬容的社群中也一樣——有些同性戀演員甚至極端到最後跑去結婚。一般而言，人們認爲自己有充分理由相信就算他們的演藝事業狀況再好，也會被出櫃毀掉或者嚴重傷害。

因此，在我力所能及的記憶中，艾倫的每一個事業顧問——就連自己是同性戀的那些事業顧問——都堅稱她不應該將自己是同性戀的事曝光，如今她已經進軍電視演藝後更是如此。

我記得那天晚上我坐在羅伊斯廳時，聽見了艾倫被迫說出一些假話——她必須把自己的女朋友，諸如麗莎與後來交往的泰瑞莎，說成自己的室友；我想起了每一次她出現在重要場合時都不能找她真正的伴侶來，只能找男性陪同出席——有時是男性朋友，有時是經理人或者經紀人。就算她出席的場合可能是完全「無害的」，但對她來說，和哥哥范斯一起出現都比和一個女人一起出現來得好。

她只能在生活中的特定領域做真正的自己，在公眾的目光下工作時卻要躲在櫃子裡，這樣的生活帶給她的影響就像是慢性中毒。因爲必須活在謊言中，艾倫心底逐漸生出了一種罪惡感，我並不知道這件事，或許連艾倫自己一開始都沒有注意到。如果我們生活在一個完美的世界，艾倫應該在最一開始就可以出櫃了。但事實上我們生活在一個並不完美的世界裡，我不確定她在出櫃後多數社會大眾能否接納她。儘管如此，只要我們必須保守祕密或維持假象，無論是哪一種祕密或哪一種假象，我們終究只能步向滅亡，我深知這一點。

我們無可避免地會迎向最後審判日。但在這個當下，我和身邊的每個人一起在羅伊斯廳的表演結束後共同慶祝。事實上，這是一場道別演出——這是她的道別巡迴表演的最後一站，是她的職業生涯中第一個篇章的終點，也是新篇章的起點。

艾倫站在舞台上，歡呼聲與掌聲震耳欲聾，我在這時再次回想起大約十年前范斯主持的那場道別表演。他也在這一段時間以來走了很遠的路。像范斯這樣天生在各方面都極有才華的人，通常都要花很長一段時間才能找到自己的定位——或者選定既能提供創意方面的愉悅也能提供經濟支持的工作。對范斯來說，他最後找到的定位是電視影集與影片編劇，在兩、三年的時間裡，他的名字將會出現在他妹妹的節目的員工列表中。

無須多說，艾倫在羅伊斯廳的表演顯然是一大成功——她把這一個小時裝滿了最好的素材與一些新的安排——在表演結束後，觀眾全都站起身，還獲得了似乎永遠不會結束的熱烈掌聲。

在艾倫再次上台進行最後一次的鞠躬時，她的臉上充滿了美麗且令人無法忘懷的驕傲神情，此外還有別的情緒——感激。

在我搬到洛杉磯的頭幾年，我盡可能頻繁地回去紐奧良探訪我媽媽。雖然她的健康狀況很差，但時間再次證明了她有多麼堅不可摧。她曾遇過許多危機，但都存活了下來，每一次的危機都使她變得更加強大。每次我姊姊打電話告訴我令人擔憂的消息時，我都會回想起十年前，我還住在亞特蘭大時，有一次我媽媽和我講電話的聲音聽起來像是得了非常嚴重的感冒。她在電話上堅稱她很好，沒必要看醫生。但我還是打了電話給愛瑟爾阿姨的女兒梅西表姊，請她去看看我媽媽的狀況，接著我毫不遲疑地訂了一張機票，打包行李，跳上車，前往距離我家一個小時車程的機場。

我在鄉間的街道上車速飆得飛快，其實我暗自希望會有警察把我攔下來，如此一來就能讓他們護送我到機場。我那時實在太天真了——事情的發展其實應該不會是那樣。無論如何，我那天沒有被警察攔下來。

我抵達紐奧良時，媽媽已經在醫院了。他們告訴我，她病得非常嚴重，要是梅西沒有把她送來醫院的話，她說不定撐不過去。而我媽媽竟然還跟我說她很好——這就是基督科學教派遺留下來的否認習慣。

第二天早上，像是奇蹟似的，最壞的狀況過去了，我媽媽開始康復。但在接下來的時間，我媽媽的肺部變得愈來愈虛弱，因此又住院了好幾次。每次狀況都很嚴重，其中有一次醫師已經確定她撐不過去了。但她活下來了。

在一九九二年年末，她撐過了最後一次的送醫住院後，我們全都認爲她下一次也一樣能撐過去。這一次，海倫堅持要媽媽跟她一起回到位於帕斯克里斯帝的家。這是有史以來第一遭；過去媽媽只願意回她自己家，無論要她去哪裡住她都斷然拒絕。她在海倫家快樂地住了幾個禮拜。在那之後，我姊姊開心地向我描述她有多少朋友帶著專門爲媽媽製作的蛋糕、餅乾和美味湯品去她家拜訪。

我因爲工作的關係，最快能過去找她的時間是一九九三年的二月中。接著，在二月一日，就在我預定要過去的兩個禮拜之前，海倫打了電話給我。

「貝蒂……」她開口說話時，平素穩定而堅定的聲音聽起來疲軟無力。我馬上就知道媽媽過世了。我在聽她描述細節時整個人都崩潰了。

海倫提醒我，蜜爾德莉·莫里爾·菲佛這八十七年來過得非常完滿而幸福。

「我知道，」我艱難地開口說，「雖然她的健康狀況不好，但她的精神非常強健。」

有那麼一瞬間，我覺得自己的靈魂變成了碎片。雖然我們早有預期，但我依舊覺得要接受她的離世是一件非常困難的事，困難得讓我感到震驚。

我打電話給艾倫，她在聽到這個消息時哭了。艾倫打電話給范斯，讓我能繼續工作。那整天工作的時候，我都戴著太陽眼鏡。我發現眼淚總是會在我最沒有預期的時候掉下來。真正讓我穩定下來的，是范斯打來的電話。

他能聽出我有多難熬，他用溫柔、充滿愛意且體貼的字句告訴我，我有權利擁有這些感受。范斯總是能在我需要他的時候成爲支持的力量。

「我真的覺得很糟糕，」我向他承認，「我竟然錯過了見嬤嬤最後一面的機會。我還有好多話要告訴她，那些我們平常太少說的話——我們有多愛她……」

范斯說，他很確定嬤嬤非常清楚大家有多麼愛她。

那天晚上，我搭乘紅眼班機離開洛杉磯。隔天早上，我一抵達紐奧良就直接前往殯儀館。我小心翼翼地走向棺材。看到我媽媽躺在那裡時，實在是一件非常、非常難以接受的事。我必須到另一個房間讓自己冷靜下來。

這一次，奧德莉、海倫和我之間的連結比過去任何時候都還要強烈。有很多人來向我們的媽媽憑弔告別，讓我們深感欣慰。媽媽的牧師和教區居民曾在沒幾年前票選她爲傑出高齡市民，因爲她「多年來對教會有許多服務與奉獻」。當時她在馬里亞特的一場午餐會上受大主教表揚，和她同受表揚的還有來自紐奧良各地的天主教會選出來的高齡市民。有這麼多人都愛著她。在她生命中的最後一場儀式中，弔祭者絡繹不絕——數年前的朋友、教堂的朋友、鄰居的朋友和我們的朋友。

在儀式結束後，海倫、奧德莉和我一起回去媽媽的家裡，把我們該做的事全都辦一辦，把她的遺物分給我們與她的孫子與孫女。接著，我在回家之前安安靜靜地在海倫家住了幾天。

住在帕斯克里斯帝的期間，我獨自一人到海邊散步了好幾次。我思考著人生有多短暫，又有多珍貴。我已經開始強烈地想念我媽媽了——直到現在亦然。我們應該在彼此都還健在的時候珍惜對方，這是非常重要的一件事。

又一次的，我經歷了悲傷的正常階段。我媽媽的死讓我得以終結生命中的許多篇章，這些篇章大多始於紐奧良與周遭的地區。連結的索帶已經斷了。我感到自由，同時也感到恐懼。我的生命將往哪裡去呢，我不知道。我還有很多渴望要做的事，但我並不確定到底是哪些事。

我搬到加州之後，我在沒有自覺的狀況下，已經假定了未來終究會有一名男性出現在我的人生之中。這是過去總是發生過的事。但現在我終於準備好了，我理解了這件事並非必然。一開始，我參加了一個專為五十歲以上的人設立的單身小組，但狀況讓我感到非常沮喪——不如說這是專為七十歲以上的人設立的小組還差不多。

我兜兜轉轉地和幾位個性很好的紳士約會過，我甚至經歷過幾段認真的感情。這幾段感情都接近完美；他們都是很好的人，但絕對不是那個對的人。有時候，回到過去我熟悉的日常生活帶來的誘惑會變得特別強烈，但我總是安然無恙地掙脫了。我雖然花了很長的時間來記取教訓，但最後我終究理解了，如果我和男人在一起只是為了身邊有一具溫暖的身體、只為了避免孤單一人的話，是不值得的。我在這些日子裡經歷了很多事，我明白了能獨自一人盡情享受才是更好的選擇。

十年前，我還在害怕沒有男人能照顧我，但十年後的今天，我卻寫下了這些想法，這樣的改變實在令人驚訝。永遠不要讓別人告訴你人是無法改變的。

但是，如果我渴望的不是男人的話，那會是什麼呢？我依然無法確定，因此開始改變利用閒暇時間的方式，我不再像過去一樣只是找興趣來打發時間，我開始尋找生命中有哪些領域對我來說是有意義的。我在天使食物計畫做志工；在猶太家庭服務處（Jewish Family Service）協助移民者填寫公民申請表；在傑佛瑞古曼愛滋診所（Jeffrey Goodman AIDS Clinic）的辦公室裡幫忙。

最能讓我開心的休閒活動，當然是和艾倫互相分享最近彼此遇到了什麼興奮的事。在她主演的影集的第一季結束時，觀眾的回響非常熱烈。

身爲艾倫不容錯認的頭號粉絲，我一點也不驚訝。事實上，我發現艾倫的才華很少讓我感到真正的驚訝。但在一九九四年九月十九日的晚上，她和《家居裝修》（*Home Improvement*）的派翠西亞．理查森（Patricia Richardson）共同主持艾美獎時，我想沒有任何人，包括我在內，能想得到她會如此出色。她的表現好得不可思議。我不知道他們花了多少時間寫稿和排練；但她的所有表現都帶著隨興又惹人喜愛的淘氣，好像這些舉動都是自然而然地發生的。在頒獎過程中，貝蒂．米勒（Bette Midler）在舞台上唱完了一首串燒歌曲後，艾倫抓起一支麥克風，要攝影機跟著她到外頭去，她要對坐在露天看台的觀眾唱貝蒂剛剛唱的那首串燒歌曲。

追星族很喜歡露天看台的座位，但那天的天氣熱到快要沸騰了，艾倫說她替那些人感到遺憾，要是他們不能進來看表演的話，不如她把表演帶到外面給他們吧。這種事簡直前所未聞！

她扮演起巡迴記者的角色，走到後台，找到幾位沒有保鑣陪同的名人，接著又出現在導演的拖車中，工作人員正在挑選適合的鏡頭放送給直播的電視台。

艾略特和我坐在一起，雖然我們已經知道我們的女兒有辦法計畫各種出乎意料的詭計了，這次我們還是非常訝異。讓我們震驚的，或者至少讓認識她的人震驚的，是艾倫優雅地舉步穿越舞台時，她身上穿著的那襲黑色低領長禮服。她痛恨洋裝這件事並不是什麼祕密，自從她在紐奧良的法律公司工作之後，她可能就再也沒有穿過洋裝了。

這不是件小事。事實上，在一年過後，艾倫出版了一本內容詼諧諷刺的書《我的觀點——我是真的有觀點》（*My Point-And I Do Have One*，這本書甫出版就登上了紐約時報暢銷書榜第一名，賣出了超過五十萬本），在這本書中她用了一整章在討論這個主題。

她在艾美獎開始的前幾天不斷練習用正確的方式走路。好笑的是，向她示範如何在穿著正式洋裝時用正確的方式走路的是她的髮型設計師——一位男士。無論他的祕訣是什麼都沒關係，總而言之艾倫學會了。艾倫姿態莊重地在舞台上移動。

電視是一種強而有力的媒介。《洛杉磯日報》在對艾美獎的評論中提到，艾倫身為共同主持人的表現應該也值得獲頒獎項：「一個明星就此誕生——若你願意的話，也可以說是重新誕生。」接下來，她主演的影集推出的第二季也廣受歡迎。

雖然影集不斷出現並變動，但如今艾倫的前途比過去任何時候都還要美好遠大。原本影集是由索尼工作室（Sony Studios）在卡爾佛市拍攝，但後來又改由迪士尼工作室在伯班克拍攝，影集名稱也改成了《艾倫》（*Ellen*）——以劇中的主角爲名。我真愛這兩個字！

這一路走來，也有一些卡司上的更動，有一些是艾倫並不同意的——但她並沒有決定權。此外，影集的播映日期與時段幾乎從沒停止變動過。一般來說，這種變動會使得影集的評價下跌，但《艾倫》的觀眾很頑強，影集的評分一直維持在很高的水準。

雖然製片與編劇的工作人員曾轉換過幾輪，但我覺得影集的品質一直維持得很有水準。在這四年半中，我幾乎從來沒有錯過任何一次的拍攝。這是我生活中最精采的一部分。艾倫真的很喜歡我出現在片場，我覺得我的反饋對她來說是很重要的。她甚至時常會在拍攝之前要我先讀一遍劇本，告訴她我的想法。她相信我永遠都會對她說實話；正如我會相信她一樣。她不但希望我能從旁協助她的工作之外，在過去這幾年來甚至想辦法讓我真正參與她的工作。我的初次亮相是和她一起在《爆笑頻道》（Comedy Central）電視台做宣傳。

第二次的演出則是和艾倫一起宣傳《我的朋友們》（*These Friends of Mine*）即將上映。在那之後，我便成爲了艾倫在多媒體界的真人版「尋找威力」。我至少曾在《艾倫》中擔任三次臨演，爲她的影集開頭敘述做過一次旁白，後來又在艾倫首次出演的劇情片《二見鍾情之新好男人》（*Mr. Wrong*）中再次擔任臨演。好玩極了！另外，當時我完全不知道我將會在未來成爲全國發言人，並時常出現在電視與廣播中，而這些經驗給了我很好的事前準備。

在我享受著登上大螢幕表演的同時，我也樂於擔任所有演員與工作人員的頭號粉絲、熱忱觀眾和啦啦隊。身爲艾倫的家人得到的最大好處之一，就是認識了艾倫在電視劇中的母親——活潑善良的愛麗絲．希爾森（Alice Hirson）——還有她迷人丈夫，演員史帝夫．艾略特（Steve Elliot），並和他們發展出彌足珍貴的友誼。愛麗絲是一位美食家兼廚師，史帝夫則是一位極其出色的東道主，他們時常邀請我去和他們同度美妙的下午，出席的通常還有他們在演藝事業中認識已久的一些朋友。一開始，要走進他們家去見那些我在電視與電影上看了許多年的人讓我覺得有些卻步。但幸好隨著時間流逝，我逐漸克服了對明星的敬畏，開始全心享受和這群有趣、平易近人的好人相處的時光。再沒有什麼比晚上進行一場刺激的談話還要更讓人覺得精力充沛了。

我還記得某天晚上我獨自在家，思索著我依然在生命中追尋著什麼事物時，腦中一定劃過了某種預兆。我在日誌中寫下：

要是我能打開對應正確儲水槽的水龍頭的話，我將會有許多重要的話要說。

我對於哪個儲水槽才是正確的一無所知，但這樣的想法已經是一大突破了，我發覺到雖然我經歷過許多難熬的時刻，但生命給了我許多常識性的智慧，而我想把這些智慧分享給其他人知道。這使我對未來有了新的夢想與希望。我依然無法確定我腳下的這條路會帶我去哪裡，但是我——一名六十五歲的女人——知道自己確實走在一條路上。

沒多久後，洛杉磯的天氣變得反常地潮溼多雨，我在日誌中寫下另一段文字：

雨——很多很多的雨——溫柔、穩定、細小的雨滴；猛烈、滂沱、隨風變化方向的傾盆大雨——讓我從鞋子溼到大腿根部的那種雨——特大號的雨傘只保護得了我的上半身。這樣的雨讓我覺得像是家。家。我已經離開我的家鄉紐奧良超過二十年了——或許快要二十五年了——但那裡依舊是我的家。我們無法否認自己的根歸何處。我想像著那些從未離開過的人。……我想，我已經踏入這個世界小小冒險了一趟。總體而言，這對我來說是有益的——我的生活經歷——所有好事與壞事——總的來說這些事目前帶給我的影響是正面的。感謝上蒼，無論我經歷了什麼事，我依然能保持積極樂觀——總是希冀最好的——期望事情能順利。事情當然並非總是好的，但我會穩定地慢慢向前走，希望事情愈來愈好。

我的生活變成了一種對比的研究：比對過去與現在。在孩童時期，五歲的貝蒂．珍因爲要離開家去上幼兒園傷心流淚。在青少年時期，二十歲的貝蒂在初次婚姻失敗時其實並不算太過沮喪——因爲失敗代表著回家。我在二十多歲時夢想著旅行，甚至曾寫過旅行相關的文章，但我從來沒有真的旅行過——何必離家呢？對我來說，家就是一切。我寫的家庭裝修相關文章使我獲獎，在與B的婚姻中，我好好地運用了我曾學到的事物。在我三十多歲、四十多歲與五十多歲那幾十年，家的地位超然，以至於將就於一段不健康的婚姻——因爲我無法忍受「離家」這個想法。

現在的貝蒂是一種完全不一樣的生物。我在一九九六年三月就是這麼想的，我在那時出發去度假——和旅行團去義大利旅行。我從小到大的夢想成真了。以前我根本不可能參加這樣的旅行。艾略特和我負擔不起旅遊，B則會暈機、暈船、暈車。

好啦，是時候該彌補過去損失的時間了。去義大利旅遊是大善人艾倫的禮物——她說是爲了慶祝母親節、我的生日、退休和其他我也搞不清楚的理由。我坐在飛機上，即將前往這次旅行的第一站——羅馬——我細細思索著退休一事，想著之後要把多出來的時間拿來做什麼。

我其實還沒有準備好要退休。但席德醫院的員工經費受到大幅削減，因此他們提供了許多讓員工及早退休的誘因，我就這麼上鉤了。然而我的正式工作尚未結束，因爲我又繼續在席德醫院與另外兩間醫院擔任工資日付的治療師，此外，我也透過席德居家醫療進行居家治療。經濟上來說，我的收入甚至比以前還要更好。另外我也提醒自己，我可以把多餘的時間拿來打高爾夫。

義大利的假期是一場感官的饗宴。我喜歡每個地方——羅馬、西埃納、聖吉米納諾、佛羅倫斯和威尼斯；博物館、建築物、源遠流長的歷史景點，當然，還有食物。

在出發之前，我不認識旅行團中的任何一個人。但跟團的人都意氣相投，在一個禮拜左右過後，我們全都變成了不錯的朋友。我並沒有打算隱瞞身分，但我們全都只以姓氏稱呼彼此，因此沒有人注意到我的女兒是個名人，直到我們抵達最後一站，佛羅倫斯。

事情的經過很老套。我們在一天下午一起吃午餐，人們開始談論起自己事業成功的孩子——醫師、律師、會計師。我很確定並不是只有我的孩子在藝術界工作，但當有人問我：「貝蒂，那妳呢；妳有小孩嗎？」時，眾人突然安靜了下來。

「有，我有兩個小孩。」我驕傲地笑著說。「一個兒子，范斯，他替電視和電影寫劇本……」

「有沒有我們可能看過的作品？」

「目前他在寫的劇本有電視影集《艾倫》。」我說。

眾人紛紛讚賞地說：「喔，我很愛那齣影集。」「我一集都沒有錯過！」「她實在太棒了，我是說艾倫和《我愛露西》（*I Love Lucy*）一樣棒。」

接著有人說：「妳能有這麼成功的孩子真是太幸運了。那妳的另一個孩子呢？」

「喔。」我笑著說，「另一個孩子就是艾倫。」

你一定能想像得到這個消息對他們來說有多驚人。旅行團裡的每個人好像都是艾倫的大粉絲。

我回到洛杉磯之後，艾倫被這個故事惹得大笑連連。她注意到旅行讓我感覺興高采烈，因此又提供了另一趟旅行——這次旅行是她經常搭機累積不少里程的酬謝禮。「媽，妳想去哪裡？」她說，「去的時候要坐頭等艙喔。」

我以前只坐過一次頭等艙——數年前我陪她去芝加哥參加歐普拉秀那次。

「好吧，」我一邊思考一邊說，「如果我一定要坐頭等艙的話，那我想要飛愈久愈好。」

艾倫笑了起來。

所以，我最後選擇了我從沒去過的華盛頓特區，我運氣很好——剛好在共和黨讓政府停擺的一個禮拜之前抵達。華盛頓很冷，不過我帶了可靠的絲質長內衣，我住的飯店又靠近白宮，我去哪裡幾乎都可以用走的——越戰紀念碑、林肯紀念堂、國家藝廊（我可以在那裡待上好幾個禮拜）還有倫威克美術館（這間出色的博物館裡展示了許多美國的藝術品與雕塑）。感謝ABC電視台的協助，讓我能以貴賓身分參觀白宮。這真的是風格高尚的旅行方式。

我參觀華盛頓的時間愈長，我就愈後悔以前沒有在范斯和艾倫還在念書時帶他們來。美國的首都實在令人驚艷，每一位孩子都應該來這裡參觀。這裡的景點與歷史能提醒我們，美國這個偉大的國家立基於自由與民主的精神之上。

我離開時很希望我能有時間把每個地方都參觀一遍。當時我並不知道我還會再回來；事實上，我在一年之內就又來了四次。

「妳覺得怎麼樣？」艾倫問。在一九九六年的春天快要結束了，她告訴了我一個非常重大的決定。她，艾倫．狄珍妮，將要以同性戀的身分在公眾面前出櫃。她說，現在是時候了。但事情還沒完：如果電視頻道與工作室都同意的話，她打算要讓艾倫．摩根同時在電視影集中出櫃。

我呆若木雞。這不是倉促下的決定——艾倫已經深思熟慮好一段時間了——但這是我第一次聽說這件事。她向我解釋，自從她前陣子開始進行心理諮商之後，她發現隱藏自己的性傾向使她心懷羞愧感，她不想帶著這種感覺活下去。

我們討論了所有風險。

我不得不指出，這樣的舉動有可能會危及她在事業上汲汲營營許多年才達成的所有成就。我們也想到了其他憂慮，例如她的隱私將受到很大的侵犯。這將會是成名的一大阻礙。艾倫現在已經沒有多少隱私了。她就像其他名人一樣，必須辛辛苦苦地和自以爲擁有她的媒體及社會大眾抗爭。

但艾倫提醒我，無論如何，八卦小報裡已經有許多推測了——像是她在書裡開玩笑地在提及她有多不愛穿洋裝時說過：「艾倫・狄珍妮是個真男人！」就引起了八卦小報的一陣騷動。想當然耳，艾倫在書裡幽默地說自己記憶力不好，八卦小報也把這件事拿來作文章。他們不知道從哪裡弄來了一張艾倫一臉憂鬱的照片，配上的標題是：「沒有過去的女人。」就連我也曾是八卦故事的主角——故事內容完全是他們捏造的。他們說伊莉莎白・泰勒（Elizabeth Taylor）在住院時曾遇見我，和我討論起我們最愛的喜劇演員艾倫。

在艾倫和我討論著這件事的同時，一九七六年在德州亞特蘭大的亞特蘭大高中畢業的學生計畫要慶祝畢業二十周年同學會。報紙頭版的文章問道：「艾倫會不會參加二十周年的同學會呢？」文章中引用了許多來自老師與朋友對艾倫的描述，他們都說艾倫在高中時就是個有趣又討人喜歡的人。

事實上，艾倫並沒有打算要參加；如今她有可能會出櫃，成爲公開承認性向的同性戀者，我懷疑鎮上是否還會接受她回去出席。此外我也思考著：要是她以同性戀者的身分出櫃，但卻沒有出名，要怎麼辦？人們會不會沒辦法接受她？我不確定這些問題的答案會是什麼，但我知道出櫃的過程一定很不容易。

我的老習慣自然又出現了，我想著：「為什麼要小題大作呢？」

艾倫的理由很簡單：「這是我必須做的事。」

我的決定也很簡單——我從頭到尾都會支持她。我見過她的掙扎、她的恐懼，以及她為了隱藏部分自己而必須改變決定所帶來的疲倦。我看見了她毅然決然地下定決心，準備好要接受後果。她很清楚後果會是什麼。

我們討論得愈來愈深入，我漸漸理解到這並非只是她必須做的事；這是她有權利做的事，這是任何小人物和大人物都有權做的事。

她當然有權利誠實地做自己。我想起了聯合國大會在一九四八年通過的《世界人權宣言》：

第一條：人人生而自由，在尊嚴和權利上一律平等。他們賦有理性和良心，並應以兄弟關係的精神相對待。

第三條：人人有權享有生命、自由和人身安全。

第五條：任何人不得加以酷刑，或施以殘忍的、不人道的或侮辱性的待遇或刑罰。

第十九條：人人有權享有主張和發表意見的自由；此項權利包括持有主張而不受干涉的自由，和通過任何媒介和不論國界尋求、接受和傳遞消息和思想的自由。

這份聲明明確告知其描述的是人類的權利。沒有任何人或任何群體應該被排除在外。

這是我們每個人都應有的權利。身爲公眾人士，艾倫絕對有權利能出櫃。而且對情境喜劇中的艾倫．摩根而言，出櫃也是很合理的舉動。在之前的影集中，她曾約會過幾次，也曾有過幾段接近成功的戀情，但在這幾段關係中，角色個性的轉變與故事線似乎都有些缺乏條理。

至於她的那些輕狂滑稽、逾越常軌的行爲——不斷陷入又擺脫糟糕的困境之中——編劇們已經因此而感到筋疲力竭了。其中當然也有非常多經典片段。有一集的內容是瑪莎．史都華要到艾倫家吃晚餐，艾倫在準備美國春雞和焗烤馬鈴薯，那一集實在好笑極了。還有一集是艾倫去上芭蕾舞課，我非常喜歡那集；另外她假裝成健身教練的那一集也很搞笑。此外還有很多集我都很喜歡，例如她和凱西．那吉米一起辦單身派對、和瑪姬的婚禮，還有艾倫試著要做志工的那一集。

艾倫出櫃之後，將會爲之後的編劇開啓新的可能性，而且這樣的劇情轉折並不突兀。

雖然許多人會覺得這兩個艾倫是同一個人，但我覺得這並不正確。艾倫的確把自己異於常人的幽默感與迷糊的個性也帶到這個角色裡，但艾倫·摩根的事業並不成功，愛情運不佳，有時候會陷入令人同情的不安全感中，因此開始急切地討好他人。另一方面，艾倫·狄珍妮則事業成功，她的戀愛經歷非常正面；雖然對她來說他人的喜歡很重要，但她並不會因此缺乏安全感。艾倫·摩根說起話來總是長篇大論，會突然改變主題；艾倫·狄珍妮說話總是有重點。至少她出的書是這麼說的[2]。

兩者之間最大的分別是：真正的艾倫在青春期晚期就已經經歷了自我發現的過程，並出櫃了；艾倫·摩根這位女士則到了三十多歲才剛要開始經歷這個過程。

艾倫知道，雖然其他電視節目也曾支持剛好是同性戀的角色，但從來沒有情境喜劇秀裡的主要角色是同性戀；她也知道，讓主演的角色探索自己的性傾向是電視節目中從沒出現過的情節。電視台和工作室同意她這麼做的機率不高。但一個強而有力的論點讓艾倫決心一試。根據統計，同性戀青少年有較高的風險罹患憂鬱症、自殺以及具自殺傾向，她覺得這是一個機會，能傳送正向訊息給這些孩子——以及

2 指的是艾倫出過的書《我的觀點——我是真的有觀點》（*My Point-And I Do Have One*），Point除了觀點之意，也有重點之意。

所有同性戀者：「我們很好。我們無須因爲自己所愛的人而感到羞愧。」

我們愈談論這件事能帶來的正面效益，我就愈激動。在過去的幾年間，觀眾吵著想要知道更多與艾倫有關的訊息，一直有人要求我洩漏一些幕後消息：「她是不是一直都很幽默？」、「她住在哪裡？」、「她結婚了嗎？」頭兩個問題很好回答，不過我從來不會確切回答她住在哪裡。然而在面對最後一個問題的時候，我必須含糊回答——「沒有。」我總是這麼回答，「她嫁給自己的事業了。」

這些年來，我都不能加入同志家屬親友會（P-FLAG）——這是一個讓同性戀的家長、親屬與朋友（Parents, Family, and Friends of Lesbians and Gays）參與的支持組織——因爲參加就代表我讓艾倫「出櫃」了。如今我也能走出櫃子，讓我鬆了一口氣。

艾倫、編劇及製作人進行了一場最高機密的會議，下一步就是取得迪士尼與ABC電視台的許可。她在一九九六年的八月和迪士尼進行了另一場最高機密的會議。與會的領導人都不太清楚這次會議的主題是什麼。艾倫告訴我這件事時，她說她一開始先開了幾個玩笑，讓大家都放鬆下來。接著，當她提起她要做什麼的時候，突然之間一切陷入了死寂，人人都一臉嚴肅。

艾倫很努力地試著不要哭出來，但眼淚還是流下來了。毫無疑問地，房間裡的每個人都理解了這件事對她來說有多重要。因此沒有任何人反對這個計畫。她得到的回應是「可能」——也就是進一步了解的機會。在他們拿到草稿之前，他們不會給任何保證。

就是在這個時候，編劇與製作人想出了「小狗集」這個代號——大家對這件事非常保密，保密到其他演員與選角導演譚美．比利克（Tammy Billik）在腳本上看到接下來的影集時，他們完全不知道這一集的主題是什麼。

到了九月，艾倫才剛開始拍攝第四季影集的內容，就有人把這件事洩漏給了《好萊塢報導》。這原本有可能會是一場災難。ABC電視台和迪士尼被來自各方的電話和信件瘋狂轟炸——有正面回覆、反面回覆和單純的好奇。官方拒絕對謠言做出任何表態。

在接下來的幾個月，我們全都如坐針氈。他們把劇本的內容守得密不通風，甚至把草稿印在深紅色的紙張上——如此一來就不可能被拿去複印了。

一九九七年三月，他們上交了一份時長一小時、內容優秀的特殊集數劇本，終於得到了許可。

到了這個時間點，外界的推測已經如野火燎原，若想要在這個時候停止計畫顯然會是一件荒謬至極的事。自去年冬天開始，各家新聞就大張旗鼓地開始使用以下標題：同性戀電視台——艾倫．狄珍妮是否會高舉雙手釋放另一個自我？（《娛樂周刊》（*Entertainment Weekly*））；從艾倫的櫃子裡出來透透氣（《提倡雜誌》（*Advocate*））；

史上最冗長的非官方吊人胃口情節（《出來》（*Out*））；她是或她不是？（《人物》（*People*））；真正的艾倫拜託站起來！（《曲線雜誌》（*Curve Magazine*））；艾倫還會繼續穿著長褲嗎？（《新聞周刊》（*Newsweek*））

這段時期很瘋狂，有些電視上的傳道者和宗教激進人士會怒髮衝冠地說出很多歧視與恐同的字眼，但就連這種時候，艾倫依然很專注，保持著相對冷靜，這讓我非常訝異。

不過，她當然也會因此感到沮喪、感到憤怒。這些人的反應非常恐怖。一點也不像基督教徒。

艾倫是個有才華、聰明、善良的好人，她習慣受到他人的喜愛。但一夕之間，許多人開始發表憎恨她的言論，例如右派激進份子傑瑞·法威爾（Jerry Falwell）就稱艾倫爲「艾倫·退化」（Ellen DeGenerate）[3]。艾倫本可以咄咄逼人地做出回應，但她沒有，她做了真正的基督徒會做的事，把另一邊的臉頰也亮給對方。後來，《時代雜誌》在封面故事專訪中詢問她對於法威爾的評論有何看法。該篇封面故事的標題是「是的，我是同性戀」，在影集播出的同時出刊。艾倫的回答是：

> 真的嗎，他這麼稱呼我？……我從四年級就開始被叫這個外號了。我很高興能讓他上一課。

我一直在思考德州亞特蘭大的人在他們的家鄉明星出櫃後會有什麼反應。《電視指南》（*TV Guide*）真的跑到艾倫的家鄉採訪了一些當地人。艾倫高中的傑出校長芭芭拉．昆理斯表達了百分之百的支持——還有許多其他當地的民眾也表達了相同的態度，有些是艾倫的老朋友，有些是如今就讀艾倫以前高中的年輕學生。其他人，例如艾倫以前的一位前男友，則沒有那麼思想開明。

在這種種事件發生的同時，一群聲量較小但能量相當的同志權益促進團體在網路上正忙著籌備一場盛大的慶祝。

排演與拍攝《小狗集》的那兩個禮拜感覺像是一場長時間的派對。而且是一場沒有任何人想錯過的派對，客串的明星名單愈來愈長——蘿拉．鄧恩（Laura Dern）、歐普拉．溫弗瑞、黛咪．摩爾（Demi Moore）、吉娜．葛森（Gina Gershon）、杜埃特．約肯（Dwight Yoakum）、比利．鮑伯．松頓（Billy Bob Thornton）、凱蒂蓮（k.d. lang）、梅莉莎．埃瑟里奇（Melissa Etheridge）等等。

我的記憶一如往常地焦距模糊，很難精確地從這段記憶中回憶起明確的時刻。我所擁有的是片段的回憶——整體而言是一種模糊但觸手可及的快樂感，因爲我參加的是一件重大且有意義的事。此外我的記憶中還參雜了趣味感。我記得排練時，

3此貶義詞是在艾倫的姓氏DeGeneres中作諷刺，degenerate爲「退化」之意，寫成了DeGenerate。

在導演吉爾．楊格（Gil Junger）的帶領下，他們把一段段幽默感人的文字轉化成生動的畫面；我記得在拍攝的中場休息時艾倫與其他客串明星一起坐在沙發與椅子上休息，安靜地聊天；我記得和范斯交換驕傲的微笑；我記得攝影時艾倫轉過身面對蘿拉．鄧恩飾演的角色，不知不覺地靠在機場的廣播台上，對著麥克風說出了真話：「我是同性戀。」當時飾演臨演的我「一臉驚訝」地看著他們，而後來首播時現場的觀眾則在看到這一幕的當下發出了轟天雷動、震耳欲聾的歡呼，

最重要的是，我還記得艾倫在拍完那一幕之後臉上徹底放鬆的表情。她哭了，我也哭了，就像在鏡映著她的情緒。

艾倫喜歡開玩笑地說，我必須在距離她一英里之內的距離才能存活。事實也的確如此，單是住得近比較方便這個理由就很足夠了。而且還能省下不少汽油。後來又有了崔佛和墨菲，也就是我的兩個毛孫子。我是他們的官方認證狗保母。艾倫有時需要在晚上離開很長一段時間，這種時候我會睡在她家，照顧她的兩個「乖孩子」。

一九九七年三月二十五日那天也是如此，那晚是奧斯卡之夜。當季的最後一集《艾倫》已經拍完了，再過幾天他們就要舉辦那一年的殺青派對。那天晚上，艾倫要一起去參加在莫頓餐廳舉辦的浮華世界奧斯卡派對（Vanity Fair Oscar party），隨同的人是她的經理人亞瑟．英派拉托，在她離開前，我猛然意識到我的女兒——

在那個夜晚有多麼的美麗。她像過去參與大多數公眾活動時一樣，把妝髮都打理得很完美，但這並不是最大的原因。她看起來熠熠生輝、輕快明亮，似乎已放下了背負了許多年的負擔。

我看著電視上一篇篇奧斯卡結束後的追蹤報導，滿足地睡著了，在凌晨時分才被崔佛和墨菲的吠叫聲喚醒，因爲他們聽到了禮車停在門外的聲音。我一如往常地穿上老舊的睡袍，步伐蹣跚地和狗狗們一起走到外面，心中希望我們還能在將近早上的時候再睡一覺。屋外的空氣冷涼，我站在庭院的一角，從這裡能透過寬敞的窗戶看到玄關和餐廳。我在半夢半醒的狀態下，注意到艾倫和亞瑟的身邊有一位我以前沒見過、舉止優雅的年輕女性。

我就是在那個時候認識安・海契（Anne Heche）的——那天凌晨對我們每個人而言都值得紀念。她們後來對我描述了艾倫在走進莫頓餐廳的那一瞬間，是如何看到餐廳另一頭的安的，而安也正看著她，兩人立刻被對方深深吸引住了。安後來說這一刻充滿了「化學變化」。她立刻主動讓艾倫知道她的情感。艾倫也對她抱有同樣的感受，但表現得比較謹慎。畢竟直到那天晚上之前，安在公眾面前的形象都是異性戀。但安抱持的觀點是，愛與吸引力無關於那些用來區別的名詞。正如她曾說過的一句話：「重點不在於你的兩條腿中間。重點在於你的兩隻耳朵中間以及你的心裡。」

艾倫和安從那晚開始交往。

我立刻就喜歡上安了。那天晚上我在日誌中寫下的「值得感謝的事」是「艾倫找到了新的幸福，以及認識安。」兩天後，也就是三月二十七日我寫道：「和安進行了一場美妙的談話。」接著在三月二十九日我寫下的值得感謝的事是「安對艾倫的付出——截至目前爲止。」四月五日是「艾倫和安的幸福。」

我對她認識得愈深，就愈了解她對艾倫的愛有多純淨無瑕，也愈是因爲安的個性、智慧甚至才華而感到驚豔。我在電視上看了電影《驚天爆》（*Donnie Brasco*）和HBO的《墮胎》（*If These Walls Could Talk*）的光碟，立刻就發現了她的演技非常精湛，後來還參加了在洛杉磯舉辦的《火山爆發》（*Volcano*）與《桃色風雲搖擺狗》（*Wag the Dog*）的首次公演。

上帝的安排奇妙且充滿力量。艾倫在拍攝了無疑是這輩子最重要的一部影片後，不到一個禮拜，便開始了一場無疑是她這輩子最重要的戀情，這件事真是太奇妙了。安似乎是命中注定要來到她面前的——艾倫稱呼她爲「天使」。

我覺得上帝也送了一位特別的人到我的面前——我的另一個女兒安。

三年前，《黃金時間現場》曾替艾倫做過特別報導，當時主持人賈德．羅斯陪同艾倫回到紐奧良追憶童年。在《小狗集》事件發生的同時，《黃金時間》決定要再次進行另一次訪談，這次的主持人是黛安．索耶（Diane Sawyer）。

這是艾倫第一次提起她自己在二十歲時的出櫃經歷。黛安決定要採訪所有家庭成員。在我前往半島酒店受訪的前一天，我正好要在黛安到艾倫家拜訪時見她一面（當時我因爲家裡裝修所以暫住在艾倫家），製作團隊要拍幾個黛安和艾倫一起在家裡四處走動與談話的鏡頭。

這件事是好一陣子之前決定的，她們來的那天房子和花園都被我們整理得整齊又漂亮。安和艾倫走進廚房的時候，我正坐在早餐桌前讀早報。艾倫當時應該是說了「黛安．索耶會在幾點抵達」之類的話，接下來發生的事我一點印象也沒有。我只能靠著艾倫和安告訴我之後怎麼了。顯然我的回應是問她：「喔，黛安．索耶要過來嗎？」

安看著我，以爲我只是在開玩笑，但艾倫知道我不是。

接下來我記得的事，就是安坐在我旁邊抱著我，艾倫則坐在我面前，眼眶裡都是淚水，正對著我問問題。

「發生什麼事了？」我嚇了一跳，腦袋裡一片混亂。

她們對我描述了剛剛發生的事，顯然我剛剛「停擺」了幾秒。這是很嚴重的事。我過去在醫院工作時，有治療過一些中風的病患，因此我很熟悉TIAs（transient ischemic attacks，暫時性腦缺血）的症狀，也知道我剛剛可能就是經歷了TIAs。

等我覺得自己足夠冷靜之後，我打電話給我的醫師，試著請他們幫我立刻預約。我在描述這件意外時變得非常情緒化。雖然我極爲擔憂，但在得知了醫師要到下午才能替我看診時，我把預約時間改到了隔天。爲什麼？因爲那陣子我在上商業工作坊的課，不想要錯過最後一堂課——如果我錯過這堂課的話，我就不能參與「專員夜」了。參加「專員夜」能讓我有機會在視察的專員面前表現所學。我已經有一位自己的專員了，但我就是無法忍受花了錢卻沒有物盡其用。不用說也知道，我總是沒辦法好好分辨出事情的輕重緩急。我還是去上了課。

不過同時我也和醫師通了電話，做了預約，讓醫師替我做電腦斷層掃描和其他檢查。我那時忽然發覺，我會在那天早上出現停擺的症狀，有可能和我最近情緒過度激動有關，其他人都不知道我有多激動——甚至連我自己可能都不知道。

過了幾天之後，我做了檢查，謝天謝地一切都沒事。從那時候起，我開始控制自己的速度，用心照顧自己。

在上述這些事件發生的同時，我抽空讓黛安做採訪——她本人就像電視上一樣美麗又體貼，而且非常平易近人。那天她身穿一件她母親做的漂亮襯衫，我發現她爲了把領口調高而自己在脖子後方別別針，便問她：「不是應該有個人負責幫妳做這種事嗎？」

黛安向我微笑著說：「我就是那個負責的人。」

我們聊起那天在帕斯克里斯帝海灘上發生的事。後來他們剪輯這次訪談時，用了洛磯山脈海灘的畫面來做搭配。影片呈現出來的效果很好，不過住在密西西比格爾夫海岸的人應該會知道他們的海灘旁邊並沒有巨大的岩石。我當時並不知道這次受訪會對我的人生來說有多麼重要。我只知道能夠說出保守了長達二十年的祕密讓我覺得如釋重負。

這就是我坐在創新藝人經紀公司的觀眾席見證歷史性的一刻之前，我所經歷的大部分故事。影集即將開始播放，我心頭迅速閃過過去引領我走到此刻的各種事件。那天晚上出席的特別人物太多太多了，以至於我的記憶再次變得模糊。范斯自然有出席。他平時內斂矜持，但那天晚上卻表現得極爲興奮。喔，我還記得那天晚上見到了伊恩．麥克連爵士（Sir Ian McKellan）。我怎麼可能會忘記他醇厚動聽的嗓音呢？

我知道莎莉．麥克林（Shirley Maclaine）也有去，因爲影集播放之前她就坐在走道旁的椅子上，我在匆匆經過時湊巧看到她。我想要停下腳步，告訴她我有多欣賞她的作品，但我對她的敬畏之心讓我什麼話也沒說。艾倫的好朋友凱西．那吉米（Kathy Najimy）和丹．芬那堤（Dan Finnerty）也有出席——我之所以記得，是因爲在我替安與艾倫拍的相片中有他們兩個的身影。

我記得到了最後我們全都熱烈鼓掌、大聲叫好、站起身爲艾倫歡呼。這就是我所記得的一切了，就像經過了多面稜鏡的折射——一些絕美而幽微的光之碎片。

第三部

1997.4.30～至今

使人和睦的人有福了：因為他們必稱為神的兒子。
—馬太福音，第五章第九節

我知道真相—放棄其他真相吧！
地球上各處的人都無需再爭執。
看啊—現在是傍晚，看啊，已將近晚上
你們要談什麼呢，詩人們、愛人們、將軍們？
如今風已漸緩，晨露沾溼土壤，
空中的星辰風暴即將趨於寧靜。
很快的我們所有人都會在地下入睡，我們這些
永遠不讓彼此在地上入睡的人。
—瑪麗娜·茨維塔耶娃（Marina Tsvetayeva）

第九章

旅程

我在那天——一九九七年五月一日——早上起床時，發現自己真的一夜成名了，我從一位名人的母親，變成了一位母親名人。簡直難以置信。這一切都只是因爲我在《黃金時間現場》（*PrimeTime Live*）接受黛安．索耶（Diane Sawyer）的訪問，節目播出的時間就是前一晚，緊接在出櫃影集後播出。

群眾的回應異常正面且迅速——我們深感驚奇。每個人都問我爲什麼能那麼冷靜地侃侃而談，他們想知道我是不是已經事先得知黛安會問什麼問題。不，我一一回答他們，我不知道她要問什麼；但因爲我在談論的是我的孩子，所以我沒有理由緊張。又一次的，我直到這時還沒有意識到這件事帶來的影響有多大。我們知道這是首開先河的一集影集。但我認爲，我們之中其實沒有人真正理解這一集影集具有多大的歷史意義，或者這一集對許許多多的人來說有多重要。

在接受黛安的訪問時，我絲毫沒有想像到我對於愛、支持與接納的簡單言論是在向社會大眾傳遞一個他們從來沒有聽過的訊息——或者應該說，他們從來沒有聽過任何人在如此公開的場合說出這些話。

從隔天開始，直至隨後的數天以及數個禮拜，我突然開始被路上和商店裡的陌生人認出來，他們紛紛對我表達謝意，想要把他們的故事告訴我。有些人的父母很支持他們，他們會開心地告訴我這件事。有些人的父母並不支持，他們會說：「真希望我媽跟妳一樣。」接著我們便會多聊一點。甚至有些並非同性戀者也非同性戀者家人的人也會想要告訴我，他們有多欽慕艾倫——有多欽慕我對她的大力支持。

我甚至收到了有生以來的第一封粉絲信：

> 有鑑於妳的女兒願意勇敢地站出來支持的所有事，以及媒體的大肆報導——這是一封給妳的短信，這封信來自一群看了《黃金時間》訪問的女孩子，我們想要告訴妳，我們每個人都願意驕傲地稱妳為媽媽。
>
> 貓藍樂團（CAT B'LUES）的女孩們

週六我在逛魯明戴爾百貨公司時，行經兩位站在珠寶櫃的年長女人身旁，湊巧聽到其中一人對另一人說：「是她。是她媽媽。」接著她抓住我的手臂道：「妳是她媽媽。」

我自然承認了——我們都沒有說出「她」的名字。

在一場派對上，一名年輕男子走到我身旁向我自我介紹，他告訴我雖然他媽媽知道他是同性戀，但她從來沒有承認過這件事。他說，但在看過了我在《黃金時間現場》的受訪節目後，他媽媽隔天從俄亥俄州打電話給他，告訴他：「好吧，如果那個女人能在全國性的電視節目上說那些話的話，我猜你跟我也可以聊聊。」

根據估計，大約有四百萬人看了艾倫．摩根出櫃的那一集影集，其中有許多人沒有轉台，接著觀賞《黃金時間現場》，聽見了艾倫．狄珍妮與她的家人談論艾倫她自己在十九年前出櫃的事。電視台和迪士尼的高層打電話給影集導演吉爾．楊格，告訴他非常驚人的數據，他們說這一集影集的收視率之高相當於兩億八千萬的電影首週票房。破紀錄地轟動暢銷影集！

接下來要說的還有艾倫派對。這是我第一次聽說全國最大的同性戀平權政治組織「人權戰線」（Human Rights Campaign）所做的偉大貢獻。我發現他們準備了派對禮包，內容物從艾倫瑣事小測驗、邀請函範本、派對海報到人權戰線的影片……等，應有盡有。一開始，他們預期禮包的需求量大概會是數百個；但實際需求量以及他們最後準備的數量超過了兩千五百個。阿拉巴馬州伯明罕當地的ABC電視台附屬公司拒絕播映此節目，一位極具企業家精神的年輕人凱文．斯諾（Kevin Snow）在一間飯店的舞廳安排了艾倫派對（Ellen Party），私下播映《艾倫》——

透過衛星連線播放。將近三千位當地名人出席。（凱文告訴我，從那天開始伯明罕的同性戀社群變得更有組織與向心力。）

隔天早上，我親愛的朋友愛麗絲．希爾森（Alice Hirson），也就是艾倫在影集中的媽媽，活力充沛地打電話告訴我，她前一天晚上在西好萊塢一間夜總會參加了一場艾倫派對。夜總會裡的氣氛歡欣、擁擠且嘈雜。愛麗絲說：「我進到夜總會時想著，喔，不，我們到時候絕不可能聽見節目的聲音了。但節目開始的那一刻，會場安靜得連一根針掉在地上都聽得見。」她繼續描述說，當然啦，眾人看到搞笑的地方都哄堂大笑，但也有許多對話讓現場一片沉默。

依據我在接下來幾天聽到的消息來看，相同的景象在全國各地不斷上演。許多同性戀者告訴我，他們在看這集影集時是一邊笑著，一邊留下欣喜的淚水。許多人說他們在觀看的過程中心中充滿無限驚奇，無法相信電視上終於播出這種事了。也有些人告訴我他們覺得卸下了重擔——這一集的節目告訴全世界的人同性戀者是正常的，無論對任何人來說假裝成別人都不是一件健康的事，因此他們卸除了正常的假象。

這一集影集超越了每個人最狂野的想像。像夢一樣，簡直好到不像是真的。我一直想要捏我自己一下，一直思考著美好的泡泡何時會破裂。但這不是夢；這是真的。艾倫．狄珍妮沒有讓任何人留下一滴血就從戰場上凱旋歸來，接著她發現，她的勝利讓同性戀市民受到更加公義與平等的待遇，所有相關人士都受益匪淺。

我曾聽說過，想要讓一個人改變心意或者放開心胸的最好方式，就是先讓他們大笑出聲。或許艾倫正是因爲擁有喜劇的天賦，所以踏出了這一步——在不知不覺之中——成爲了先驅者。感謝艾倫的天賦，也感謝她的導演、編劇、製作人、客串演員、影集演員和所有工作人員，或許正是因爲出櫃這一集這麼精采又有趣，才能造成這麼大的轟動。

主流媒體都對這集影集讚譽有佳，令我非常激動。另一件同樣意義重大的，是幾位家人寄給我的信。「親愛的貝蒂」，海倫的信件總是這樣開頭，她寄來的短信中附上了密西西比州當地的正面評論：

告訴艾倫，看過她影集的人不斷給我極為正面的評價。一位朋友今天告訴我，就連她在教堂佈道的牧師都很喜歡這集影集。就連我住在佛蒙特州的兩位朋友（一位九十歲一位九十三歲）都寫信來說：「萬歲。」所以這集影集一定讓艾倫覺得很開心。

這是來自奧德莉的信：

呼！我快累壞了——簡直無法想像妳跟艾倫還有安的感覺。我從來沒有見過媒體像上個禮拜那樣全面報導一件事。嗯，你們三個這次大獲全勝。看到妳在節目中表現出來的放鬆自信之後，我才發現我也可以開始用同樣的態度面對鏡頭與問題。希望這件事趕快平息下來，這樣對每個人都好。

PS：我在寫信給妳之後去了教堂。好多人都對妳——和艾倫的節目發表了很棒的意見。我也很高興能在電視上見到范斯。

我們都跟奧德莉一樣，認爲這一週過去之後生活會迅速恢復平靜、回歸常軌。但我們都錯了。影集帶來的振奮情緒以及愉悅感一直沒有停下來。我們不斷遇到許多令人著迷與激動的事，日子過得多采多姿。我們每天都聽到有人告訴我們說，艾倫讓某人的生命變得更好；事實的確如此，許多人的生命因此獲救。

「我一直在等著另一隻鞋掉下來。[1]」我對范斯說。此時我們坐在餐廳，享用著他請我吃的母親節午餐。

「我知道。」他同意地說，接著用他典型的冷面笑匠式幽默針對第一隻掉下來

1原文爲「wait for the other shoe to drop」，原意是在旅館要睡覺時聽到樓上的客人脫了一隻鞋丟地上，要等到聽見另一隻鞋也丟地上時才能安心睡覺，引申爲等待懸而未決的事情發生。

的鞋開了幾個玩笑。接受了黛安·索耶的訪問後，現在范斯也開始在路上被人認出來了——這次的身分是時時保護艾倫、以她爲傲、且無論何種狀況都愛著妹妹的大哥哥。

接著他的態度一轉，認真地承認說他依舊對於拍攝最後一天遇到的炸彈威脅感到非常憤怒。「我覺得這件事要怪那些右派發表的言論。」范斯說。「那些極端份子——他們怎麼有辦法在自稱基督徒的同時傳播仇恨呢，我真的搞不懂。」

我深有同感，馬上回想起一位在電視上佈道的人所說的荒謬言論，他說他不相信艾倫真的是同性戀者，因爲「她很受歡迎。她是個非常有魅力的女演員。」——好像只有沒有魅力的人會是同性戀一樣。這種言論荒謬、帶有貶意而且令人無法接受。另一個人則宣稱自己支持所謂的「家庭價值」，他說艾倫明明是個可以當選美國小姐的金髮碧眼鄰家女孩，到底爲什麼她會想要當同性戀呢？

不過，雖然有許多人蒙昧無知，雖然艾倫與安身陷爭議中心，但沒有任何事能阻擋影集帶來的聲勢。從頭到尾，無論是面對好事還是壞事，艾倫和安都在強烈的炮火中保持極度冷靜。這兩人成了媒體新寵兒，每個人都想找她們上電視談話節目、雜誌與報紙，兩人的工作與社交排程變得愈來愈繁忙。

沒多久後，艾倫有幸獲得了美國公民自由聯盟人權法案獎（ACLU Bill of Rights Award）以及加州大學洛杉磯分校的傑克·班尼獎（Jack Benny Award），在該年所有「最迷人」和「最具影響力」的排行榜上都高居榜首。在並非事先計畫也沒有預料的狀況下，艾倫在一九九七年的夏天發現自己——套一句偉大的坎迪絲・金理奇（Candace Gingrich）所說的話——成爲了一位「意外的社運人士」。

她非常幸運能在美國公民自由聯盟（American Civil Liberties Union）的宴會上講述這個新的身分定位，對她來說有多意外：

> 我覺得我是因為幫助了自己而獲得了這樣的榮幸。我當初根本不知道我的行動會影響這麼多人的人生。
>
> ……我走到人生的這個階段後，意識到我需要依照自由意志生活。我再也不想要因為自己是什麼樣的人而感到羞愧了。感謝上帝，真的，感謝上帝允許我走到這裡。有些人永遠也無法走到這裡。有些人把自己的一小部分藏起來，因為在這個世界裡，這麼做比較安全，做自己比較危險。這個社會在面對特殊的個體時不會歡欣慶祝，反而會使這樣的特殊個體感到不適，要他們保持沉默，這個社會希望這些個體最好能保持隱形。
>
> ……這是多麼令人傷心的一件事。有時候我會覺得無法承受。我覺得我有責任應該繼續純粹地做我自己。我想要繼續演戲、娛樂大眾、讓人們歡笑、讓人們覺得快樂。此外，我此生都會竭盡心力，使所有人能夠安全地、無拘無束地過他們想要

過的生活——無論這句話該如何定義，我都不會改變初衷。

爲了能夠實踐承諾，艾倫很快就理解了許多同志權利議題，對她來說許多都是新知。在另一個演講中，她談起了自己收到來自一位七十六歲女同性戀者的感謝函，她是一位退休教師，在信中說她從來沒想過有一天能看到一位公開出櫃的同性戀者主演電視節目，而且演得如此「辛辣、有品味又幽默」。艾倫開玩笑道：「這對我來說可是件新鮮事，我不知道這世界上還有七十六歲的女同性戀呢。」

對於開開心心地成爲了頭號粉絲兼啦啦隊的我來說，再沒有什麼事能讓我更驕傲了。到了七月下旬，我抓住了其中一天的幾分鐘空檔，和艾倫與安一起檢視她們忙碌的日程，並告訴她們我最近遇到許多人都告訴我，希望我能成爲他們的媽媽，這時艾倫的眼睛一亮。她說：「妳知道嗎，或許妳還有別的方法能協助我們。妳要不要打給譚美？」

她指的是譚美．比利克（Tammy Billik），影集《艾倫》的出色選角導演——她是我們的朋友，也是人權戰線的活躍成員之一。我打給了譚美。接下來發生的事，想必大家都知道了。

我透過譚美連絡上了人權戰線的執行理事伊莉莎白．貝爾曲（Elizabeth Birch）。我們通電話時，她親切、感恩又激動的態度讓我印象深刻。

伊莉莎白說，她覺得我想要幫忙一事簡直就像神想要幫助他們的志業；她說，簡直好像我是某個降落到凡間的天使。「貝蒂，」她告訴說，「妳的參與舉足輕重。妳可以做到很多事，妳可以親自感動很多人。有無數同性戀者都亟需像妳這樣的家長形象的人物。」

大體而言，她要我做的是一件我知之甚多的事——扮演媽媽的角色。我們談得愈深入，我就愈激動。接著，她靈光乍現，希望我能擔任全國出櫃日（National Coming Out Day）[2]的發言人。我們兩人都知道，要我在沒有任何相關背景的狀況下就以社運人士的身分擔任這個角色，我們都必須冒很高的風險。但我決定要放手一搏。

我就這麼開始人生的新旅程，成爲了發言人與社會運動人士。除了身爲母親，並且在小時候受過緹莉姑姑的訓練之外，過去幾乎沒有任何經歷有助於我成爲曝光度極高的發言人。但我其實並不覺得太過緊張。成爲人權戰線的第一位非同性戀全國發言人，代表我有機會能做出改變——有機會說出「夠了」，對仇恨與偏見與無知與恐懼說出「夠了」；我有機會在眾多冒充宗教的歇斯底里言論與仇恨言論中，

2全國出櫃日，於每年10月11日舉行。此節日的意旨在於增進大眾對性少數族群（LGBT+）意識的節日。

發出單純的、冷靜的、理性的聲音。

這也是能讓我探索的機會，我將走出家門，認識美國——走遍大大小小的州與城市，行至這個國家的每一個角落——讓自己親眼看見美好的公義、包容、愛與善，它們無時無刻都在成長茁壯。

與伊莉莎白·貝爾曲通過電話的兩天後，我抵達了華盛頓特區，走進人權戰線總部的辦公室中，與整整六十名員工見面——他們之中有些人是我這輩子見過最傑出、最聰明的人。從負責接電話與接待訪客的溫和友善非裔美國人雪洛·漢森（Cheryl Henson），到外表亮麗、口齒清晰且活力充沛的伊莉莎白，我愛這裡的每一個人。

在接下來的幾天與幾週中，陸陸續續有許多人告訴我他們經歷的人生是如何引領他們成爲社運人士，成爲人權戰線的眾多優秀成員之一。伊莉莎白過去專精公司法，她放棄了位高權重的工作來到人權戰線，她說原因是：「我決定要把生命中接下來的幾年用來做真正有意義的事。」

我在接下來的數個月內與人權戰線中的幾位員工互動頻繁，很快就和俊美聰明又友善的通訊聯絡主任兼高級策略長大衛·史密斯成爲好朋友。和大衛見面的第一天早上，他很快就讓我放鬆下來，迅速地介紹了人權戰線正在進行的活動——遊說議員、提供宣傳支持還有教育大眾——每一項活動的目標都是爲了讓美國的同性戀者能公開、誠實且安全地生活在家庭、工作場所與社群裡。

我也認識了唐娜·紅翼（Donna Red Wing），她是人權戰線的全國現場指揮部主任，在更之後我詳細聽說了她動人心魄的故事。唐娜是一位非常引人注目的美洲原住民女性，我一認識她，就因爲她在演講方面的天賦與熱情而深受撼動。幾乎不會有人猜想得到，唐娜罹患了無法經由手術治療的腦部腫瘤——這是我後來才知道的事。但這個疾病非但沒有使她變得虛弱，反而前所未有地加強了她投注在工作上的力量，她相信這份工作能使她的人生——無論她能活多久——具有真正的意義。

經過了第一天早上的介紹後，他們立刻向我簡短報告了全國出櫃計畫的內容。我很喜愛這個計畫的地方在於，該計畫把重點放在「把出櫃當作創造對話與開啓溝通渠道的方式」。我從自身的經驗清楚理解到單純的對話有多麼重要。我逐漸發現，許多家庭都有一種緘口不言的默契——不是因爲家人之間缺乏愛，而是因爲他們缺乏溝通的技巧。不談論身爲同性戀者一事，代表的就是要躲在櫃子裡。躲在櫃子有什麼不好呢？我從艾倫·狄珍妮——艾倫·摩根身上理解到：躲在櫃子裡會令人窒息。同性戀者和其他人有同樣的權利能光明正大地呼吸同樣的空氣。

在他們簡短解說計畫的同時，他們也介紹了人權戰線過去的幾位發言人。其中包括了雀斯特蒂·波諾（Chastity Bono），還有演員亞曼達·比爾斯（Amanda Bearse）、演員丹·巴特勒（Dan Butler）以及音樂電視網（MTV）的實境節目《真實世界》（*Real World*）中的西恩・薩瑟（Sean Sasser）。

人權戰線過去最活躍、最廣爲人知的一位發言人之一是坎迪絲・金理奇（Candace Gingrich）。在數個月前，我有幸認識了金理奇。她活潑外向，待人友善，嬌小而精力充沛。

坎迪絲寫的書《意外的社運人士》（*Accidental Activist*）述說了她經歷了一段奇異的旅程，從保守的生活走到如今的道路。她是極具天賦的演講者，在擔任發言人的時候影響力極大，以至於在她結束發言人的工作後，被人權戰線留下來成爲這裡的正式員工。

在早上的簡短介紹結束後，我拿到了當天餘下時間的日程表。我的第一個問題是：「我應該在哪段時間去洗手間？」

每一分鐘都被規劃好了。就連午餐都是一場會議，我要趁吃飯時間認識來這裡學習宣傳以及從基層提供幫助的暑期實習生。他們是一群神采奕奕又聰慧的年輕男女，十分傑出。我看著他們，便會不由自主地想到他們必須面對的無知與歧視——只不過是因爲同性戀是他們與生俱來的特質之一——因此輪到我說話時，我必須忍住淚水。

隔天，負責管理人權戰線政治行動委員會的蘇珊娜・薩爾金德（Suzanne Salkind）和人權戰線政治主任溫妮・斯塔克伯（Winnie Stachelberg）帶我到美國國會，這是我第一次走進這裡。蘇珊娜和溫妮都非常迷人、和藹又出色。她們介紹我認識路易斯安那州的約翰・布洛克斯（John Breaux）議員與瑪麗・蘭德理歐（Mary Landrieu），又帶我去正在會議中的眾議院。

我之後得知，人權戰線的立法議事行程包括了遊說議員支持《仇恨犯罪防制法》（Hate Crimes Prevention Act）、為了一九九八的投票與眾人急需的《聯邦就業反歧視法案》（Employment Non-Discrimination Act）而努力，此法案獲得兩大黨的支持，民調顯示極大多數的美國人都支持法案通過。當時我非常震驚地得知，全美只有十一個州立法保障同性戀工作者在職場上免於受到不公的歧視。（令人難過的是，在幾個月後十一個州變成了十個州。）

《聯邦就業反歧視法案》在一九九六年九月並未順利通過，參議院的投票結果是四十九票對五十票的些微之差——只差了一票。現在我們的目標是確保法案再次進入投票程序時能順利通過，我們希望下一次投票能於一九九八年再次被提出。有少數共和黨參議員願意超越政黨，為了公義而挺身而出，這讓我們受到很大的鼓舞。正如伊莉莎白・貝爾曲後來所說：

> 真正的奇蹟並非發生於參議院之內，而是發生於外面那間寬大華麗的房間裡。聚集在這間房裡的包括了美國有色人種協進會領導人、大型宗教領袖、企業領袖和

美國勞工聯盟及工會組織領導人等。在那間房間中，我們成為了一個小型的美國。時間來到投票的最後幾個小時，科麗塔・史考特・金恩（Coretta Scott King）、桃樂絲・海特（Dorothy Height）和羅莎・派克斯（Rosa Parks）都在替我們加油打氣。

兩天後，我準備搭機回洛杉磯，我覺得自己火力全開、做好了準備，在行李箱和手提袋裡盡我所能地塞了一大堆資料，要等回家之後閱讀。身爲發言人，我希望自己的知識量愈多愈好。雖然國際出櫃日的時間是十月十一日，但我的訪問九月就要開跑了。

在飛機上時我記起了溫妮・斯塔克伯告訴我說，對她而言，來到人權戰線工作是因爲她對這個組織「一見鍾情」。

我理解她的意思。我拿出日誌，開始整理我這趟旅程的速成班中學到的各種知識。在日誌的最後，我非常喜悅地寫下：「我由衷認為這份工作是我人生的使命。」

一九九七年十月四日，我在明尼亞波利斯的人權戰線餐會上站在一千兩百人面前，首次正式發表演說。在過去的兩個月間，我在無數媒體訪問中暖身。媒體訪問對我來說易如反掌，但這次的演講卻是一大挑戰。這是自從一九六三年以來——在三十四年以前，我曾在舊金山的保險大會上發表演說——我第一次真的站起身、走上講台，發表演說。我一個字都還沒說，觀眾就站起身開始鼓掌——哇！在演講結束後他們又起身鼓掌了一次。真是萬幸。

那天晚上演講的還有唐娜．紅翼與喬伊斯林．埃爾德斯醫師（Joycelyn Elders）——兩人的演講都精采絕倫。我很幸運地沒有被排在他們兩個之後。

眾人向我傳達的愛與感激幾乎讓我無法承受。我環顧周遭的一張張臉孔，雖然我只認識其中的少數幾個人，但我卻絲毫不覺得其他我不認識的人是陌生人。我們是一家人——我們聚集在一起時，能凝聚出單打獨鬥無法發揮出來的力量。

一週後——當時我已爲了全國出櫃日回到洛杉磯，正式擔任發言人——希爾頓大學將舉辦一場招待會。P-FLAG[3]在當地刊物上登了一則短文，標題是：「貝蒂．德傑尼勒斯以所有人最愛的異性戀母親身分站出來。」

艾倫和安看著我走上講台時，兩人都非常感動。艾倫一點也不害臊地哭了，一位記者問她爲什麼哭。她輕輕拭著眼角說：「我能擁有這樣的媽媽，不但接納我、愛我，而且還能站出來成爲發言人並四處演講——我真是太自豪了。」艾倫又加了一句：「反正我就是個愛哭鬼——我連看廣告都會哭！」

3 P-FLAG，同志家屬親友會（Parents, Families and Friends of Lesbians and Gays），爲美國第一大LGBT+群體及其親友的團結服務與支持組織。在美國有近四百個分會，以及超過二十萬名會員以及支持者。

既然我已正式成為發言人，就必須開始巡迴演講，我前往地圖上的各個角落，主要出席的場合多為當地人權戰線舉辦的活動。我前往美國的各處，每一個城市與每一場活動都帶給我驚異之感，我在洛杉磯與底特律之間往返，回到華盛頓特區，波士頓，回到華盛頓特區又再到波士頓，聖安東尼奧，紐約，芝加哥，回到華盛頓特區，前往緬因州波特蘭和奧勒岡州波特蘭，前往羅利，丹佛，費城，回到華盛頓特區，達拉斯，默特爾海灘，紐約，前往倫敦（就是英國倫敦），亞特蘭大，接著回到我的家鄉紐奧良。

我沒辦法在本書中詳盡地描述我參與的每場盛大招待會，以及我在旅途中遇到的每一位傑出人物。因此我只能在此描述一個較籠統的行程，讓你對我的冒險有一個概略的印象。我每到一個地方的行程通常會是連續三天的活動——週五的酒會、週六的正裝晚宴和週日的早午餐。這些行程之中時常會夾雜著訪問、午餐和其他會議。

雖然我有時也會在較小的活動場合中發言，但我大多都是在晚宴上對六百至一千五百人甚或更多人發表演說。一開始我的確有些心神不寧，但我從來沒有因為上台而真的感到害怕——再次感謝緹莉姑姑的教導！此外，我總是提醒自己，我說的話都是肺腑之言。我要傳遞的訊息很簡單：我們無條件地愛著我們的兒子與女兒，我們的同性戀家庭成員有權利做自己，有權利用健康且開放的態度過生活——

就像我們一樣。

想當然耳，我演講的次數愈多，我就對自己的新身分愈有自信。少數讓我真正感到緊張的場合之一，是一九九七年十一月八日那天晚上。這天晚上在華盛頓特區凱悅酒店發生的每件事都具有重大歷史意義。這是人權戰線有史以來第一次的年度全國晚宴──現場座無虛席，共有一千五百人共襄盛舉。柯林頓總統在晚宴上發言──這是首次有現任總統在同志民權組織中發表言論。在這場晚宴上，人權戰線首度頒發國家公民權獎（National Civil Rights Award），受獎人有三位：公民權領袖會議（Leadership Conference on Civil Rights）的行政人員桃樂絲．海特與韋德．韓德森（Wade Henderson），以及演員兼喜劇演員艾倫．狄珍妮。

和美國總統在同樣的場合上演講這件事讓我感到緊張。但艾倫是其中一位受獎人，她的演講是一件更加令人望之卻步的任務。在前往晚宴之前，我造訪了她與安的套房，同行的還有大衛．史密斯以及幾位人權戰線的成員，當時艾倫正在努力完善她的演講。她為了這件事耗盡心神，但想當然耳，最後她的演說表現得溫馨、誠懇、有趣又美好。

該下樓參加晚宴的時間到了，隨扈前來護送我們從後門進入會場──我們穿越了廚房和鍋爐室，沿途實在算不上景色宜人。

隨扈引導我們進入貴賓酒會會場的那一刻，我們全都感覺到了令人振奮的能量。酒會裡有一群群的攝影師和記者，人潮眾多，與會者摩肩接踵。我們前往舞廳吃晚餐時必須先經過金屬探測機，因爲柯林頓總統即將蒞臨。

在介紹總統時，伊莉莎白．貝爾曲提到了過去的執政者是如何孤立與無視同性戀社群的。有鑑於活動的需要與預期，她指出至今都沒有領導者能滿足所有需求，這是無法避免的事。「但是，總統先生，」儘管事實令人沮喪，但伊莉莎白繼續說道，「無論是對我們而言，還是對全美國人而言，在通往公義的道路上，你的角色是勇敢、強大且必不可少的。」

柯林頓總統走至講台，發表了一場鼓舞人心、積極正面的演講。他在演說中指名道姓地表彰了組織晚宴以及參與晚宴的許多人，其中也包括了人權戰線的成員，聽到他說出這些話簡直令人覺得不可思議。他的整場演講都值得摘錄，不過其中有關《聯邦就業反歧視法案》的一段話特別令我印象深刻：

如果我們讓偏見與歧視阻礙了希望或者阻斷了任何一位美國人的機會，那麼整個美國就都輸了。當任何一個人因為性傾向而在職場上被拒絕錄用或者被迫離職，那麼整個美國就都輸了。據我所知，同性戀者這個身分並不影響一個人讀帳本的能力、治療骨折的能力或更換火星塞的能力。

謝天謝地，我的上台順序比他後面得多，我的演說十分簡短。雖然上台時我已經沒有那麼緊張了，但我的語速還是有些快，雖然聽眾們爲我站起身熱烈鼓掌，不過我覺得沒有必要去和其他幾位傑出人物作比較。另一方面，我可不願意因此而錯失機會，無法參與如此重要的活動。

隨著氣氛愈來愈熱烈，輪到了艾倫的受獎儀式與發言。負責介紹她的是人權戰線青年學院（Youth College），其中一位介紹的人說：「想要治療病入膏肓的美國，我們有兩種已知的解藥——其一是結束恐同症，其二是艾倫．狄珍妮。」

艾倫走到演講台前站定時，觀眾紛紛起身、熱烈鼓掌，場面美好得不可思議。我曾看過觀眾以如雷掌聲歡迎她無數次，但這一次陣陣掌聲的程度與背後的脈絡都是前所未見的。在開口前，艾倫環顧房間，她透過朦朧淚眼看著台下那些模糊的面孔，緩緩地感受眾人投注在她身上的愛，讓自己冷靜下來。接著她開口說話，從頭到尾都臻至完美。在她解釋自己爲什麼決定在電視上以及在公眾出櫃時台下掌聲如雷：

> 我終於走到了人生的這個階段，認為誠實地活著以及以自己為傲是比出名更為重要。諷刺的是，我的誠實使我變得更加出名。很多人說這麼做會傷及我的事業。我的人生從沒有這麼幸福過——我找到了愛，沒有任何事比愛更重要。……我從來

沒有想過要成為社會運動人士——我只想要讓人們開心、讓人們感覺良好。但是，如果說為了自己認為正確的事挺身而出的人就叫做社運人士的話——那麼我就是社運人士。

活動結束的那一刻，隨扈便把我們帶到樓上享用慷慨大方的譚美．比利克買給大家喝的香檳王。乾杯！

我在本書中重新描述自己身爲母親、身爲一個人的成長歷程時，我發覺或許有些讀者會很難理解，這樣的成長經歷爲什麼會讓我選擇成爲社運人士。有些讀者可能才剛剛遇上家庭成員或者朋友的出櫃。如果你才正要開始邁入接納的過程，那麼你可能會覺得我目前擔任的發言人職位是你永遠也不可能做的事。我只希望你能知道，二十年前的我跟你有同樣的想法。另外一些讀者可能已經接受了你所愛的人是同性戀者，但或許你依舊希望這件事別被公諸於世，只要家人知道就好——就像艾倫第一次出櫃之後我所做的那樣。還有一些人或許正在尋找表明態度或公開立場的方法，但還沒有找到適當的途徑。

我想對所有讀者強調一件事，我們沒有必要爲了表達支持與愛做出激進的舉動。另一方面，我想藉由分享我個人的經驗來讓你們知道，與外界接觸能帶來不可思議的報償——有時你甚至能做出自己都想像不到你能做到的事。無論我到哪裡去，都會有人告訴我艾倫與我是如何改變他們的人生。

在洛杉磯時我遇見了一位男人，他告訴我他和伴侶交往三十五年了，他伴侶的母親從一開始就接納他們兩人，但拒絕談論這件事。接著他說：「她看到你上賴瑞·金的節目，印象深刻，從那次開始她變得願意談論這件事了。」他笑著加了一句：「她甚至願意說出同性戀這三個字了呢！」

在華盛頓特區的午餐會上，一位年輕女人告訴我，她在一年前向父母出櫃，而我則讓他們把接納她的時間提前了「數個月」。「妳讓他們對這整件事都變得比較安心。」她說。

我認識的另一位女人是一位心理學家，她說艾倫和我真的拯救了許多生命。「是真的。」一位帥氣的年輕男人插話道。「我在青少年時期曾經試圖自殺。要是妳們兩人當時就出現在媒體上的話，我想我應該不會那麼絕望。」

我在底特律認識了一位教師，她向我描述她在九年級的班級上要孩子們提出當代的英雄人物時——有好幾個孩子都說出了艾倫的名字。

在芝加哥時，一位年約三十多歲的迷人女性告訴我：「我做到了我父母期望我做的每一件事；無論他們想要我做什麼我都做到了——包括成爲一位醫師。但唯一一件他們希望而我無法做到的事，就是改變我的性傾向。」她說在過去五年間，她父母都無法接受這件事——直到電視播出了艾倫出櫃的那一集影集，他們終於了解自己的孩子並不是叛逆或者故意想要氣他們。「他們現在非常認可我的性傾向，」她說，「簡直像是奇蹟一樣。」

除了許許多多的正向改變之外，我也聽說了一些不那麼正向的故事，提醒著我們還有許多尚未克服的障礙。在一次週末搭機離開洛杉磯之前，我在洛杉磯國際機場等待登機時接受電話採訪。採訪記者說：「我哥哥是同性戀。我媽堅持說他只是還沒遇到對的女孩。」

「喔。」我對這句話還記憶猶新。「她覺得對的女孩會把你哥哥治好。」我告訴她，我曾從這種拒絕中學到了教訓，顯然這對許多父母來說都是很艱難的教訓：我們的同性戀家庭成員不需要被治好。他們只是在做自己。他們是在把真確而誠實的自己展現給你看，他們只是在過天生就該過的生活。

這又涉及了另一個我們深切關注的事件——極端主義者最近試圖想要「轉化」同性戀者。

正如艾倫所說，這個世界裡的同性戀者不是在要求任何事或任何人爲了他們而改變；他們只是單純地想要用真實的面貌過自己的生活。其他人又是依據何種權利來要求社會中的這一整個社群改變呢？但如今卻有一些組織在推動家庭去「治癒」或「洗腦」他們的同性戀家庭成員。多數人具有基本常識，他們知道同性戀並不等同於加入邪教。我特別擔心的是主流報紙上的全版廣告，上面展示一群所謂的「前同性戀者」，據稱他們用宗教信仰「治癒」了自己。

這種言論很駭人，針對的是易受影響的家庭成員，他們可能會覺得自己能做些什麼事，來改變他們的兒女或者手足或者家長是同性戀的事實。我要向這種言論的所有受害者致上由衷哀悼。

無論你目前位於理解的哪一個階段，都請你不要讓任何人把「你應該是什麼樣子」的概念強加在你自己或者你所愛的人身上。

另一項令人深感憂慮的事件，是許多同性戀公民在工作場合缺乏自由。在波士頓的一場活動中，我和一位教師聊了一陣子，她已經任教二十六年了，不能冒險讓任何人知道她是同性戀。這位教師顯然十分受人敬重，擁有豐富的經驗可以分享給同儕。她正好是同性戀者這一事實不該改變她生活中的任何事物，也不該改變學生、學生家長或者同事們的態度。但令人難過的是，她很肯定只要有風聲傳出去，她就會失去工作。

你可能會問我：「為什麼要說出來？」這就是為什麼——因為她不應該在貢獻了二十六年的時間在辛勤工作上之後，還必須擔心自己會因為某個人或某些人恐同就丟掉飯碗。

一開始，我聽到類似於她的故事時，我都會盡心思考，希望能講出一些話安慰對方的傷痛。但沒多久後，我發現安慰的話語並不重要。重要的是我在傾聽，重要的是我在乎。我聽到的故事有些振奮人心，有些令人沮喪，隨著我聽的故事愈來愈多，我逐漸以見證者的身分成長——我從來沒預期這份工作會讓我成為見證人——也獲得更多動力為了改變而繼續工作。

這樣的狀況愈來愈常見——愈來愈多人在活動中找上我，想要把他們的故事告訴我——我在人權戰線的同事想到了一個主意，他們打算在網路上舉辦一場競賽，讓人們寫信來「告訴貝蒂你的出櫃故事」，比賽的獎品奢侈無度：是一件免費的短袖套頭衫。回應踴躍得令人難以置信。每個人的故事都獨一無二。有些故事的結局幸福快樂——像是來自德州的一位五十多歲同性戀女人的信件，她終於向她七十六歲的母親出櫃了，她母親的反應只是一句：「我知道呀。這沒什麼關係。」她花了好多年生活在恐懼與躲藏之中——但其實都沒有必要。

其中也有一些信件令人心碎，例如一位住在西北某個小鎮的十七歲女孩寫給我的信。她詢問我可不可以和她父母聊聊，並告訴他們說，女兒身為同性戀是沒有關係的——因為，她說：「他們再也不喜歡我了。」她接著在信件中寫道：

我告訴我的父母了，他們不能接受。他們把我帶去看精神科醫師。現在我必須對他們說謊，騙他們說那不是真的，好讓我的生活維持正常。但他們還是常常質問我，我們一天到晚都在爭執。我真痛恨自己住在這裡。我想，我只是希望我在這世上僅有的一對父母能接受我。我需要有人能幫幫我、幫幫他們。

我想要用以下這段話回覆她的父母、以及任何如同她父母的家長：

親愛的媽媽和爸爸：

你們的女兒踏出了英勇而果敢的一步。她和你們分享了她最真摯的自我。據我所知，你們似乎在聽到這件事的時候陷入了痛苦的掙扎。又或者你們甚至沒有掙扎——只是馬上拒絕了這件事有可能是真的。或許你們的家庭和朋友圈中沒有同性戀者。又或許其實有，但你們從來沒有想像過自己會遇到這件事。

但是，你們遇到了。你們的女兒現在需要的，是你們不間斷的愛與支持。請和她肩並肩，若你們願意參加P-FLAG的活動的話，必定能從中獲得很大的支持並藉此療傷。如果你們家附近沒有分會，你們可以寫信或者打電話給全國辦公室，請他們提供能幫助你們的文件與資訊。

你們的恐懼無疑就像我女兒告訴我她是同性戀時，我所感受到的恐懼一樣——以後誰要來照顧她、她會不會受到仇恨與偏見的攻擊、她能不能得到幸福？

誠然，由於社會難以接受任何事物不同於他們所謂的「正常」，因此對同性戀者來說，生活並不容易。但再怎麼不容易，也比要求你的女兒活在謊言中還要容易上千倍。

請允許她做自己——幫助她以自己為榮。

提醒讀者：你可以在本書結尾處找到P-FLAG總部的電話與地址。這個組織有如天賜——簡直是人們想像中最傑出的支持團體。我們洛杉磯分會時常邀請卓越的嘉賓來演講。我們舉辦的另一種活動是讓參加者分成約十人的討論小組。每個小組中會有一位引導者確保小組成員討論時不會脫離主題、不會只由單一成員主導討論。每個人都敞開心扉——被家長拒絕的兒女；表現出美麗愛意與包容的母親與父親；因爲方才得知小孩是同性戀者而陷入震驚、掙扎著希望能理解孩子並逐漸跨出每一步的家長。[4]

對於許多家庭成員而言，這段過程既艱難又緩慢；他們可能需要在參與多次活動之後才能全心接納。但是，至少他們把這件事放在心上，至少他們來參加活動了。參加活動是最初也是最重要的一個步驟，因爲一旦他們參加了活動，你就會知道他們一家人終究會和好如初。

在電視播出出櫃影集又過了幾天後，我終於首次參加了P-FLAG活動，我永遠也不會忘記那次活動讓我感覺多光榮、多謙卑。再也不用躲藏讓我感到振奮，那次活動的經驗讓我知道我從來不孤單，我因此鬆了一口氣。我發現多數家庭——無論是同性戀家庭成員或者非同性戀者家庭成員——其實每天都在「出櫃」，每天都在決定要把這項資訊告知哪些人。我的情況自然不同於多數人。因爲艾倫的名氣以及她出櫃的方式，我不再需要擔心要向誰出櫃這件事。一般來說，每個人都已經知道艾倫出櫃這件事了。因此對我來說事情簡單得多。我真希望對每個人來說事情都能這麼簡單。

保持溝通管道暢通與對話是非常、非常重要的，無論對家庭成員來說對話有多困難，都必須重視這件事，正如這封信件所述：

> 想要知道我母親有多難接受我出櫃，最明顯的指標就是在我出櫃後的那一年多，她都沒有喊過我的名字。她表現得好像我已經死了似的，依據我對她的了解，若我在出櫃後沒有主動連絡她的話，她可能再也不會跟我多說一句話。我單方面地持續打電話給她、寫信給她，我想要讓她知道，雖然我是同性戀，但我依舊是她扶養長大且深愛的那個男孩。我的努力有了回報。我媽和我現在已經如同過去一樣親近了；老天啊，她現在甚至願意詢問我的愛人在做什麼工作。我一直都很清楚我媽是個很棒的人。

4本書最後也有提供台灣LGBT與櫃父母支持團體的相關聯繫資訊，請參閱450頁～453頁。

詹姆斯·布萊森（James Bryson）來自費城，他積極參與人權戰線費城分會以及全國性的活動，其中也包括了人權戰線董事會相關活動，他寫信告訴我，他在十一年前向他母親出櫃，那時距離他母親的八十歲生日還有數個禮拜。他說，雖然他母親接受了這件事，但他覺得她似乎並不是真的理解了。過了一個禮拜之後，他媽媽寄了這封信給他：

親愛的詹姆斯：

不用說你也知道，你告訴我的消息讓我嚇了一大跳。我幾乎做好準備能面對任何事，但那件事並不包含在內。我過去怎麼會如此盲目？我真的很抱歉我當時的反應缺乏溫情與理解。

我現在坐在桌前，時間已近午夜，我回憶著過去數十年的美好回憶，逐漸理解到其實我的感情沒有改變，我看著你成長所帶來的喜悅依舊相同，我依然深愛已長大成人的你。

你還給了我額外的紅利呢：你那兩個讓我引以為傲的可愛女兒（我的孫女）。所以就讓我們如常地繼續走下去吧，希望我們未來能更深入地了解彼此的不同面向。

深愛你的　母親

詹姆斯告訴我，她母親很歡迎他的新朋友，爲其他家庭成員設立了典範，其中也包括了他女兒；她變得更加留意同性戀議題的相關新聞。他們的感情變得更加強壯深切，也更加信任彼此。他在信中提到，他相信每個人只要願意給自己機會，就必定可以逐漸變得理解、寬容。

在我收到描述出櫃的信件中，有許多封其實都是愛情故事。事實上，在人權戰線舉辦的一次晚餐活動上，有人向我介紹兩個女孩——她們待人友善但有些羞怯，美得並不張揚——兩人是透過艾倫．狄珍妮的網站認識的。她們原本住在不同州，但現在住在同一座城市中，已經交往近一年。這讓人情不自禁地替她們感到開心。

我認識愈多對同性戀伴侶，我就見證愈多愛、奉獻與真摯承諾的典範。這些伴侶不是爲了社會觀感才交往的，他們是不顧社會觀感也要交往。這個社會不祝福他們，也不允許他們慶祝結婚周年紀念——他們甚至不受法律認可——但他們彼此相愛，只有單一伴侶，陪伴對方一生。

這樣的認知使得數年前通過的《婚姻保護法》（Defense of Marriage Act）[5]顯

5 又稱《捍衛婚姻法案》，簡稱DOMA。美國的《婚姻保護法》實施於一九九六年，將婚姻定義爲「一男一女的結合」，允許美國各州拒絕承認在其他州合法的同性婚姻。該法於二零一三年最高法院就以五票贊成四票反對作出判決，裁定該法違憲。

得更加令人厭惡——該法案充滿惡意與仇恨，是多餘的存在。有鑑於目前社會上的離婚率達到百分之五十，異性戀婚姻的確需要幫助，但這個糟糕透頂的法案不是幫助異性戀婚姻的方法。

我站在推動《夏威夷自由婚姻》（Hawaii Freedom to Marry）議程的小組身旁，小組的人說：「同性婚姻促使美國人民面對一項重要的事實：同性戀者存在，他們的情感值得法律的平等對待。法律的平等對待。不多，也不少。」

從我加入人權戰線的那一刻開始，我生活中的常規社交計畫便全都成了過去式。一開始我還維持在席德醫院的隨叫隨到兼職工作。某些同事對於我的新工作大感意外，他們說他們完全不知道我還有這樣的能力。

「要是我們能早點知道的話，」其中一位同事說，「老早就可以讓妳替我們在公眾場合發表演說了。」

「但從來沒人問過我呀。」我笑著說。

他們看到我在廣播節目與電視上處理尖銳問題的態度，更不用說我對於每日訪談的耐力——有時每天的訪談數量多達五個，每個人都說自己深感驚訝。

這是我的工作領域中較使人畏懼的一部分。一開始，有數百萬觀眾與聽眾在收看與收聽我的節目讓我感到頗為緊張。但經過了兩、三個星期的練習之後，這件事變得很有趣。我很少感到倦怠或者無話可說，因為我對來電聽眾與主持人心懷感激。我才開始做訪談一個月，就看見我的演說能帶來多大的幫助，這讓我精神振奮。人權戰線的法蘭克·巴特勒（Frank Butler）興奮地告訴我，從來沒有這麼多人打電話來詢問他們的「出櫃資源指南」。在伊莉莎白·貝爾曲與我一起上了《瑞琪·雷克秀》（*Ricki Lake Show*）後，他們接到了五百通電話，之後大約每週會接到一百通電話。

對我來說，最困難的部分是訪談的問題，主因是極端分子的負面言論。在一位訪談者詢問我，對於傑瑞·法威爾用諧音稱呼艾倫一事有何看法時，我差一點就哭了出來。「她是我的女兒。」我說。「她是個好人。」

訪談經驗較豐富的朋友提供了中肯的建議，教我如何避免陷入慌亂。他們建議我使用「請進入下一個問題。」等回答方式。

這種回答方式在遇上有關於艾倫和安的八卦問題時很有用。舉例來說，曾有一位電台主持人非常堅定地想要確切知道她們會在何時何地、用什麼方法擁有下一代。

請進入下一個問題？

我遇過最令人開心的訪談之一，是莉安·韓森（Liann Hansen）主持的全國公共廣播電台（National Public Radio，簡稱NPR）《週末特別節目》（*Weekend Edition*）。NPR的報導向來公正且深入，在當了多年聽眾後，這次訪談讓我覺得自己好像是要前往聖地。莉安個性熱情，活力十足，正如一般人對她的想像，而且她提出的問題都體貼而毫無偏頗。

訪談的隔天，伊莉莎白．貝爾曲和我上了ABC電視台的談話性節目《本週》（*This Week*），同台的還有山姆．唐納森（Sam Donaldson）、庫琪．羅伯茲（Cokie Roberts）、威廉．班尼特（William Bennett）和喬治．威爾（George Will）。他們的等候室十分高級，裡面有兩位身著燕尾服的侍者，提供各式各樣的食物，從早餐餐點到熟蝦都有。比爾．班尼特和我們一起待在等候室中，看起來心情愉悅——這是上鏡前的事了。上鏡之後又是另一番光景。喬治．威爾極為嚴肅，似乎打算從頭到尾都不露出一絲笑容。在談到我為了我們的同性戀家庭成員爭取平權時，她說：「艾倫看起來絕對不像受到壓迫的員工。」

我說：「這個嘛，她在美國的三十九個州裡都可能會因為她是同性戀就被公司開除或被趕出家門。」

威爾沒有回答。他似乎依舊沒有要露出笑容的意思。

在我的部分結束後，我坐在等候室中看伊莉莎白受訪。比爾．班尼特突然離題，談論起多重配偶婚姻和戀童癖。他說話毫無邏輯可言。伊莉莎白保持冷靜。她的反應很理智，甚至稱得上卓絕群倫了。

順道一提，我和庫琪．羅伯茲（Cokie Roberts）曾有過一次有趣的交流。從她在全國公共廣播電台（National Public Radio，NPR）工作開始我就一直是她的粉絲，因此，在上節目的一個月前看到庫琪和她丈夫於兩人的聯合專欄中發表的一篇文章時，我異常震驚。他們在文章中尖銳地批評副總統高爾的言論，高爾讚許《艾倫》拓展了觀眾視野，對多元化表現出進一步的包容，是一齣彰顯家庭價值的優良影集。他們說，高爾應該讚許的節目是《與天使有約》（*Touched by an Angel*），因爲該影集傳達了神聖的訊息。我立刻寫了一封信告訴他們，我對於他們覺得貶低《艾倫》是讚美另一齣影集的必要手段。我的觀點如下：

> 《與天使有約》當然傳遞了神聖且正面的訊息，也很適合闔家觀賞。《艾倫》也傳遞了正面的訊息——有關於包容多元化，有關於友誼、挫折、喜悅——以及性別認同只是我們身為健康人類理應擁有的特質之一。這樣的訊息對於家庭來說並非不好的訊息。這就是你能透過觀賞《艾倫》得到的訊息。

我抵達《本週》的節目現場後，他們引薦我和庫琪認識，我把我的信交給她，並再次向她描述他們寫的文章帶給我多大的煩惱。她當時對此不置一詞。過了幾個月後，我收到了她寄給我的溫和回信。

如各位讀者所見，我的另一項轉變就是逐漸增長的政治意識。我脫離了極端保守的成長環境後，因爲個人議題而逐漸轉變，如今我開始和政治領袖見面，成爲了政治進程的一部分。

我多次前往華盛頓，其中一次我再次來到美國國會，認識了更多爲了同志平權努力的陣營：來自加州聖荷西的佐伊．洛夫格倫議員（Zoe Lofgren）；公開出櫃的巴尼．法蘭克議員；喬．甘迺迪二世（Joe Kennedy, Jr.）和他的妻子；甘迺迪的姐姐卡薩琳．甘迺迪．湯森（Kathleen Kennedy Townsend）；馬里蘭州副州長；以及國會民主黨少數黨領袖理查德．蓋法特議員（Richard Gephardt）。

這次我坐在國會旁聽席觀看開會的過程，正好見到坎迪絲．金理奇的哥哥發言。令人難過的是，她後來告訴我，她哥哥不願意搭理她。他認爲同性戀者就像酒鬼一樣，是需要被容忍的存在。她告訴我，她哥哥對於家庭的定義是一位母親、一位父親和孩子——其他都不算數。這樣的論述排除了許多認爲自己擁有家庭的成人與孩子。

四個月後，我再次回到華盛頓。大衛．史密斯打電話告訴我，他們急需我到國會來參與一場記者會。那天右翼宗教極端團體在參議院餐廳舉辦了午餐會，這場記者會是人權戰線針對此午餐會的回應。准許他們使用餐廳的是國會議員迪克．阿米（Dick Armey），他因爲稱巴尼．法蘭克爲「巴尼．娘砲」而聲名狼藉。這樣的發言帶給阿米超乎預期的大量負面回應，他澄清說這只是「一時口誤[6]」。國會議員法蘭克的回應是：「真是滑稽。過去五十年來從來沒有任何人稱呼我母親爲娘砲太太。」

在我們的記者會上，我傳遞的訊息一如往常，我鼓勵家長與手足要給予他們的同性戀家庭成員愛與包容。我回想起那天在華盛頓的人權戰線晚餐上，桃樂絲．海特博士提醒了我們，同志權益的抗爭以及我們非裔美國人兄弟姊妹爲平權的奮鬥之間的關聯：

> 六零年代的氣氛如今已不復存在。那樣的氣氛不復存在，是因為如今爭論的人愈來愈多；我們以為自己得到了長足進步，但事實上這些進步比我們想像得還要不穩固。……也就是說，我們不只要認清我們還有很長的一段路要走，我們還必須認清我們應該並肩同行。

她說的話，以及我認識的許多人展現的無畏榜樣，都使我深受啓發。我想起了全國各地長期參與活動的社運人士——母親與父親爲了同性戀子女的平權而不知疲憊地努力著，他們很少會大張旗鼓。我想起了在前線衝鋒的人，例如理查德．薩爾

6 法蘭克的英文爲Frank，娘砲的英文爲Fag，都是fa開頭。

迪瓦（Richard Zaldivar），他曾在我們的P-FLAG活動上演講，主題是他在東洛杉磯實施的計畫。理查德的工作必不可缺，其中包括了他爲HIV陽性反應的拉丁裔同性戀者組織的三個支持團體；此外，他籌措成立了「紀念牆」（Las Memorias），用以紀念拉丁裔社群中的愛滋病患者。薩爾迪瓦是真正的英雄。

我想起了我曾見過一面的真正的女英雄——傑出的瑪麗．費雪（Mary Fisher）。我出席人權戰線於聖安東尼奧舉辦的一場活動時，她正好是主要演講者。我很幸運有機會能和她談論她的工作與經驗。瑪麗的丈夫因愛滋病發而身亡，她則從丈夫身上感染了HIV病毒。在一九九二年時，她在共和黨全國代表大會發表了有關於愛滋病危機的演說，從此聲名大噪。任何人只要聽過她精采動人的演說，就不可能繼續忽視這種時疫。她創立了基金會，孜孜不倦地爲了募資而在全國各地發表演講，勸導眾人以更加包容的心態對待罹患愛滋病的所有人——無論異性戀或同性戀、老年人或青年人。

瑪莉告訴我，她總是在聽到其他人說：「但是妳看起來很健康。」時感到挫折。藥物療程使她能在多數時間按照極嚴苛的計畫行事：照顧兩個小兒子、以藝術家的身分工作還有公眾演講。但有時病毒占了上風，她只能取消所有預定行程。她的生活實在非常激勵人心！那天她慷慨地在她出的書上簽名，送給我，這本書也同樣使我深受啓發。

我也想起了我有幸認識科麗塔．史考特．金恩的那天。她是一位偉大的人道主義者，我以前一直沒有意識到，其實她在嫁給金恩博士之前就已靠著自己的能力獲得了一定的成就。其中包括了取得安提科大學的學位，她在學校主修的是和平研究，該經歷對於她在一九六零年代與往後社會運動中扮演的重要角色有非常大的幫助。我還記得她在洛杉磯人權戰線活動中發表的主要演說，也記得她引述了她丈夫簡明扼要的警語：「任何一處的不公義，都是對全體公義的威脅。」

想要在這麼多的活動之中空出時間和孩子相處並非易事。在這段期間，我和范斯一起度過了一次彌足珍貴的感恩節，我準備了紐奧良風味的蔬食秋葵湯和蜜漬番薯。

范斯抵達後，我們坐在桌前一起用餐，進行一場遲來的談心。他以一貫輕描淡寫的態度告訴我，看到我過得幸福讓他覺得多快樂。

我覺得心中充滿了感恩節的精神，並告訴他我覺得事情很奇妙。我說，雖然現在我單身，但有趣的是，如今的生活卻讓我感到前所未有的滿足；我敞開心胸，因此得到了新的朋友、新的體驗和新的願景。「范斯，你過得怎麼樣？」我鄭重地問。

他停頓了片刻。我看著他——年輕英俊的面孔，黝黑的頭髮和翠綠的眼睛，體態保持得很精實——我必須要提醒自己才能意識到，他已經四十多歲了。就算說他是三十出頭，也不會有人起疑的。「一切都很棒。」他說。「我手邊有好多事在忙。」

我問起了他的愛情狀況，但范斯只是尷尬地聳聳肩。「媽，妳知道的，」他說，「我不愛談論這些私事。跟妳一樣。」

「不愛談論私事？」我問。

對，他斷言道，他和我都是不愛談論私事、甚至有些冷淡的人，他說，這是因爲我們體內流著來自於菲佛家的德國血統。

冷淡？這樣的描述並不符合我現在觀察到的自己。顯然我正在改變，我這麼告訴他。

他沒有回話，只是揚起眉毛，像是在說：說不定他也能努力更改自己冷靜淡漠的態度。接著，他以德傑尼勒斯家的典型態度加了一句輕浮的評語：「媽，番薯很好吃。每道菜都很美味——那個、呃、玉米豆湯，很健康。真的、真的很健康。」

我大笑著糾正他，他所謂的玉米豆湯其實是秋葵湯。他說他知道，但他就是喜歡說這個字，「玉米豆湯」。

直到聖誕節我才終於有機會和艾倫及安在紐約相聚，聊聊她們的近況。我們一起在五星級的派克大道咖啡廳歡慶平安夜。這是我這輩子最值得紀念的一餐——美味可口的食物、精緻的擺盤、餐廳招待的開胃菜、結構精巧的甜點，還有艾倫點的一瓶無比奢侈但又令人讚不絕口的法國紅酒。

這頓晚餐最令我回味無窮的，是我們三人的對話。我們的生活發生巨大改變只不過是八個月前的事，我們都覺得難以置信。我這輩子活過的這些年大多都很平靜，不像這一年有這麼徹底的變化。每次從上一個年度跨足至下一個年度時，我們很少會注意到自己的生活軌跡有何不同。但今年因爲艾倫勇往直前，我們的生命——她的和我的——都出現了永久的變化。安的生命也改變了——她們已坦誠地公開了戀情，使得無數同性戀伴侶的未來路途變得更加順遂。這是我們的改變中最使人愉快的一部分——許多人因此生出了自信。

在前往紐約之前，我見到艾倫的次數屈指可數，其中一次是我和幾位人權戰線的同事一起去看艾倫拍攝節目。艾倫、她的製作人與編劇在一九九七年的秋天開始討論《艾倫》的故事走向，艾倫這個角色將以單身女同性戀者的身分與不同女人約會並發展戀情。並非每一集影集都與同志議題有關。儘管如此，依舊有許多人——無論是同性戀者或是異性戀者——陸陸續續告訴我，這齣影集有多麼重要、多麼勇敢。許多人都覺得在主角出櫃之後，影集的內容寫得愈來愈好、愈來愈有趣了。我個人最喜歡的是有艾瑪．湯普森（Emma Thompson）與西恩．潘（Sean Penn）來客串的那一集。雖然影集收到許多讚揚，可是收視率卻逐漸下滑，電視台與工作室遲遲沒有給予進一步的支援——他們並未提供替代的播映時段，也沒有推行影集的廣告計畫。

同時，艾倫和安告訴我，她們無論到哪裡都會收到許多正面的回應。在我們碰面的前一天，她們一如往常地手牽手走在路上，一位年老的女士在和她丈夫一起迎面走來時說：「妳們很棒！」

就在她們跟我敘述這件事的時候，我們注意到了隔壁桌坐了一家七口。沒過多久，其中一位年約六歲的女孩子走到艾倫身旁，遞給她一張卡片，上面有那桌其中一位大人寫的字：「艾倫，聖誕快樂，謝謝妳的節目。莎拉與家人敬上。」這真是最棒的家庭價值！

我看著桌子對面的艾倫與安，覺得心頭充盈著幸福。她們坐在彼此旁邊，雙手緊握，這兩個女人已陷入愛河。不過八個月之前，艾倫還沒辦法公開展露自己對於女朋友的鍾愛。事實上，我直到那時才發現，在遇到安之前，我從沒看過艾倫和任何一位伴侶牽手、親吻或者表現出任何鍾愛的舉動。在二十年前，一部電影裡互表情意的兩個女生讓我覺得不舒服。但現在，我看著她們兩人真誠地表現出愛意，只覺得這是再自然不過的事了。

我告訴她們，每當我遇見必須隱瞞自己戀情的伴侶時，我都覺得很心痛。艾倫總是在聽見這一類的故事時感到沉重。這對安來說也是敏感話題，她的家人至今都還沒有完全接納她與艾倫的交往。其中一個故事，是之前一位男人告訴我的，他已和伴侶交往了二十一年，他的父母一直很支持他們，直到去年聖誕節，父母突然斷了聯絡。似乎是因爲一位姪女成爲了基本教義派的教徒，說服了整個家庭開始敵視他與他的父母。「你一定覺得百思不解，他們怎麼能這麼輕易地就動搖了。」我說。

這個故事帶出了另一個相關的議題：近來我們聽聞的歧視與同性戀欺凌事件逐漸增多。安的回應簡潔有力：「這些人爲什麼這麼在意我愛的人是誰？」

時間漸晚，我們都知道對偏執的抗戰不可能由我們三個人坐在這裡花一個晚上就解決。但我還是很開心能夠知道我們都是這場抗戰中的一分子，我們對未來有相同的期盼——我們期盼終有一天人們回首檢視如今的歧視時會覺得難以置信，我們期盼那一天盡快到來。

對我來說，這一年的平安夜之所以特別，不是因爲我們討論了什麼。而是因爲我們三個人都對彼此心懷感激，非常享受彼此的陪伴。這是一份不容忽視的禮物。安的母親自己選擇了要錯過這樣的美好時光，我覺得很遺憾。

新的一年帶來了更多難忘的際遇和冒險。無論我身處何方，都能感受到源源不絕的愛——這些愛來自於支持子女的家長、來自於希望父母能支持自己的子女。他們立刻將我納入了他們的生命故事之中。

在前往奧勒岡州波特蘭的路上，我在機場遇到了一小群旅客，他們覺得我很眼熟。其中一位旅客說：「妳是大衛．賴特曼（David Letterman）的媽媽吧？」我說：「不是——我是艾倫的媽媽。」他們依然很激動。

抵達波特蘭後，我住進了美麗迷人、古色古香的本森飯店（Benson），我住的套房是我這輩子看過最棒的飯店房間之一——裡面有一座壁爐，大理石浴室中還有一個雙人按摩浴缸。入住的第一天，我在大廳和朱莉與克雷格一起享用午餐，朱莉是我在華盛頓人權戰線認識的新朋友，個性甜美又樂於助人；克雷格則是當晚活動的主辦人，非常傑出。

克雷格說：「我屬於相對幸運的那群人。我媽媽從一開始就對我的性傾向非常包容。但在她看到妳上賴瑞．金的節目後，她打電話告訴我：『你知道嗎，克雷格，我覺得我應該做更多努力。』」

我好愛這個故事。朱莉點點頭，告訴我們她母親也非常包容，她們一直都很親近。接著她又說：「我跟我媽媽都有參與上次的全國晚宴。妳的演講結束之後，我媽媽說聽過演講她才發現我們之間的關係有多特別。她一直把這件事視爲理所當然，沒有意識到許多同性戀者都非常渴望能擁有我們這樣的親子關係。」

克雷格和他的伴侶領養了兩個剛出生的孩子。事實上，他們在那兩個孩子誕生時都在場。克雷格自豪地拿出照片給我們看，他的孩子是一對可愛的兄妹，雖然沒有血緣關係，但卻很神似。他和他的伴侶已交往了十二年以上，兩人都很確定自己想要孩子。不過，克雷格說，在他們領養孩子之前，他們花了數年的時間討論領養的各個面向，一起參與討論的也包括了他們兩人的家人和領養輔導員。他們兩人都有大量時間可彈性安排，雖然他們請了一位保母在白天照顧孩子，但他們兩人幾乎總是會有一個人在家陪孩子。他們的家庭人數眾多，時常與祖母們一起家庭旅行。能擁有這麼多的愛——這兩個孩子真的很幸運。

克雷格說，他們周邊的鄰居都全心接納他們，家家戶戶的孩子都時常跑到彼此家玩。

在這晚的盛大晚宴中，我再次認識了許多美好的人，他們對我的感激之深厚讓我幾乎有些不好意思了。我傳遞的訊息很簡單——家庭應該是世界上最安全的地方，我們的兒女應該能在家庭裡得到無條件的愛。

第二天一早，我起床就發現房門口的地上有一封信，寫信的人是我在昨晚的派對上認識的一位高個子年輕人菲利普。他原本已經回家了，但在家裡寫了兩頁信紙之後，又在午夜拿著信回到飯店。信中充滿許多祝賀的體貼語句，其中使我感受最深的是這幾句：

妳向數以百萬的父母證明了，我們可以肯定身為同性戀者的孩子。孩子們在聽了妳的演講之後，將會知道自己可以期待父母可以、也應該接納他們並給予肯定。……妳說：「無論我們的孩子是同性戀或者異性戀，我們都應包容他們。」並親身實踐，對於能夠真正同理這句話的父母而言，妳的角色使他們更加喜樂。每個孩子的模樣都是由神所創造，他們都是我們的孩子。

我誠心希望並祈禱妳的生活、精力與意志都安好，繼續將福音（就是好消息的意思！）帶給更多、更多人。

我很喜愛他對福音的解釋。他說得沒錯，散播愛與包容的確是好消息。我代表這世界上每一位願意為了公義挺身而出並傳播福音的母親、父親、家庭成員和友人，自豪地接受了菲利普的感謝。

大衛・丁伍迪（David Dinwoodie）正是這樣的一位家長兼社運人士，我和他在丹佛相識，他曾擔任P-FLAG科林斯堡分部的主席，他的女兒瑞貝卡過去在華盛頓的人權戰線工作，如今進入了美國公民自由聯盟。

大衛在同性戀者的平權戰役這方面的知識淵博，簡直像是會走路的百科全書，為了改變各地區與全國性的平權，他不眠不休地努力工作。他說，他的妻子也一樣非常積極參與P-FLAG的活動。瑞貝卡是個一頭紅髮的年輕女子，個性活潑迷人，是兩人的獨生女，他說瑞貝卡是「我們的驕傲與幸福。」

他告訴我，女兒的出櫃是天賜的禮物，他深愛現在的工作，也很高興能在工作時認識其他令人欽佩的家長。大衛接著又道：「我的生命多了許多美好的可能，超乎我的想像。」這句話聽起來真是熟悉。

我告訴他，我也深有同感。在北卡羅來納州羅利的人權戰線晚宴上，好多人都分享了相同的感想，這場晚宴的主題是「帶媽媽一起來」。

我永遠都不會忘記晚宴上的兩位母親：派琪與艾洛伊絲。她們的兒子都死於愛滋病，如今兩人都因爲深愛自己的兒子而成爲了社運人士。派琪說，她兒子走得很快，但艾洛伊絲照顧了她失明、失禁的兒子十八個月。

艾洛伊絲告訴我：「我很感謝上天給我機會照顧他。」我眼中含淚，輕柔地說：「我無法想像失去孩子是什麼感受。我應該會崩潰到無法繼續生活吧。」

派琪說：「不，不會的。妳會繼續站出來演講、繼續參加活動，就像我們一樣。」

艾洛伊絲說：「這是我們繼續走下去的動力。」

我認識了一位年輕俊美的男人克瑞·普利金和他的母親瑪麗，他們住在北卡羅來納州的一個小鎮。他們告訴我，克瑞在五年前被三個海軍陸戰隊的人圍毆。他和他母親告上法庭，最後終於打贏了官司。

羅利就像美國許多城市一樣，有些人繼續住在這裡只是因爲他們在這裡的同性戀社群中交到了很好的朋友。一位年輕的異性戀女作家只因爲她在面對同性戀社群時表現出友善與支持的態度就被處處爲難。她和丈夫與孩子同住，附近的鄰居會把寫滿仇恨訊息的牌子放在她家的草坪上。但她依舊堅定地做自己認爲正確的事。願上帝保佑她。

第二天早上的午餐會上，坐在我隔壁的是另一位母親。同席的還有她的兩個兒子，派翠克與瑞克。她兒子瑞克的伴侶也在場，名字也叫瑞克。在我發言過後，這位母親說她想要講幾句話。她站起身道：「我今年六十五歲，住在一座農場裡。我的小兒子告訴我他是同性戀的時候，我不知道那是什麼意思，對此一無所知，所以我找了幾本相關的書來讀。」

接著她看向自己的小兒子，說：「派翠克，我想要公開地爲了我過去對待你的方式向你道歉。」她繼續道：「他離開了我們家——不是馬上離開的，但他終究走了。過了好幾年後，瑞克告訴我，他也是同性戀，但到了那個時候，我比較聽得進他說的話了。派翠克說，他替瑞克鋪了路。我想要公開向你道歉，派翠克，因爲我從來沒有這麼做過。」

她離開位置擁抱派翠克，接著擁抱瑞克，房間裡的每個人都潸然淚下。這一刻如此珍貴、如此特別，我們每個人都將銘記在心。我很慶幸能有機會在場見證這樣的愛。

在這次的聚會上，我們這些平凡媽媽團結一心。我們無處不在！

如你所見，我在前往每個不同地區時，都會一而再、再而三地聽見人們說起，愛具有改變事物的力量。愛能夠將無知轉變成理解，將拒絕轉變成接納。正如俗語所說，只要有愛，一切都有可能。

我個人的轉變就是一個很好的例子。事實上，我在人權戰線的工作出現了一個意料之外的插曲：如今我這位發言人有了一位代理人，我很幸運地有機會能和各式各樣不同的群體說話。

儘管我很享受發言，但這份工作最棒的部分有時卻是聽其他人發言。我聽過最感動人心的演說之一，是卡蘿．懷特（Carol White）在丹佛的人權戰線活動上發表的演說。

卡蘿是德州休士頓一間大教堂的唱詩班指揮，但教堂的人在發現她是同性戀者之後，便放火把教堂給燒了。「就這樣。」她說自己就此丟了工作。「只剩下兩張無用的碩士文憑。」──兩張文憑都是南衛理公會大學所頒發，一張的主修是宗教音樂，另一張的主修是合唱指揮。她站在人生的轉捩點上，本來很有可能就這麼認爲自己是偏見的受害者。但她沒有，她的傳記與晚餐的節目單上是這麼寫的：「她決心要透過音樂、行動主義與領導才能治癒這個恐同的世界。」後來她的確透過音樂在科羅拉多州的衛理公會教堂開始實踐理想。

「無論你心中的音樂是什麼，」卡蘿那天晚上說，「你都要彈奏、舞動、歌唱。……別讓你心中的音樂死去。」

在她這麼說的時候，我想到了艾倫和安，還有世界各地每一個公開出櫃的同性戀者。這就是他們正在做的事——隨著心中的音樂彈奏、舞動並歌唱。

美國是一個很棒的國家。正如我在一趟趟旅行中所見到的，美國人秉性良善。我覺得自己很幸運能夠認識這麼多默默無名的英雄——有些是同性戀者，有些是異性戀者——他們為了多元化挺身而出，認為我們全是一家人。我知道，為了爭取同性戀、雙性戀和跨性別家庭成員的平等權益，我們依舊還有很長一段路要走。但在這趟旅途中，我也親眼見證了我們有多團結、多緊密。

這種感覺最為強烈的時刻之一，是一九九八年五月我參加第九屆南卡羅來納州年度同志驕傲慶典遊行的時候——這是我第一次參加這一類的活動。這也是這場活動首次安排在默特爾比奇。雖然依舊有許多反對聲浪，但能在默特爾比奇舉辦活動已稱得上是重大成功了。

在我搭機過去時，我聽說當地的狂熱分子迫使藍色少女合唱團取消了她們原定要在默特爾比奇附近的小鎮中舉行的一場表演。藍色少女合唱團的成員是同性戀，此外，她們是艾倫的朋友，因此取消表演一事讓我感到很沮喪。

默特爾比奇的市長用盡方法想要取消整場慶典。他失敗之後，當地的一位地主開始對所有跟他租賃房子的業者施壓，禁止他們替這場活動打廣告，他要求名下所有房屋上都不准出現彩虹（彩虹是多元化的象徵，用以顯示對同志權益的支持）。

另一個當地商家的商標上原本有一道彩虹，但他們在週末立刻把彩虹給換掉了。雖然活動引發了許多爭議，但我們的遊行並未因此受到壓制。恰恰相反。週六早晨的天氣晴朗。默特爾比奇市區的數個街區都以繩索區隔開來，警力十分充足——有些是開車，有些是騎機車。我特別注意在經過警察身邊時記得向他們打招呼。「祝你有個平靜的一天。」我說。這天的確很平靜。

根據估計，大約有八千人參加此次活動，多數來自南卡羅來納州、北卡羅來納州和喬治亞州。我不是活動中唯一的非同性戀者。我在慶典中遇到了許多非常支持同性戀者的家庭成員，他們都認爲同性戀者有權利能一起遊行、安心地走在路上，爲了真正的自己而慶祝。

我最先認識的人之一是哈莉特·漢考克（Harriet Hancock），她是南卡羅來納州同性戀社群中首先站出來的家庭成員之一。當哈莉特的兒子葛雷格告訴她，他是同性戀時，她不只站在身邊支持他，更挺身而出。她立刻加入了平權的戰場，迅速籌措了南卡羅來納州的P-FLAG，並且不知疲憊地協助南卡羅來納州舉辦了九場同志驕傲慶典。她無疑深愛她的兒子。

我們討論到哈莉特的背景時，我覺得自己和她很相似。她也在四十好幾時回去大學念書，在五十二歲時取得了法律學位。她如今專精於家庭法，以公益律師的身分處理愛滋病患與保險公司之間的官司。

我當然也認識了她的兒子葛雷格、在活動現場幫忙的葛雷格的姊姊、姊姊五歲的兒子湯米（哈莉特的孫子）這才是所謂的家庭價值！葛雷格和湯米負責在活動的最開始領導眾人宣讀效忠美國的誓詞。

我也認識了兩位年輕男子，他們帶著兩個領養的孩子一起參加活動，兩個孩子都是一出生就藥物成癮。他們說，有鑑於孩子的健康狀況，他們每天都會非常嚴謹地安排孩子的日程，讓他們事先知道每天要做什麼事。他們真的非常關愛孩子，也非常自豪。其中一個孩子的衣服上寫著「爹地」，另一個孩子的衣服上是「爸爸」。他們的祖母也在場，一舉一動都表現出愛與關懷。她的衣服上寫的是「奶奶」。這兩個父親都跟我一樣要上台發表演說。在演說的最後，他們的小兒子本應向觀眾說再見的。但他沒有道別，反而唱了一首字母歌，每個人都開心地笑了。

曼蒂．杜納（Mandy Turner）也上台發表了演說。她是一位開朗且口才極佳的非裔美國人，也是積極爭取同志權益的社運人士，此外，她還是美國黑人同志領袖論壇的全國現場主任。她爲南卡羅來納州增光。坎迪絲．金理奇也出席了這場活動。無論我聽過坎迪絲演講過多少次，這位嬌小而積極的演說家對我造成的衝擊從來不曾稍減。我愛她。

我上台演講時觀眾都很熱情，下台後眾人一窩蜂地過來感謝我，告訴我他們有多欽慕艾倫、艾倫的所作所爲，還有我。我覺得我好像認識了活動現場八千人中的每一個人——又或者我至少簽了八千次名，簽名的物品包括節目單、衣服和帽子，並微笑著和每一個想要拍照的人合照。

這個週末還帶來了另一個驚喜——我重新聯繫上了過去在別的地方認識的一些人。我之前在華盛頓認識的史蒂夫·岡德森以及他交往了十六年的伴侶羅伯·莫里斯都在那裡。史蒂夫曾擔任過威斯康辛州的共和黨議員，羅伯則是建築師，他們都是聰明又待人溫和的好人。兩位瑞克也在——一位是藝術家，另一位是醫師——是我在北卡羅來納州羅利的那個週末認識的熟悉臉孔。還有來自阿拉巴馬州伯明罕的凱文·史諾，就是在ABC電視台拒絕播映《艾倫》時舉辦了私人派對播放節目給三千人看的那個年輕人。

我在其中一個攤位買了一個黑線串彩虹木珠的項鍊。我時常穿黑色，很喜歡彩虹與黑色的對比。彩虹慶祝的對象是我們所有人，同性戀與非同性戀都一樣。

這場遊行本身就是獨一無二的喜悅體驗。

我們共有六個人走在最前面，手上拿著寫著「驕傲98——爲了同志權益而團結」的布條。跟在我們後方的是遊行隊伍、來自北卡羅來納州的一小隊銅管樂隊、幾台機車以及一台卡車，卡車上載滿了正在休息的女孩和光彩奪目的變裝皇后。我們人不多，但不斷高聲喊著一問一答的口號：

「我們想要的是什麼？」「平等權益！」

「我們想要什麼時候能平權？」「現在！」

還有鼓舞人心的口號：

「嘿、嘿、嗬、嗬，恐同必須讓開路。」

帶領我們呼口號的是一個年輕男人，他的身材矮小，但發出了我聽過最響亮的呼喊聲。以社運人士的身分來說，我覺得很高興；但以語言病理學家的身分來說，我覺得很擔心他的聲帶。

我們遊行的路線大約一英里長，觀眾包含了熱情的支持者、年老的伴侶以及表情迷惑的人——「這是什麼鬼狀況？」我們笑著向所有人揮手。

在我沿路走著、呼喊口號、微笑揮手的同時，我想起了卡蘿·懷特說的話，頓時理解她說的話其實適用於每一個人，其中也包括我。我感覺到了心中的音樂，並允許自己隨著音樂彈奏、起舞、歌唱，我讓心中的音樂活了過來，這種感覺好得令人難以置信！

第十章

勇敢說出來；大聲說出來

「媽，妳在哪裡？再過二十分鐘我們就要出發了。」一九九八年的一天早上我接起電話，艾倫這麼對我說。

「我們？」我問。「出發去哪裡？」

「我要去那間高中演講，記得嗎？安和我希望妳跟我們一起去。」

我記起來了。幾個禮拜前，《巴茲雜誌》（*Buzz Magazine*）上刊登了一則衝擊力強大的文章，主題是身爲同性戀青少年有多困難。文章介紹了洛杉磯兩間高中裡的「同志與非同志聯盟」社團，以及兩位擔任各校社團主席的男孩——其中一間學校的主席蓋瑞特是同性戀，另一個學系的主席諾亞則是異性戀。他們兩人都是英雄。

艾倫讀到這篇文章時深受諾亞的行動主義所感動，她打電話告訴諾亞，看到他願意爲了使同性戀友人與同儕的生活更輕鬆而付出如此努力，她以他爲榮。在對話中，諾亞詢問艾倫是否願意去他們學校的社團演講。

不知何故，艾倫忘記告訴我這場活動的日期與時間了，直到現在打電話來我才得知細節。我審慎考慮了片刻。我的桌上疊滿了文件。我不但有一份新的演講稿要寫，還有一本書尚未完成。此外，我還必須洗衣服、爲了隔天的行程打包行李。接著，我又仔細想了想。我不想要錯過這場活動。我抓起鑰匙和錢包，告訴她：「我現在出發。」

艾倫、安和我一起擠進了艾倫的車上，前往哈佛西湖中學傾聽全校學生的問答。我們在路上救了一隻雛鳥，把雛鳥也一起帶去了。

我能理解爲什麼艾倫會忘記告訴我這場活動的時間地點：最近一切都很混亂。這幾個禮拜以來，取消《艾倫》影集的謠言傳得沸沸揚揚。電視台要在下個月才會正式宣布結果，但艾倫不抱太高的期望。迪士尼ＡＢＣ電視集團想要在節目的開頭放上家長警告標語——由此可見，他們無法用堅定的立場面對右翼組織反對同性戀的激烈抨擊，自從艾倫出櫃後，這些組織就把矛頭指向了這齣影集。其中很大部分的原因，是艾倫．摩根和她的異性戀好友佩姬（喬莉．費雪）之間的惡作劇親吻。艾倫覺得電視台這麼做並不公正，ＡＢＣ電視台的另外兩齣情境喜劇中也有兩個男人惡作劇親吻的類似情節，但這兩齣影集卻沒有受到任何評論攻擊，也無須放上警告標語。

在一個禮拜前，一位來自佛州的採訪記者詢問我有關於取消影集的傳言，以及艾倫目前的狀況如何。我實事求是地回答：「她在這段時間承受了很多壓力。我的感受和世上每一位家長一樣。當你的孩子受傷的時候，你也會感到很受傷。」

他問的另一個問題是，有些人認為《艾倫》的故事線變得「太過同性戀了」，我對此的想法為何。我回答，因為劇情太過同性戀就不喜歡這部影集，其實等同於不喜歡主角是同性戀。老實說，我很清楚這一類的評論並不一定來自極端分子，有些走溫和路線的人也會這麼認為。但我的回答還是一樣，這樣的評論暗示的是，他們認為艾倫．摩根可以出櫃，但既然現在她都已經出櫃了，影集卻還是在談論同性戀以及相關議題——這些議題有些幽默，有些嚴肅，但全都是同性戀者必須每天面對的——這些批評家希望她能躲回櫃子裡，閉上嘴巴。

但如今我們已經帶動了全國性的精采話題，不可能就此停止。很顯然的，艾倫造成的改變嚇到了一些人——這些人包括了同性戀者、溫和派和恐同者。社會的現狀受到了很大的挑戰。

什麼事正在改變？以我看來，最戲劇化的改變就是決定出櫃的同性戀者人數逐漸增加，愈來愈多自身是異性戀的親友願意積極主動地表達支持。

艾倫和我收到的信件中，有上百封信是關於同性戀子女是如何透過這齣影集來增進他們的家人對同性戀的理解。「媽，我和艾倫一樣。」這句話變成了許多年輕女性對母親出櫃的方式。

在人權戰線舉辦的其中一場活動上，一位年輕女人說：「我告訴我媽媽我是同性戀的時候，她打電話給一位神父和一位醫師。在我媽看了影集之後，她終於認定我沒有問題了。」

一位西班牙裔的年輕男人也說了相似的故事。「我的父母完全不能接受這件事。」他說。「在看過影集之後，他們打電話來要我回家，跟他們好好談一談。」

另一個也很年輕的女人說，在影集播出之後，她在雜貨店湊巧聽到一位收銀員在和另一位員工用帶有貶意的方式討論同性戀。要不是看過影集的話，她一定沒有勇氣開口制止他們。她在聽到兩人聊天時立刻朗聲說：「不好意思，我是同性戀，我很不喜歡你們說話的方式。」

我聽到愈來愈多案例，全美各地有愈來愈多人願意站出來發聲，就像一位來自美國中西部小型學院的女學生寫信告訴我的一樣：

妳的女兒讓我有勇氣在大學校園裡出櫃，並在這裡建立了只有同性戀者的學生組織。我們在第一次會議上看了影集，這是開啟對話的絕佳方式，對我來說，這也是很棒的出櫃第一步。在這個保守的基督教小校園中，我們的組織成員不斷成長直至接近五十人，其中有學生也有學校職員。要不是艾倫，我和這個世界上許許多多的人一定至今都還在躲躲藏藏。她是我的英雄，支持她的妳也是我的英雄。

還有另外一封信：

對於我們這些努力想要向父母解釋真正的我們是什麼樣子的人而言，艾倫為我們踏出的這一步代表的意義不可限量。她的影集說出了我們的故事，給予我們力量，而在此之前，我們甚至不知道自己需要力量。她的影集讓我們理解了何謂正常的感覺，而在此之前，我們之中有許多人根本沒有意識到自己錯過了什麼，只是日復一日地過著生活，覺得一切都還算不錯。

艾倫也在其他社群中造成改變、激起對話。無論我是上電視還是上廣播節目，總是會有非同性戀者打電話進來感謝我，也感謝艾倫喚醒他們的知覺。在費城錄製的其中一場節目中，我接到了一位異性戀已婚女性打來的電話，她說她很喜歡和她二十歲的兒子一起看《艾倫》，因爲這是一個很好的機會，能讓孩子理解同性戀者和這個世界上的其他人一樣會遇上問題，要努力奮鬥。

在她的電話結束之後，另一通電話來自一位異性戀已婚男性，他時常和妻子以及孩子一起看節目。他對於影集即將取消的傳言感到由衷地沮喪，他說：「我無法相信這件事。電視上沒有任何節目像《艾倫》一樣。他們怎麼可以這麼做？這真是太糟糕、太可怕了，簡直一點道理也沒有。」他發誓之後會組織當地人一起寫信抗議電視台的決定。

在艾倫開車載我們穿越洛杉磯的街道，前往哈佛西湖中學的路上，我想起了那名男人的熱忱。艾倫其實沒有多餘的時間能請一個早上的假去高中演講。但我們都逐漸意識到同性戀青少年的相關議題有多嚴重，因此我們覺得這場演講非常重要，不能就這樣錯失機會。

事實上，如果有人認爲自己需要理由才能加入同志平權的戰場並爲之奮鬥的話，他們只要看看同性戀青少年的憂鬱症與自殺風險在統計上有多高，就能找到理由。在自殺的青少年人口中，百分之三十是同性戀者。同性戀青少年和其他青春期的孩子一樣非常敏感，他們很容易成爲霸凌的受害者——言語上的與肢體上的霸凌。這些孩子急需我們的支持。提供自殺熱線服務的組織提出的報告顯示，他們接到青少年來電說想要自殺的主要原因之一，是與性傾向相關的自尊低落。

青年線（TEEN-LINE）是在洛杉磯提供自殺熱線的組織之一：他們的服務很特別，在青少年打電話進來時，接聽電話給予回應與幫助的是其他受過訓練的青少年。在前往哈佛西湖中學的數天前，艾倫和我有幸能於青年線在比佛利山飯店舉辦的年度午餐會與募款會上領獎；青年線中的青少年與董事會在餐會前就已投票決定頒發人道主義獎給我們。這是我第一次因爲目前的工作獲獎——這是非常值得珍惜的榮譽。

那天有許多在青年線負責接電話的青少年告訴我們，他們覺得艾倫和我直接減少了打電話來諮商的同性戀青少年心中的恐慌與懼怕。負責向觀眾介紹艾倫的年輕男人說，對於數百萬名同性戀青少年來說，在充滿歧視與拒絕的汪洋中，艾倫是一艘「救生艇」。

艾倫走到麥克風前，先開了一、兩個玩笑讓眾人放鬆下來；但接著她就因爲這陣子的議題而失控地哭了。這幾個禮拜對她來說很難熬。艾倫原本生活中最主要的動力，是帶給觀眾歡笑、讓觀眾喜歡上她，如今她變成了直言不諱的社運人士。因此，她受到了諸多批評，批評者甚至包括了她過去視爲好友的人，在極端分子的陣營裡，她被嚴重地妖魔化。如今看來，她所主演的電視節目也將要結束了，這齣節目是她夢寐以求的工作，她爲此付出了無數心血。禮堂陷入了一片沉默。我當時也在講台上，距離艾倫只有數步之遙，看到她崩潰時，我直覺地走到她身邊，伸手環抱住她的肩膀，同時她也慢慢恢復了冷靜。

艾倫終於開口道：「如果說我是你們的救生艇的話，那麼你們也是我的救生艇。」她再次重申，無論外界的爭論有多激烈、無論他人如何攻擊她，對她來說真正重要的，是她知道自己觸動了人心並造成了改變——「就算只有一個人受到觸動也無損於這個事實。」

艾倫的信念使我們三人都覺得充滿力量，因此決定要去哈佛西湖中學會見來自各種不同背景的學生。

學生們提出的問題含括的範圍廣泛，從艾倫一開始是怎麼進入演藝事業的，到他們身爲青少年要怎麼爲同志平權出一份力。我們聊到同性戀霸凌、恐同症以及出櫃帶來的各種風險。我們聊到異性戀家庭成員——家長、子女和配偶——在所愛之人出櫃時會受到的衝擊。我們聊到同性戀婚姻以及同性戀家長。

這些事對我們來說不只是重要的議題而已，這些議題對於我過去一年間認識的許多人來說，都是切身相關的憂患。我能在腦海中看見這些人的面孔，回想起他們的名字。我能夠栩栩如生地記得他們在訴說令人痛徹心扉的故事時，聲音聽起來有多悲痛。

舉例來說，我聽過許多人無法把伴侶關係告知他人的悲傷故事。在我到丹佛參加人權戰線的活動時，我認識了湯姆，他是一位五十多歲的俊美男子，我和他一起度過了一個安靜美好的夜晚。湯姆告訴我，在他交往了十八年的伴侶死於愛滋病的那段時間，他經歷了什麼事。他在一間大房間裡放了一張醫院病床，地板上則放了一張他自己要睡的床墊，如此一來他才能整晚陪伴保羅。在肩負著如此重擔的狀況下，湯姆繼續每天工作。但他沒有把家裡發生的事告訴職場上的任何人。他說，如果今天病重的是他妻子的話，他必定能得到各式各樣的援助。

我也聽過另一種截然不同的故事，許多人都告訴我，他們試著想要維持異性戀婚姻，想要隱瞞或者否認自己的性傾向。每個故事到了最後，事實都證明了迫使自己遵循傳統對他們來說毫無幫助。迫使自己活在謊言之中怎麼可能會有好結果呢？他們平白浪費了好長一段的大好人生。除非你相信輪迴轉世，不然這一輩子就是我們唯一的機會。要假裝成另一個人活過這一輩子是多麼悲慘的一件事呀。

我在聖安東尼奧想起了我曾遇見一位五十多歲的女人，她在成婚三十年的丈夫過世之後，向已經長大成人的女兒出櫃。三十年的躲躲藏藏。

雖然這些經歷聽起來令人難過，但我也一次又一次地聽到人們告訴我，深愛他們的家人具有多麼強大的恢復能力。一位名叫露絲的女人告訴我，她和丈夫一起生了孩子，在孩子的成長過程中，她丈夫向她、也向自己承認了他是同性戀者。他們維持著朋友的關係，她給予全心的支持。「我氣的不是他，」她說，「我氣的是這個社會以及死板的規定竟然迫使某些人必須假裝成另一種人。」

我回想起我親愛的朋友菲利絲。她是一位作家，在她丈夫向她坦白他是同性戀，並離開兩人共組的婚姻與家庭時，她寫了一篇震撼人心的文章描述她當時的心境。她詳細描述了自己情感上的極度哀慟。接著，她寫道：

結束了獨自悲傷的狀態後，我開始向親友尋求安慰，多數人的反應都很困惑，他們都不太了解這種事。我很慶幸當時能遇到一些充滿智慧的人，他們的回應是「我不知道該說什麼。」

現在我逐漸明白，我要面對的問題不是「我丈夫是同性戀」，而是我變成了什麼樣的人，以及我想要成為什麼樣的人。

我希望自己能成為其他配偶的力量與勇氣的泉源。他們需要知道，感到痛苦是很正常的，他們並不是在獨自受苦。我希望這個社會不要輕視或低估我們經歷的困境。但最重要的是，我希望能由衷地相信自己是滿足的。

她如今的確是「滿足的」。她現在是異性戀配偶（Straight Spouses）的活躍成員之一，異性戀配偶是一個全國性的組織與支持團體，服務對象是配偶出櫃的人——此外，她也是一位慈愛的母親。她的生活有了目標與意義。

我到達拉斯與P-FLAG的全國領導人南希·麥唐諾德（Nancy McDonald）一起受訪時，也聽到了許多值得銘記的故事，一天早上，我們在達拉斯的公共廣播電台奇拉（KERA）受訪。該次訪問的主題是同性戀家長對異性戀子女出櫃，共同出席的還有P-FLAG在達拉斯的領導人派特·史東（Pat Stone）以及約翰·塞利格（John Selig）——兩人都在本次主題上有親身經歷。

十年前，派特的女兒向派特與她丈夫出櫃。大約一年之前，派特發現她自己也是同性戀，因此和結縭三十年的丈夫離婚，因爲她知道自己再也不可能繼續擔任她丈夫期望的妻子。她在訪談上說，她前夫認識了另一個人，她希望他這次能擁有一段幸福且圓滿的戀情。

約翰接過話頭說：「我的狀況不同，我的婚姻當時已經破裂了，是我妻子提出要離婚的。」他到了那個時候才終於向自己承認，他是同性戀。約翰理智且明確地表示，他希望人們不要再用刻板印象想像同性戀者的樣子了——「女性化、陰柔又花枝招展的男人，以及身穿黑色皮革衣又肌肉發達的女人」。他希望人們可以知道同性戀者有更多元的形象。舉例來說，他知之甚詳的一個形象是一位父親替他兒子擦傷的膝蓋貼創可貼——而他正好就是一位同性戀。

約翰離婚時他的兒子年紀還小，他選擇跟父親一起住。約翰說，他永遠都會把兒子的幸福擺在第一位，他兒子現在已經長大成人了——他現在二十一歲，交了女朋友，「充滿百分之一百二十的男子氣概」。約翰、他兒子、兒子的女友以及女友的家長都處得很好。

約翰回想起他兒子在幾年前曾帶一位朋友回家過夜。那位朋友知道約翰是同性戀，他問：「你爸爸應該不會半夜跑進來我們房間吧？」

約翰的兒子回答：「我媽媽是一位性感又魅力十足的小姐。如果我們今天是住在她家，你還會問我媽媽會不會半夜進來房間嗎？」這孩子真是棒極了。

我在費城認識了查克與傑，在他們身上再次看到了真正的正面家庭價值。他們招待我去費城美術館參觀——裡面有好多動人的印象派藝術品，我看得開心極了。接著，我們中午在美術館的餐廳和傑的女兒珍一起吃午餐。這段期間大學放春假，所以她回到了費城——她是一名可愛的年輕女人，活潑友善，正專心致志地計畫要鑽研民權法。

傑和他的妻子離婚時，珍四歲。兩人幾乎在離婚後就一直維持著友好的關係，他們希望女兒能知道，兩位家長都是愛她的。珍在爸爸和媽媽家裡都有自己的房間，傑一直和前妻以及前妻的親戚維持著友好且緊密的聯絡。我能看出珍有多愛她爸爸與查克。很顯然的，她非常欽慕與尊重他們兩人充滿關愛與承諾的情感。

我們在哈佛西湖中學討論到同性戀家長一事，讓我想起了我曾讀過幾篇有關於同性戀伴侶領養孩子的好消息；這一類的消息最近愈來愈多了。紐澤西州顯然是個開明的州，他們近日剛通過法案，讓同性戀伴侶有權能領養小孩。在其中一篇相關報導中提到了一位女人，她說她來自一個自稱爲「捍衛家庭」的組織，他們反對同性戀領養小孩。她說這麼做是自私的剝奪了孩子最需要的事物——一位母親和一位父親。

對我而言，真正想要捍衛家庭的話，應該要理解孩子需要的是一位或兩位家長，能夠無條件地愛他們、給他們一個安全的家，家裡面充滿了愛、喜悅、歡笑與精神上的鼓勵。更進一步來說，異性戀伴侶時常在毫無計畫的狀況下懷孕，但同性戀伴侶則不同，他們必須克服許多問題才能成爲家長。他們的孩子是受到真心期待的，他們也是真正的家庭。

有鑑於許多失能與施暴的家庭中都有一個媽媽與一個爸爸，所以很顯然的，異性戀者的這項人格特質並非作爲好家長的必要條件。

我最近認識了一位在同性戀報紙上發表文章的女人，她告訴我，她和她的伴侶有四個小孩。她們的女兒必須在學校裡向兩位好朋友解釋這件事。女兒告訴朋友說，她有兩個媽咪，兩位朋友的回答是：「喔，那很不錯嘛。」

不久前，我在紐奧良認識了一位男人，他是一位同性戀，也是一位養父。他告訴我他經歷的精采故事：「三年前，我領養了一位十二歲的孩子，他知道自己的姓氏怎麼拼寫，但這大概就是他那時唯一會拼寫的字了。州政府說他是『特教生』——但他會變成這樣的真正原因，是因爲他過去被虐待過，並且對處方用藥上癮。過了三年後，他現在上了國三，愈來愈多科目的成績是『優』和『良』，他發展得好極了。他會彈奏五種樂器，還會跳踢踏舞，P-FLAG的每個人都好愛他。他在小時候被父母虐待，有四年的時間都在政府系統中被踢皮球，在我領養他之前，他待過兩個寄養家庭和四個機構，他那時嚇壞了，簡直就像從波士尼亞來的小孩一樣。

現在的他有可能會在未來變成一位醫學博士——他有志於此。他在這三年內從幼稚園一路讀到了國三。」

接著，這位傑出的爸爸笑著加了一句：「就我所知，他會成爲異性戀。」

我回答：「他可以成爲任何他想要成爲的樣子。」

我心目中的最新英雄（我認識了好多英雄）表示同意，並以如音樂般動聽的鄉村口音說：「我的孩子願意接納每一個人，每一個人都愛他。」

我在美國南方認識的兩個男人告訴我，他們有兩個領養的孩子——一位六歲的男孩和一位兩歲的女孩——這兩個孩子爲他們的生命帶來了無盡喜悅。我詢問他們是否有照片，他們驕傲地拿出那兩個孩子開心笑著的照片給我看——兩個孩子都是黑人。我告訴他們，他們真的非常勇敢——白人同性戀伴侶住在美國南方並領養了黑人小孩。他們說這根本不成問題。兩個男人中的其中一人是「愛心媽媽」，會到學校去協助校內活動。在我們認識的前一天，他出席了一場派對，幾個男孩問他六歲的兒子：「爲什麼你是黑人，你爸是白人？」

他的兒子說：「我有一個生母，但我不認識她，所以我有兩個爸爸。行嗎？」

每當回想起他們的家庭以及所住的社區能夠教導並實踐愛與包容，我就覺得滿心驕傲。我由衷認爲這些寬容的社區代表了美國的多數人。我確信那些偏執的人是這個社會中較邊緣的少數。

事實上，其中一名起身發言的同性戀學生也提起了這一點，他說多數異性戀同儕都很尊重他。但其中有一名學生顯然特別偏執又好戰。

另一個學生說，他認為或許那種偏執的態度來自於那位學生他自己的性傾向帶來的不安全感；那位學生為了要抵銷這種感覺，所以試著想要表現出自己充滿男子氣概又態度惡劣。這讓我想到莎士比亞的一句台詞：「以我之見，那女的表現得倒像是此地無銀三百兩。」

另一位異性戀學生問了以下的問題。他說他曾試著和一位同學談論包容接納，但對方卻長篇大論地回應他說同性戀有多麼不道德。他想知道，有沒有什麼方法能和偏執的同儕做理性的討論。

艾倫思考片刻，回答道：「你很難和不理性的人做理性的討倫，在他們認為自己是對的而你是錯的的時候尤其如此。我不知道繼續討論下去會有什麼結果，而且……」她嘆了一口氣，「有時候那些人躲在宗教與聖經後面，說起這件事我就滿腹牢騷，還是別提了。」但艾倫還是提了，她說：「有許多心中充滿仇恨的人都會引用神和聖經的話，藉此合理化他們仇恨的舉動，這樣的行為與我所相信的神完全相反——神是愛。」

許多年輕人同意地點頭。艾倫說，有些人透過引用聖經中的特定篇章來合理化自己的偏執，卻忽略了其他篇章——事實上其他篇章並不支持他們的論點。她也質疑我們是否真的應該用狹隘的方式解讀上千年前訂定的規定，並逐字逐句地遵守。「經過幾次訪談之後，我知道就算有一個人拿著錄音帶坐在我身旁，把我說的每字每句都錄下來，最後寫出來的文章還是有可能會錯誤引用我說的話。……在耶穌面前的人可是拿著鑿子想要把耶穌說的話寫在石頭上呢。他必定會在轉譯時漏掉某些東西的。」

大家都笑了。

在我們一起大笑的同時，我在心中默默思索著這個複雜的議題。

許多讀者在閱讀這本書之前，應該已經從家庭成員出櫃的經驗得知，同性戀議題有時會使你開始質疑宗教過去教導你的價值。這是非常私人的話題，我並不打算告訴你應該相信什麼、要如何相信什麼。基於相同的理由，我警覺到如今極端分子團體發表的言論變得愈來愈尖銳了，他們盡一切所能想要命令你應該相信什麼、要如何相信什麼。由於我個人的信仰價值觀，我覺得我有必要站出來反駁這些虛偽的訊息。

羅患愛滋病的社運人士瑪莉．費雪送了一本她所寫的《我們之中的天使》（*Angels in Our Midst*）給我，我在書中看到這封信：

親愛的瑪莉：

我是一名母親，也是一名祖母，我的女兒和孫子都檢驗出了ＨＩＶ陽性。距離我得知她們感染已經七個月了。我愛她們至深。

我當時覺得我應該要尋求他人的支持，並認為最適合尋求支持的地方莫過於神之家，也就是我做禮拜的教堂了，我已記不得我是多少年前進入這間教堂的了，我平常會在這裡的主日學校教導小孩和年輕人。我覺得這些人應該會在我經歷如此嚴厲的考驗時繼續愛著我。但事實卻很殘酷，教堂中的兄弟姊妹們大多在面對我與我的家人時緊閉心扉，也緊閉家裡的大門，不願放開心胸與我們溝通。我現在覺得無比孤獨，有時甚至會感覺好像這個世界把我隔絕在外，沒有任何人能幫助我回去。事情會隨著時間流逝而變得比較輕鬆嗎？

他們竟然還稱自己為基督徒？他們怎麼可以這麼無情呢？他們聲稱自己要追隨神，那麼他們怎麼能夠做出這種嚴重偏離神的教導的事？

社運人士保羅・莫奈（Paul Monette）針對「一個沉迷於聖戰與種族屠殺的世界」寫了一篇文章。在提到使同性戀者更受矚目的社會運動時，他說他的一位朋友「擔心受到強烈反對，直覺地認爲宗教會使人做出野蠻的事」。莫奈在文章中用了「順從的基督徒」（Stepford Christians）與「基督徒至上主義者」（Christian

Supremacists）這兩個詞。

這世界上處處都是開明的基督徒，他們願意敞開心胸擁抱愛的教育，不會被煽動人心的浮誇言語所騙，這些浮誇言語有些來自於電視上的傳道者，他們主要傳達的訊息好像只有「寄錢來」。我還記得有一天晚上我在不停轉台挑節目時，在電視上看到某個「基督徒」電視台，一位神職人員激動地說：「就是現在，神的孩子啊，現在就寄一千美元來吧。」他一直說「神的孩子」。對於那些心神不夠警覺的人來說，這句話傳達了很巧妙的訊息。事實上，我們每個人都是神的孩子，我們不需要寄一千元給任何人證明這件事。

最重要的是，這世上沒有任何一個人或任何一個團體可以壟斷神或者信仰。我很欣賞出櫃影集播出之後收到的一封信，寄件者在信中描述了她的觀點以及彼此尊重的哲學：

你好，首先我要說的是我是一位三十六歲的黑人女性，我覺得這齣影集非常有趣。艾倫的才華洋溢，我深愛這齣影集。我完全沒有因為影集的主題而感到生氣。這是我第一次看艾倫的影集。我曾看過她的脫口秀表演……簡直太神了。同性戀、異性戀、黑人或白人，這些特性都與一個人本身的個性無關。我的教堂教導我們當同性戀是錯的，但這得由她自己來面對。我或者任何人都沒有權利批評任何人是怎麼樣的人，這不是我們該做的事。做自己該做的事。艾倫是一位有趣的人，祝福她一切都好。

這才是真正基督徒會有的態度，與之形成強烈對比的是我的好朋友，同為社運人士也是心理醫師的吉姆．高登（Jim Gordon）給我看的一封惱人信件。那是一位浸信會牧師寫給同性戀雜誌的信件，裡面含括了許多虛浮誇大的言詞，例如「這種令人厭惡的性慾倒錯」、「那些人成為這種生活型態的奴隸，覺得自己無法逃離，又或者他們知道自己其實可以變回正常人」，還有「學來的罪惡行為」。要不是他的這句評論「我愛你們的人，但我恨你們的生活方式與邪惡性情。」過於惡毒，我幾乎都要覺得這封信很可笑了。

不論叫誰來定義，那都不會是愛。在這些含糊其辭的話語背後，他真正說的話其實是：「我們唾棄你們，我們要散播憤恨、恐懼、無知以及宗教極端分子至上的信條。」

閱讀這些自稱為神職人員的人所發表的虛偽言論對我來說是一件很難過的事，因為我在美國各處認識了許多極其傑出的同性戀者——男人和女人，兒子與女兒，母親與父親，姊妹與兄弟——他們在各行各業都表現得很出色，對我們的社會有很大的貢獻。

不過，在我們所處的這個「人人生而平等」的國家中，最重要的事情之一就是言論自由。因此，我們必須容忍某些極端分子大聲咆哮。但因爲我們也擁有言論自由，所以我們也必須在適當時機予以回覆。

如今右翼的宗教極端分子把他們過剩的精力與財力用於高聲怒罵其他人私底下在自己家裡做什麼事，如果他們能把這些精力與財力都用在真正對家庭有益的事情上的話，豈不是很棒嗎？不久前，《洛杉磯時報》（*Los Angeles Times*）上的一篇文章描述了橘郡社會福利系統中的眾多犧牲者——這可以說是真實生活中的恐怖故事。文章提到有一位母親生了五個帶有毒癮的小嬰兒，五個嬰兒的父親都是不同人，每一位父親如今都在不同州的監獄之中。

在孩童虐待的案例中，每五個案例就有四個案例的父親或母親是染上毒癮的人。現在基本教義派的信徒有事可做了。可以去聲討那些虐待孩童的家長；教育那些生下的孩子有不同父親的女人；聲討毒販與癮君子。目前橘郡有四千六百多位孩童受到郡政府的保護。統計結果非常驚人：從一九九零年至今，被轉交到這些法庭的孩童案件增加了百分之五十四。

此外，還有孩子和槍的可怕現象。有些孩子把武器帶到學校去殺害同學。全國各地都有類似的事件在發生，就連那些居民「全都是美國人」而且他們自認爲「這裡絕不可能發生那種事」的小鎮也不能倖免。在看到這些無辜的孩童被奪去生命時，這些人怎麼沒有公開強烈抗議呢？試想這些傳道人士能在這一類的事情上做出多大的貢獻。在他們執意聲討同性戀的同時，市中心的貧民區很需要幫助——光是在洛杉磯郡裡就有五萬八千多名幫派成員。

如果我們需要一個榜樣讓我們知道要如何改變這些孩子的人生，只要想想那位同性戀養父就足夠了，他把一位有毒癮的男孩——一個幾乎快要被政府系統認定為無可救藥並放棄的孩子——變成了多才多藝的好學生。

每當聽到有人質疑充滿仇恨的言論時，我都會深受鼓舞。我在美國南部的時候，聽說有一對浸信會的夫妻不再去他們常去的那間教堂，因為他們的牧師用羞辱人的話描述他們的同性戀兒子。

在亞特蘭大的人權戰線晚餐會上，我認識了海洛伊絲，她是一位非裔美國人，也是一位母親。用餐時，她和她的同性戀兒子就坐在我旁邊。他的舉止得宜，事業成功，他的母親愛他一如愛另外兩個孩子。在談到其他以宗教為由拒絕接受同性戀子女的母親時，海洛伊絲說：「啊，我們要為他們禱告。」

宗教永遠都不該是一個人不愛另一個人的藉口。我就是這麼告訴我在美國中西部認識的一名年輕女同性戀者的，她告訴我說：「我媽媽不願意和我扯上任何關係——她是天主教徒。」

我湊巧認識許多信奉天主教的父母，他們都全心接納了他們的同性戀子女。在紐奧良的一場P-FLAG活動上，有一位虔誠的女天主教徒，她每天早上都會做彌撒，是十個孩子的母親。在十個孩子中，有三個孩子是同性戀，所以她在P-FLAG非常活躍，但這與她的宗教信仰並沒有衝突。另一位天主教徒母親在最一開始發現五個孩子中有四個孩子（三個兒子一個女兒）是同性戀時，她覺得難以接受。她去找神父討論此事，神父告訴她：「支持妳的孩子。」

在我的原生家庭中，我母親在晚年回歸了天主教堂，依舊打從心底接納她的孫女。我的姊姊海倫也是天主教會中非常活躍的教徒，她同樣由衷支持她的姪女。海倫最近寄了耶穌會的雜誌《美國》（*America*）中的一篇報導給我，主題是對於同性戀的最新觀點。報導標題爲「同性戀議題與天主教的全國對話」，內容描述了一場論壇，共有六百五十人——來自四十州的各個年齡層男女——聚集在一起聆聽神學家、主教、心理學家等人討論這個議題。一位修女表示她很擔心天主教徒和社會大眾——尤其因爲社會上有很多人會歧視同性戀者，甚至暴力相向。她認爲同性戀者應該與異性戀者一樣有權利受到法律的平等保護。

這篇文章引用了反暴力計畫的全美聯盟近日提出的統計數據，自從一九九五年開始，針對同性戀者的暴力事件不斷增加。一位神父提起了同性戀者在職場與買屋時受到的歧視待遇，並且進一步地勸告社會應該公平地對待「被輕視的少數人」。

對激進主義來說，他所說的話是個很棒的提議。因此，在一九九八年一月，我前往緬因州波特蘭協助「緬因州不歧視」（Maine Wont' Discriminate）的宣傳活動，這是最值得紀念的人權戰線旅程之一。

緬因州通過了一項以性傾向爲基礎的反歧視法案，成爲全美第十一個通過類似法案的州，但緊接著就有一個宗教極端團體鑽了一個從沒被用過的漏洞，蒐集到足夠的簽名，要求緬因州再次投票，想要顛覆這個法案。所謂可憐的輸家。

我和人權戰線的蘇珊娜·薩爾金德；先前在人權戰線活動上認識、個性熱情奔放又討人喜歡的新朋友瑪莎·費雪；以及瑪莎的密友亞德利安一起前往波特蘭。我們在波特蘭很幸運地能夠住在伊莎貝兒·斯邁爾斯所經營的石榴旅社中，這間旅館擁有我見過最棒的床和早餐。（斯邁爾斯真是個有福氣的名字！[1]）伊莎貝兒曾經營過一間骨董店，她和已逝的丈夫喜歡蒐集藝術品，因此小旅館裡面擺滿了精緻的家具與藝術品。

在我們住進去之後，周遭就遭遇了當季以來第二大的暴雪與冰雹。我們被大雪困在石榴旅舍裡了。

旅社裡友善的人大大彌補了天氣帶來的不便。週六早上，旅館對街的每間房子都停電了，因此左鄰右舍都溜進了伊莎貝兒的廚房裡。我們似乎全都被吸引到廚房了——客人、朋友和陌生人都一樣。伊莎貝兒要鄰居們自己處理早餐，他們也照做了。其中一個男人替其他人煮了炒蛋。沒過多久，我們就全都成了老朋友，三五成群地聊著自己的故事。這大概是世上最美好的一場偶然聚會了。

其中一位客人——一位聲稱自己向來不和陌生人講話、來自波士頓的女士——聽說我們是來這裡協助「緬因州不歧視」的活動之後，她立刻簽了一張支票買下一瓶香檳！

兩個禮拜後，我在回洛杉磯的路上聽到了一個令人心碎的消息：緬因州的投票結果是要廢除原本可以保護同性戀者的反歧視法。惡劣的天氣以及宗教極端份子的欺騙性廣告導致了這場失敗。我坐下來，寫了下面這封信給《波特蘭先驅報》（*Portland Press Herald*）：

> 我剛剛在今天的《洛杉磯時報》上看到了一小則新聞：「緬因州成為美國第一個把維護同志權益法令廢除的州」。許多善良理智的緬因人都很努力地宣傳，希望能避免公義受到歪曲，我為他們深感痛心。報導引述了基督徒聯盟中一位領袖所說的話：「我們覺得棒極了。」閱讀這些文字讓我覺得很沉痛。這些人針對特定族群製造出歧視與仇恨後，竟然還表現得洋洋得意，我深深覺得「基督徒」這個詞語不應該出現在這樣的描述中。公正之戰是曠日廢時的爭鬥，我們每個人都應該謹記一件

---

1 斯邁爾斯原文爲Smiles，微笑之意。

事：美國人終究會站在公正的一方。

一個月過後，我接到了我在緬因州認識的新朋友寄來的一封信，這位朋友是孩子已長大成人的寡婦，信件如下：

我一直到投票結束之後才提筆寫信給妳，我本來以為這會是一封慶祝勝利的信件。唉，那些宗教狂熱、充滿仇恨的基督徒聯盟占了上風——但這只是暫時的。我依舊想要謝謝妳願意花那麼多的精力在「緬因州不歧視」上。大家都非常感謝妳。

在投票過後，這裡發生了第一樁同性戀霸凌事件——受害者是一位精神科醫師，他和他的伴侶領養了三個孩子——他們只想安靜地過生活。他在出門慢跑時遭到襲擊，被打得很慘。接下來還會發生什麼事？

我讀到信後覺得既難過又憤怒——我不只氣那些罪犯，也氣那些煽動罪犯的人。那些以宗教爲藉口而散播仇恨與批判的領導者與牧師應該負起重大責任。我想拜託每一位聽見這一類煽動性言論的人做一件很簡單的事：身爲一位母親兼平凡市民，我懇求你們每一個人，試著質疑責罵與處罰的意識形態。請記得耶穌的簡單指示：「彼此相愛。」

哈佛西湖中學的學生們繼續提出問題。這是一次非常不可思議的經驗。艾倫絕對樂在其中——她表現得幽默、一針見血、卓絕群倫。安也上台發言了，表現得一如往常的坦率。她說話時誠實、直接又滔滔不絕，這是只有她才能做到的事。

安在談到「如何與偏執的同儕溝通」時表達了不同的觀點。「你要記得一個道理，」她說，「人多勢眾——所以我們能從朋友中找到愈多支持者，我們就能讓更多願意傾聽的人來支持我們。你要說服的不是某個特定的人。……你可以這麼想——」安對艾倫點點頭，解釋道，「艾倫曾說過：『我在爲兩千個觀眾表演的時候，如果前排有一個人沒有在笑——我會在意這件事。』請記得，還有其他一千九百九十九人可能會願意放開心胸聽你說話，願意支持包容與愛。所以，如果我們繼續讓所有人聚在一起，壯大同性戀與異性戀聯盟的話，一開始的那一個人很快就會覺得自己是少數、覺得不舒服。終有一天，他會體會到當初被他取笑的人是何感受。」

每個人都鼓掌歡呼。我們則再次爲諾亞以及其他同樣是活動者的同學們鼓掌歡呼。

社會運動總是伴隨著風險。曾有一位非裔美國記者告訴我一個令我印象深刻的故事，他說，他社區中的某些人因爲他同理同性戀者而批評他。他相信黑人公民權運動與同志平權運動有非常相似的地方。「每當我聽到非裔美國人對同性戀者發表偏見時，」他說，「我都會告訴他們要小心如今說的話，因爲在十年之後再次回首，他們會發現自己講的話就像以前喬治·華勒斯（George Wallace）曾對我們說的話。」

在好幾年前的華盛頓同志遊行上，一位非裔美國人舉著一個牌子，上面寫著「我是異性戀，但我不狹隘」，遊行中有記者訪問了他。當被問及爲什麼他認爲在同志遊行中表示團結是一件重要的事時，他說：「那些恨他們的人也同樣恨我們。如果我不在他人受到迫害時站出來的話，那麼等到我受迫害時，又有誰會站出來呢？」

社運活動也有很多種形式——對於同性戀者而言，出櫃也算是其中一種。出櫃帶來的風險並不只是被家庭拒絕而已，正如我收到的這封信寫描述的：

一九七三年是我就讀大學的最後一年，我在那一年出櫃了。我媽媽難以接受這件事。……漫長而痛苦的幾年過去了，我們終於和彼此和解。

一九八五年，我失去了在心臟監控實驗室擔任主管的大好工作……因為我是同性戀。所以……我知道出櫃是一件多麼艱難的事。但我們必須鍥而不捨地嘗試，讓追隨我們腳步的人能走得更輕鬆一點。

達拉斯一份同性戀報紙上刊出了下面這封信件：

我在兩年前因為性傾向而被開除了。自從我丟掉工作後，我們開始面臨許多經濟問題。……在我失去工作之前，我只想要安安靜靜地生活，讓「激進分子」和「政客」替我的權益奮鬥。現在我也是他們之中的一分子了。參與社會運動治癒了我的心理傷痛，也使我的眼界更加開闊，我認識了許多美好的人，若非參與社會運動我絕對不會認識他們：耶哈特．哈利葉特（Ehrhardt Harryette，州議會議員）、我在P-FLAG的家人還有貝蒂．德傑尼勒斯等，在此就不一一列舉。

我們每個人都必須參戰，就算只是寫一封信、投一張票、打一通電話或者參加一場同志遊行也好。在這個社群中，沒有人應該無所事事地坐著，期待其他人能改正那些針對我們的錯誤。

對我們每個人來說，無論同性戀或者異性戀，最簡單的社會運動可以是和某位親友一起坐下來，開誠布公地聊天。正如一位英俊的年輕非裔美國男人曾說的：「我不是在要求我的父母爲同志平權奮鬥、去參加遊行或者替我辦一場派對。我只是希望他們能知道我是誰，如此一來，他們就不會詢問我什麼時候才會認識一個好女人然後結婚，我更希望他們能問我最近有沒有認識什麼合意的好男人。」

對於其他父母而言，例如對我來說，能夠挺身而出、爲同志平權奮鬥並參與遊行都是很重要的事。正如這句口號所說：「透過提高能見度來促進平權」。民調也顯示了相同的觀點：如果你認識同性戀者的話，你有非常大的機率較願意投票支持反歧視法案，也會大大降低恐同的機率。這就是爲什麼我們的同性戀兒女以及我們這些家庭成員的能見度愈高，我們就能愈順利地協助他們獲得平等權利。

我希望在不久後的某一天，這些值得敬佩的同性戀與異性戀聯盟將超出先進學校的範圍，讓整個社會都成爲這樣的聯盟。誰知道呢？正如艾倫曾說過的，未來終有一天我們回顧往事時，將會把她的出櫃視爲「毫無必要之舉」。因爲等到未來這個世界變得更加美好後，同性戀者將不再需要出櫃，因爲櫃子本身已不復存在。

我期待那一天的到來——屆時將不再有仇恨，我們將僅剩教導眾人何爲愛，孩子們成長時不會聽到任何人對他們的同性戀親友說出貶損的話語；我們之中較開明的那群人，不僅能夠跨越種族、膚色與宗教接納彼此，也將能跨越性傾向的藩籬。

第十一章

問答集

歡迎來到貝蒂的市民大會，你可以在這裡詢問任何想要詢問的問題，主題不限。或者應該說，至少你可以在此詢問其他人提問後被我選擇放在這裡的問題。

我把這樣的問答命名為市民大會是因爲已有許多不同人問過我這些主題各異的問題了，詢問時的態度從友善至敵對不一而足。讓我們先從比較常見的問題開始吧。

■為什麼出櫃是一件重要的事？

對於同性戀來說，出櫃不只是重要而已，應該是生命中不可或缺的行動。在多數同性戀者認爲踏出這健康的一步是安全之舉以前，我們這些生活在異性戀世界的人將永遠不會知道有多少受到我們喜歡與欽慕的朋友、鄰居與同事其實是同性戀者。

在美好未來的某一天——等到我們不再介意一個人是同性戀還是異性戀、等到你的同性戀同事能自豪地偕同伴侶出現在公司晚宴、能把愛人的照片放在辦公桌上——出櫃才會成爲無關緊要且我們再也無需討論的議題。這樣的世界該會有多幸福！這麼一來，我們的宗教領袖就可以把他們的時間與財力花在勸戒教徒遵守十誡上。他們可以邀請我們每個人，每一位神的孩子，和他們一起努力成爲更好的人——正直、忠誠且熱忱。

到時候，社會將接受青少年原本的模樣，他們將不再是惡作劇與辱罵的受害者。這樣的世界該有多美麗、多簡單呢！讓我們爲了這個目標而一起努力吧。給予所有人他們值得擁有的尊嚴。讓他們知道自己原本的樣子是好的。

這句引述自安東尼·特羅普特（Anthony Trollope）的話適用於我們每個人：「永遠不要認爲自己不夠好。人永遠不該這麼想。你的自我評斷會大幅影響其他人的看法。」

■最好的出櫃方式是什麼？

誠實地表達自己的立場沒有對錯之分。第一，記得什麼才是真正重要的事。對每一個家庭而言，最重要的是無條件地接納彼此、愛彼此與支持彼此。近日美國天主教主教會（National Conference of Catholic Bishops）也肯定了這個觀點：重要的是我們應該在我們的孩子、家長或者手足出櫃時理解到，他們一點也沒有改變。他們只是贈與你一份誠實與愛的禮物，請求你能開始理解。

第二，有耐心。無論是同性戀還是異性戀，我們都需要花時間思考、反應和擔憂。在不經思索地說出會讓你在往後覺得後悔的話之前，我們應該要停下來，認真地傾聽彼此說的話。對異性戀家庭成員而言，我們可以藉由這個機會更加誠實地面對自己。

第三，歡慶你的誠實。出櫃的第一步需要勇氣，但接下來的每一步幾乎都會讓你心情振奮，感到一切是值得的。你會發現自己的生活還能變得更好，你會發現家人與朋友終將變得與你更親近，你會發現擁抱真實能帶給你多強烈的感動。

最後，這一路走來，在跨出每一步時都請你不要遲疑地尋求外援，利用能在圖書館、社區與P-FLAG這一類的組織找到的所有資源。

■什麼是P-FLAG?

P-FLAG是同志家屬親友會——同性戀的家長、親屬與朋友（Parents, Family, and Friends of Lesbians and Gays）——這是一個非常美好的支持組織，主要由同性戀者的父母與異性戀家庭成員組成。建立P-FLAG的人是一位勇氣可嘉的女人珍妮·曼佛德（Jeanne Manford）。一九七二年，她的兒子莫提在紐約市的政治晚宴上發送文宣時受到暴力毆打，自此之後，她就愈來愈積極地參與社會運動，鼓勵同性戀者的父母團結起來。大約在同一時間，愛黛兒．史塔（Adele Starr）與賴瑞．史塔（Larry Starr）因爲一位兒子是同性戀（他們共有四個孩子）在洛杉磯建立了父母支持組織，而後將組織擴展到全國的層級。如今全美有四百個P-FLAG分部。一般來說，每個分部會每月舉行一次聚會，組成非正式的討論小組，接著請外界嘉賓爲小組做演講。P-FLAG也爲家庭不接受的同性戀者提供支持；許多同性戀者參與聚會是爲了學習如何和頑固的家庭成員溝通。

在P-FLAG中，我認識了許多和我一樣自豪的父母。佩姬．歐爾森（Peggy Olson）在洛杉磯當地刊物的主席寄語中寫道：「過去這十一年真是一趟驚異之旅！我在知道了兒子是同性戀後，踏入了一個嶄新的世界，我非常、非常感激P-FLAG的你們豐富了我的人生。」芝加哥的一位母親總是在衣服上別著一個大徽章，上面寫著：「我是P-FLAG媽媽。」每當有人問她那個徽章代表什麼意思時，她總是很樂意回答。

■ **在同性戀父母出櫃時，你對他們的孩子有什麼建議嗎？**

我對他們的建議和我對同性戀者的父母的建議一樣——你要知道他們依然是你熟知且深愛的父母；他們只是用更誠實的態度面對你。要有耐心，讓自己逐漸走過接納的過程。你可能不會一夜之間就接受這件事，但是，你的父母也一樣不是在一夜之間就接受這件事的；他或她可能爲此掙扎了很長一段時間。

只要家中的家庭氛圍充滿愛，或者更理想的狀況是，能有其他充滿愛的親戚時常出面的話，年紀較小的孩子會更容易理解自己要如何處理在家庭以外的地方遇到的偏見與無知。對較大的孩子或者已長大成人的孩子而言，經歷接納的過程是一件非常重要的事，請時時都要記得，你的父母會出櫃是因爲他或她再也無法活在謊言裡、維持虛假的表象了，誠實以對是一份珍貴的禮物。

■我為什麼需要知道其他人的性行為習慣？

你不需要知道這種事。這就是眾人時常會混淆的地方。當你知道某個你認識的人是同性戀時，你不會知道他或她的任何性行爲習慣。他人的性行爲習慣全然不關我們的事——正如你自己的性行爲習慣全然不關其他人的事。我聽過有人說，「異性戀」（heterosexual）這個字的重音要放在「異」（hetero），而「同性戀」（homosexual）這個字的重音要放在「性」（sexual）。我們這個社會竟然會沉迷於此，實在是一件憾事。在經過了無數世代之後，我們內心深處依舊像清教徒一樣崇尚禁慾。禁慾又沉迷於性——真是奇妙的組合！我認爲性行爲在相愛並互相承諾的同性戀伴侶心中的重要性，無異於性行爲在相愛並互相承諾的異性戀伴侶心中的重要性，不多也不少。

不久之前，我聽到了傑出的非裔美國作家托妮．莫里森（Toni Morrison）在《六十分鐘》（*60 Minutes*）受訪的那一集節目。她說：「在你知道了某個人的種族時，你會因此真正了解這個人的任何特質嗎？不會。」這句話無比真實，也可以套用在性傾向上。當你知道一個人的性傾向時，你會因此真正了解這個人的任何特質嗎？不會。這只是一項事實，不應該干涉我們對任何一個人的看法。

■那替別人出櫃呢？

就我所能想的所有面向來說，這麼做都是非常錯誤的。我知道出櫃是一個健康且正面的舉動。然而出櫃應該由要出櫃的那個人覺得自己已經準備好的時候，以他或她自己認爲適合的速度來出櫃。我認爲在他人尚未準備好的時候就替他人出櫃是一件非常殘忍的事。

我的朋友約翰．塞利格（John Selig）持不同的觀點，至少在某個特定領域中是如此。他說，如果某個民選官員是未出櫃的同性戀，並且投票反對反歧視法的話，那麼這位官員就應該由他人替他出櫃。事實上，我也贊同針對這種例外的處理方式。

■什麼是雙性戀？

我曾聽過的一個解釋是，雙性戀在尋找伴侶時，不像異性戀或同性戀一樣只在某一種特定性別中尋找。異性戀者在戀情與性傾向方面只會受到不同性別的人所吸引，同性戀在戀情與性傾向方面只會受到同樣性別的人所吸引，雙性戀則是會受到兩種性別的人所吸引。對於我們這些界線分明的人來說，或許會覺得有些難以理解。理論上來說，雙性戀就和其他人一樣，一旦他找到了生命中的真愛，他就會和那位真愛成爲一生的伴侶。

■跨性別是什麼意思？

《媽，我必須成爲女孩。》（*Mom, I Need to be a Girl*）這本書的主題就是跨性別者，我在最近收到了作者賈斯特．伊芙琳（Just Evelyn）寄給我的書，書中還附有一封短信：

我真的很感謝妳在推廣同性戀孩子的家庭支持上所付出的努力。跨性別孩子和他們的家庭也經歷了同樣的歧視，他們也一樣需要支持與理解。我想要把這本書送給妳，本書的主題是我跨性別的孩子，裡面描述了我們一路從痛苦走到喜悅的旅程。我們都同樣是母親，我相信妳一定會在心中看到我們之間的相似性，我們每個人的孩子都需要愛與包容。

P-FLAG中有一本資訊充足的協助小冊子就是在講這個主題，叫做「我們的跨性別孩子」。小冊子裡寫道，跨性別者的定義是：「一個人的性別認同……與傳統上期望的陽剛或陰柔不同。性別認同指的是一個人心中認爲自己是陽剛或陰柔、是男人或女人、是男孩或女孩。」性傾向的定義則是：「一個人會感受到相反性別、相同性別或兩種性別對自己具有性吸引力。」

■我們為什麼要區別和歸類？

好問題。我們可以好好當個人就好。然而，在我們能夠意識到並且包容同性戀之前，我們必須尊重地歸類，協助人們捨棄無知的流行語和刻板印象。有些人可能會過度「政治正確」。但話說回來，寧可謹慎一點比較好，不是嗎？「同性戀」可以指稱男同性戀與女同性戀，而「蕾絲邊」（lesbian）指的則是女同性戀。然而，爲了避免把其他人放進錯誤的歸類中，你應該要理解，認爲自己是雙性戀的人並不會自稱爲同性戀。跨性別者、變性者與易裝癖（transvestite）[1]也一樣，有可能是

1目前較政治正確的用法應爲「易裝者」（Cross dressing）。

同性戀，也有可能不是。

請留意，有些女同性戀者不喜歡「蕾絲邊」這個詞。對某些人來說，這三個字聽起來帶有疏離、異己之感，事實也的確如此，因爲這個詞的確來自於異域：希臘的萊斯博斯島（Lesbos），古時候占領該島的是一群強壯的女人。「酷兒」（Queer）這個字是過去用侮辱意味稱呼同性戀者的方式。現在有許多同性戀者——尤其是年輕的同性戀——會驕傲地用這個詞稱呼自己。

在談論到該用什麼方式才能禮貌地稱呼同性戀者的另一半時，我們又進入了另一個模糊不清的領域。「伴侶」（partner）這個字通常無論對男人或女人來說都適用。安和艾倫尚未結婚[2]，她們稱呼彼此爲「老婆」和「太太」。我稍早提到的兩位瑞克也尚未結婚，但他們稱呼彼此爲「老公」。在沒有長久承諾的狀況下，也會有人使用「女朋友」、「男朋友」或者「愛人」。

在談到要如何稱呼同性戀者及其伴侶時，我能提供的最好建議就是：如果你心存疑慮的話，只要問問他們喜歡什麼樣的稱呼就可以了。

■**同性戀是一種生活型態的選擇嗎？**

幾乎不算是。一個人的性傾向並不是生活方式；而是生命本身的一種特性。至於確切來說是什麼原因決定一個人是否爲同性戀，目前還沒有絕對的答案。同性戀者是否生來如此？他們的基因序列是不是像許多人說的一樣「無法改變」？同性戀者會不會透過家庭成員，以基因或文化抑或是兩者皆有的方式傳遞給下一代？經驗和環境是否也有影響？他們能自己選擇嗎？

就我的觀察看來，基因與環境因子都會形塑我們的樣貌，極少有人會自己選擇成爲同性戀。在我認識的多數同性戀之中，他們是同性戀這件事都是一個既定事實，就像眼睛的顏色一樣。就像艾倫曾說的，同性戀是她的一部分，就像膚色一樣。

人權戰線的「出櫃資源指南（Resource Guide to Coming Out）」（只要打一通電話到華盛頓人權戰線就能拿到一本——本書最後有華盛頓人權戰線的電話與地址）上面寫道：

> 同性戀不是你的選擇；
> 是同性戀選擇了你——

2 安和艾倫的戀情於西元二千年八月結束，目前艾倫的配偶爲知名女演員波蒂亞．迪羅西（Portia de Rossi），兩人於二零零四年交往，於二零零八年結婚至今。

有些人會說同性戀是一種選擇，是爲了想要阻礙你與相同性別的人談感情。但花一分鐘想想這件事：被相同性別的人所吸引這件事，是你選擇的嗎？你爲什麼會這麼做？事實上，同性戀不是選擇，正如右撇子、藍色眼睛或者身爲異性戀一樣，這些都不是選擇。這是一種傾向，是你的一部分。你要選擇的，是如何過生活。

■同性戀有辦法招攬其他人變成同性戀嗎？

絕對沒辦法。如果有辦法的話，我大概會第一個申請變成同性戀吧！畢竟我現在認識愈來愈多同性戀的朋友了。我愛他們，但我毫無疑問地是一名異性戀者。社會無須擔心年輕人被傳染，因爲這不是真的。我們的傾向是天生的，我們會愛上什麼性別的人也是天生的。

■那同性戀的刻板印象又怎麼說？

那異性戀的刻板印象又怎麼說？異性戀的刻板印象有可能是一位滿身肌肉、充滿男子氣概的男人，或許還坐在一輛機車上。另一個刻板印象可能會是一位古銅膚色的帥氣年輕救生員。還有另一個可能是莎朗·史東（Sharon Stone）——典型的美人。但這些印象無法描述我們異性戀的所有人，不是嗎？同樣的，這個道理也可以套在同性戀的男人與女人身上。陰柔男同性戀與「男人婆」女同性戀的刻板印象正是如此——就只是個刻板印象。

這是爲什麼我們的同性戀家庭成員要出櫃的另一個重要理由——如此一來才能讓這個世界看見，我們之間有許多人都是同性戀，各行各業都有。同性戀者包括了警官、醫師、專業運動員、藝術家、模特兒、剝生蠔工人和吸塵器銷售員。

一位心理學家最近曾告訴我，艾倫讓她的生活變得輕鬆許多，無論是在個人生活上還是在事業上。在出櫃之前，她沒辦法指著一個人大聲說：「看好，她是同性戀，她很成功。」

■為什麼很多同性戀者的自我探索過程與接納過程都那麼困難？

請回想一下同性戀者從這個社會中接收到了什麼樣的訊息。在其他青少年留意到自己對不同性別的人有戀愛的感覺時，同性戀的孩子們慢慢發現自己不會喜歡上不同性別的人，他們只會對同性別的朋友產生戀愛的感覺。他們可能會聽到其他人用一大串羞辱的暱稱指稱同性戀。他們在做禮拜的教堂裡聽到牧師佈道時說他們這樣的人會下地獄受業火燃燒。

請你想像他們做何感想——困惑、恥辱、擔憂。他們只是過著神所給予的生活，但突然之間，他們就變成了歧視、偏見、仇恨與肢體暴力最喜歡瞄準的目標。

因此下一個問題就是……

■為什麼包容多元化這麼困難？

或者更準確的問題應是，爲什麼對某些人來說包容多元化這麼困難？願上帝保佑我們之中抱持著尊重與寬容心態的人。保佑那些開明的、理解我們並非全都是從同一個模子出來的、知道其他人類同胞各有不同的型態、樣貌與差異，並接納這個事實，而非試圖將其他人改變成和他們自己的型態、樣貌與差異相同的人。爲什麼我們不能人人都抱持著包容的心態呢？我覺得理由很明顯。我們並非生來就帶有偏見、仇恨或歧視。「你需要被細心教導。」

■要怎麼詢問孩子很難開口的問題？

曾有許多人問過我這個問題，答案遠遠不只一種。一般而言，詢問方法取決於你和兒女討論起這個問題時你的兒女幾歲。如果你的孩子已經成年了，較適當的方法應該是直截了當地詢問。我聽說過一位母親在認識她兒子的伴侶時，兒子介紹說那是「朋友」，這位母親慢慢和他變得熟悉，愈來愈喜歡他。當她的兒子與這位「朋友」一起住進一間單臥室的公寓時，她開始對這段友誼抱持懷疑的態度。她說，她兒子一直都很堅持要自己一個人睡一間臥室。她問：「兒子，你和他之間的感情是不是不只是朋友？」他誠實地回答：「沒錯，媽媽。」他的祕密和躲藏都可以就此結束，如今他的家庭都很歡迎他和他的伴侶。

我到科羅拉多州立大學演講時，其中一名歡迎我的傑出學生在我演講時想起了她出櫃時的事情，她說當時是一九九四年七月十九日下午四點（我真希望我的記憶也能那麼精確）。「事實上，」她說，「是我媽提出我是同性戀的。我們當時坐在餐桌前，討論我的一個朋友，我媽說：『她是同性戀，對不對？』我說：『我不知道——大概吧。』然後我媽說：『妳也是，對不對？』我不知道該怎麼回答，她說：『沒關係的。』我哭了起來，她又說：『我剛剛說了，沒關係的。』我說：『我知道，但這件事很重大——我從一年前就開始擔心要不要把這件事告訴妳了。』」

如果你在你孩子還是青少年時就開始起疑心的話，你可以試著協助你的孩子探索他們的感覺。很常見的狀況是，父母注意到了許多徵兆，但什麼也沒說。過了許多年後，當他們的兒女終於鼓起勇氣，誠實以對時，父母的回答卻是：「喔，我們之前就已經知道了。」要是父母能在孩子更年輕、還在經歷艱難的探索以及接納自我階段時就提起這個話題的話，該有多好，他們將能在許多方面幫自己的孩子一把。對於我們的同性戀兒子女兒來說，這是一孤獨且艱困的旅程。這又帶出了下一個好問題……

■為什麼我們的高中裡面會需要同性戀社團或者同性戀與異性戀學生聯盟？

若我們想要終結社會上這些可悲的偏執行為，這些社團會是很棒的起點。同性戀社團能讓我們的同性戀青少年有安全的地方可以相聚並且——在一個友善的環境中——和擁有相同經驗的人說出內心的擔心與憂慮。對他們來說，知道自己不孤單是很重要的一件事。

同性戀與異性戀聯盟是比同性戀社團更好的接納橋梁。我想要對哈佛西湖中學這一類的社群中的異性戀孩子脫帽致敬，他們足夠成熟、足夠聰穎，願意對他們的同性戀同學伸出援手，提供協助。令人難過的是，通常他們的作爲都遠遠好於自己學校的董事會，有的董事會會試著禁止學校成立這一類的正向社團。我們還要跨越很多的恐懼與無知！

在華盛頓特區，一位領導同性戀青年團體的年輕女人告訴我，有些成員的母親不支持他們，他們說：「我們需要一個貝蒂。」真是讓我受寵若驚——我變成了一種需求品了呢！

這些在全國各地如雨後春筍般冒出的傑出社團真的拯救了許多生命。有些反對的專家不認同統計提出的同性戀青少年的高自殺率與高憂鬱症罹患率，他們聲稱同性戀者遭受暴力對待的風險沒有比其他青少年高。他們錯了，理由很明顯也很令人心痛。看看同性戀青少年接收到的訊息：「你的感覺是錯誤的、不自然的、不正常的、罪惡的、令人厭惡的、畸形的。」

■**遇到意見不合的人時，我們有可能和對方進行健全的對話嗎？**

身為一位無可救藥的樂觀主義者，我會回答你這是可能的。「就算你的意見不同，也可以抱持友善的態度。」這句諺語可以是一個很棒的起始點。此外，尊重也會帶來很大的幫助——自重以及尊重他人及其信仰。

願意接納多元化的人所擁有的特質，和願意在意見不同時進行健全對話的人所擁有的特質相同——無論我們要討論的是種族、宗教、傾向、理想或者任何我們能想像得到的分歧意見。卡爾．榮格（Carl Jung）針對這個議題說過一個值得反覆提起的觀點：「所有他人身上會惹怒我們的特質，都能引領我們更加理解我們自己。」

■**我們要怎麼樣才能建立溝通的橋樑，接觸更多沒有同性戀親友的異性戀者？**

想要和異性戀者建立溝通橋樑的關鍵在於出櫃。當人們開始發現他們原本就認識的朋友、同事、店員和專業人士正好是同性戀時，他們的無知與恐懼自然而然地就會逐漸退去。

治癒恐同症的最佳解藥就是認識一位同性戀。如果你也深受這種「可治癒」的疾病所苦，你可以試著走出家門，拓展你的眼界。

在他人問我的問題中，有些比較私人。在一間大學演講過後，一位學生問我，我在網路上被求婚過幾次。零次，我回答，至少就我的印象中是零次啦！另一次的演講場合上，我被問及是否會考慮再婚，以及如果考慮再婚的話，我覺得怎麼樣的對象比較理想。

我的回答是：「我會仔細想一想，之後再給你答覆。」在仔細思考並確認了「理想」這個詞難以定義之後，我想到了適合的候選人可能要有的幾項特質。首先，他要受過良好的教育——自學或者傳統求學途徑皆可。思想開明、博覽群書、對許多事都感興趣——藝術、劇場、歷史、天文、旅行。外表好看、衣服品味不賴、健康、活潑、幽默感極佳。要是他能廚藝精湛那也不錯。當然啦，他應該要懂得品酒（oenophile），或者至少要知道這個字是什麼意思！如果他能擁有一艘帆船就更好了，或者擁有一棟海邊的房子也很棒。除此之外，他可以是個平凡的男人也沒有關係。

列完上述的條件之後，我必須同意凱薩琳．赫本（Katharine Hepburn）說的話。在前幾年，芭芭拉．華特斯（Barbara Walters）問她是否有興趣再和男人發展一段新戀情，赫本小姐回答：「這個嘛，到了我這個年紀，我已經沒辦法吸引到叢林裡最強壯的獅子了，所以我何必庸人自擾呢？」我與她所見略同。

有些人問的私人問題比較嚴肅一些，例如下面這些問題。

■**你覺得自己是算是信教的人嗎？**

我是，但我並不會嚴格遵守某個宗教的教條——當然更不信奉那種想要控制教徒的想法與理念的宗教。我很欣賞聖經，我禱告時會取用詩篇、主禱文、八福（Beatitudes）以及許多耶穌的美好教誨。我常和艾倫以及安討論這件事，我像她們一樣，我每天都在不斷嘗試著做自己認爲正確的事情。我們感謝上帝賜予我們每一天，也感謝祂保佑我們。

■**你的新角色是否讓你對你自己的人生有新的觀點？**

絕對有。我的新角色從一開始到現在都使我的生命不斷往好的方向改變、受到挑戰並獲得獎賞。這個新角色讓我的人生與每一天都有了一個明確的方向與目標，這是我從來都沒有體會過的。我透過家長、女人以及關心全人類權益的人的角色得到了強而有力的經歷，是我學到許多事物並獲得成長。我的「天線」被調到了正確的頻率，因此我能愈來愈敏銳地留意到不公義出現在何處、以何種形式出現。

我發現我心中擁有非常有力的觀點，我可以參與辯論，不會因爲這裡或那裡丟來幾句負面評語就想要崩潰。這樣的改變以及無論到何處都能感受到的愛，兩者一起創造出一種嶄新的力量感。我正在體驗一句十分古老的諺語：遇到比以往更艱難的挑戰時，我們將會愈戰愈勇。

■ **以一位平凡媽媽的角度來看，妳覺得對於那些只想和平理性對話的人來說，用和平理性的聲音溝通是否能讓他們比較願意聽進去？**

我覺得似乎是如此——全國各地都有許多像我一樣的媽媽與爸爸在各地的P-FLAG分部積極參與活動，他們會在學校和民間社團中演講，並因此成功地散布出同樣的訊息：我們的同性戀子女需要他人以公正平等的態度對待他們。

此外，我覺得由於艾倫和我展現出我們在母女關係中獲得很大的助益，因此其他孩子和家長可能開始會注意到自己是不是錯過了什麼。我聽過一個故事，有一位參加人權戰線晚宴的男人正好坐在艾倫、安和我的後方。在聽到我的演講以及隨後的艾倫的演講之後，他馬上走了出去，打電話給他媽媽並向她出櫃。他的媽媽欣然接受了。

■ **在妳學到的事物中，妳最想要和其他同性戀的父母分享什麼事？**

最重要的是，我學到了沒有任何東西比父母的愛更重要、更受到渴求。那些被父母拒絕的同性戀者在告訴我這件事時，他們眼裡的哀傷已超越我能描述的範圍了。我希望這些父母能知道，他們的子女是我認識過的人之中最好的那一群人。現在開始重新檢視自己的內心還不算太遲，請你重新讓孩子回到家庭裡吧。一句土耳其的諺語說得很好：「無論你在錯誤的路上走了多遠，你都應該要回頭。」

放下過去的重擔，
讓你對真實未來的願景引領你前進。
——狄帕克・喬布拉

後記

重點在於「愛」

一九九八年，洛杉磯

一九九八年五月二十日。這天是我的生日，我已經被祝賀整整一個禮拜的時間了。生日的最高潮就是這個時候，在長春藤餐廳和我世上最愛的三個人相聚——范斯、艾倫和安，他們請我吃這一頓晚餐，之後還要趕去安的新電影《刺激1998》（*Return to Paradise*）的放映會。

對我們紐奧良人來說，長春藤餐廳的路易斯安那州菜餚以及討人喜歡的「新南方」裝潢帶給我們的是像家一樣的感覺。這裡一直都是特殊聚會的好地點。

在晚餐上，安宣布了一件事。「媽，」她開口道，「妳知道兩個禮拜之後有一場《六天七夜》（*Six Days Seven Night*）首映會嗎？」

「在紐約，」艾倫有些悶悶不樂地插嘴說，「我不能去。」

「爲什麼不能去？」我擔心地問。

艾倫和安解釋了起來。艾倫才剛開始拍攝由朗·霍華執導的電影《艾德私人頻道》（*Ed TV*）。她說，她不可能有時間能從拍攝日程中擠出時間的。

在我還沒替她們兩個感到太過難過之前，安就繼續道：「所以我想要知道，妳和范斯願不願意和我一起去，當我的保鑣呢？我想說的是，你們都是我的家人，要是你們能跟我一起去的話，對我來說意義重大。」

范斯和我對看一眼，表情都又驚又喜，接著我們告訴安：「這是我們的榮幸。」

我們開始計畫行程，包括是否有可能和她一起搭乘私人飛機過去。當然啦，我知道有愈來愈多名人喜歡在工作的時候享受這種額外利益。不過前提自然是他們還沒有買一台自己的私人飛機。

（看看我這麼習以爲常的樣子——我以前還很崇拜明星呢，現在就變成特權階級了。）

這是我這輩子第一次搭私人飛機。最近我經歷了愈來愈多的第一次。最近這幾年過得實在很順利。

我們談論起工作上的其他計畫。艾倫正在商量能否在史蒂芬．史匹柏（Steven Spielberg）製作的《情有千千結》（*Love Letter*）中和凱蒂．卡普蕭（Kate Capshaw）演對手戲。還有安的下一部電影，《驚魂記》的重製版，她要演的是珍妮特．利（Janet Leigh）的角色。

范斯說：「聽說他們要改動一個小細節，是真的嗎？他們好像不打算用刀子刺妳，我聽說他們打算讓兇手直接一拳揍在妳的肚子上。」

艾倫和我笑瘋了。安看起來有些疑惑——她還不太習慣范斯的幽默感。後來她很快抓到了另一個笑話的好笑之處，那時我們在討論電影《死囚走上路》（*Dead Man Walking*）[1]，范斯說：「我聽說他們要拍續集。片名叫做《病人跑上路》。」

這次我們三個人都一邊大笑一邊抱怨。

接著，范斯的態度轉為嚴肅，他詢問艾倫與安她們一直在做的志工狀況如何。她們做的志工是協助一些受到拒絕、虐待或者無家可歸的年輕同性戀者。艾倫和安每個禮拜都會和小組見面，主導創意討論會，協助他們重建自信，簡單地傳遞愛的訊息，不斷向這些年輕人強調他們值得被愛、他們也能幫助其他人。

我看著我的三個孩子微笑，由衷感謝我能坐在這裡，不只是為了慶祝這次生日，也是慶祝我們這四個受到祝福的人能擁有如此豐富的人生體驗。我回想起我的上一次生日，那次生日的高潮是觀賞艾倫創造歷史性一刻的表演。這一年我參加了好多不可思議的活動，我想起了其中的好幾場——有些活動讓人情緒激昂，有些活動讓人心情低落。

對我來說，最艱難的時刻大概就是去年夏末那段時間。一九九七年八月十九日，在成爲人權戰線全國出櫃計畫的發言人之前，我和姊姊海倫分別搭機飛到德州，臨時去拜訪奧德莉，她在數周前被診斷出罹患極爲少見且無法手術治療的癌症。這個消息不啻於晴天霹靂。在她被診斷出癌症之前，她的生活一直都非常活躍又健康——無論在教堂或社區都是，她有時會和丈夫包柏出門旅遊，時常帶上八位曾孫中的其中一位或者數位一起旅行。

疾病很快就對她造成了嚴重的影響。我在看到她時必須隱藏起震驚的神色。海倫說我隱藏得很好。雖然奧德莉的身體狀況衰弱不堪，但她臉上依然掛著一如往常的微笑。只要她覺得有力氣，我們三個人就會花上所有時間一起聊天，我們坐在能夠望見海灘的日光房裡，追憶所有重要或不重要的大小事。

在八個月前，奧德莉分別給了海倫和我一人一本名爲《姊妹》（*Sisters*）的書，書中充滿了我們姊妹的照片以及她寫的有關於我們三姊妹的短文。她在我的書本上寫道：「給我美好的小妹——來自『永遠居中』的姊姊。愛妳的奧德莉。」

在我們相聚的時候，我回想起我們之間的連結有多緊密，而我們的生活

1 中文電影名爲《越過死亡線》，爲求傳達范斯的笑話故譯爲《死囚走上路》。

有多麼不同。

我最年長的姊姊海倫一點也沒有變過——她從小就親切、體貼、嚴肅又好學。海倫在路易斯安那州立大學念書時雙主修演講與西班牙文。她的三個兒子還年輕時，她從帕斯克里斯帝通勤到哈提斯堡的南密西西比大學，攻讀西班牙文語法文的碩士學位。她在格爾夫海岸的天主教男子寄宿學校聖斯坦尼斯洛斯中教了好幾年的西班牙文與法文。

在教學生涯中，她發現了梭織的藝術，很快就成立了自己的工作室，生意很不錯——做外套、披肩和餐具墊；接受客製訂單；以及梭織教學。在她從聖斯坦尼斯洛斯退休後，她變得更加忙碌，一直到近日才逐漸閒散下來，爲的是能把更多時間投注在當地小學的家教上。此外，海倫也是一位才華洋溢的作家。我好愛她寫的詩。

海倫的個性善良且大度，她花了好幾年的時間與第一任丈夫的酒癮搏鬥。她的第一任丈夫是一位出色的工程師，也是個善良的好人，但卻變成了酒精的奴隸。酒癮毀了他與他們的婚姻。海倫在單身數年之後和瑞涅結婚，瑞涅是一位比海倫大了二十歲的多年好友。他們過了三年幸福快樂的日子，直至他的死亡將兩人分開。年齡的差距並不是一件很重要的事。爲什麼年齡的差距應該要是重要的？畢竟，最重要的應該是愛。

奧德莉——她總是我們三人中最活潑、最興奮的一個，她的臉上永遠都帶著微笑，永遠都準備好要放聲大笑。奧德莉和我的大伯包柏．梅澤結褵已五十一年。她在路易斯安那州立大學時，認識了被美軍送去念書的包柏。包柏是個認真的的工程系學生，他之後會在伊利諾州西北大學埃文斯頓校區完成學位。我們家庭中其中一個有名的故事，就是包柏在認識奧德莉的時候曾告訴她：「我不太喜歡跳舞。」

「我也不太喜歡跳舞。」她說。

就在隔天校園報上的「最優秀」專欄中出現了奧德莉．菲佛的名字，她是學校裡最優秀的吉魯巴舞者。啊喔。包柏在之後很長一段時間都很喜歡講這個故事。

我曾告訴某人，我們三姊妹都有在工作，只有奧德莉沒有「真正的工作」。這句話不算屬實。她或許沒有從九點工作到五點，但她爲德州貝鎮的圖書館做宣傳；替許多集團做書本評論；替當地報紙寫文章；在德州媒體女人協會中十分活躍。除此之外，她和包柏兩人都會在貝鎮小劇場執導舞台劇——奧德莉甚至還寫過幾篇劇本。他們在聖公會教堂裡也非常活躍，奧德莉會依據聖經寫舞台劇並親自導演。後來，她對拼布被產生了興趣，加入了拼布被小組，做了好幾條美麗的被子。

在我的姊姊們和我聊到我們三個人參與的活動時，我說：「我猜我們這些人就是靜不下來，我們這些菲佛家的女孩子。」

奧德莉大笑著說：「我好像都能聽見媽媽說的話了：『忙碌的雙手才是快樂的雙手。』」

奧黛莉做完了「四季主題」拼布被組中的兩條被子——冬天和春天。如今春天那條被子現在就掛在我的床頭。

雖然這三天完美到不能再更完美了，但我們難免還是經歷了無比悲痛的時刻。這次我們的相處模式一如菲佛家的往常習慣，我們沒有討論到這可能是我們最後一次三人一起相聚了。

奧德莉顯然身體不適，十分痛苦，她睡得很多，但只要醒著，她時時刻刻都陪著我們。在這種時候，我們三個人會回憶各式各樣的事——既有愚蠢的事，也有溫柔親暱的事。我們聊我們的孩子——我們聊現在以及我們還是嬰兒的過去。奧德莉非常以我還有我將要做的工作爲傲。

雖然她已經病得很重了，但每天都還是有朋友來拜訪她。他們的聖公會神父也在某天來訪，他替奧德莉做的禱告真摯感人，我差點就痛哭失聲。

在我寫下這段文字的時候，我覺得非常想念她。我總覺得自己好像還能看見她那時的模樣，雖然她的狀況大不如前，不過還是很擔心每個人是否健康安好。我只希望在我的時刻到來的時候，我也能像她一樣勇敢又親切。

在我描述我的兩位姊姊時，我逐漸理解了她們兩人是多麼完美的楷模。我不確定我是否時時都有達到她們對自己的高標準要求，但我正努力嘗試，慢慢進步。

奧德莉在一九九七年九月六日過世，就在我去探望她的兩週後。海倫打電話來告訴我這件事的時候，我正在看黛安娜王妃的葬禮。好像整個世界都在遺失美好的人。

我搭機飛回貝鎮參加奧德莉的喪禮。他的神父在教堂裡唸著令人落淚的悼詞時，我想到了奧德莉對天使有多麼感興趣，還有她在最後那幾年曾說過，想要寫一本與天使有關的書。她沒有寫成那本書——但她現在也是天使之一了。

在生日當天坐在常春藤餐廳裡，我靜靜地回憶起從喪禮回來時，我正好來得及出席艾美獎，我在台下看著艾倫（和小組裡的其他人）一起收下頒給出櫃影集的最佳編劇獎。從低谷中的最低點到高峰上的最高點——對我來說就像是雲霄飛車一樣。當然還有介於中間的一些時刻，例如在兩個月前參加《艾倫》影集的最後拍攝日時心中的憂喜參半。

官方尚未確認《艾倫》是否被取消了，但所有的跡象都顯示結果會是如此。我還記得我在去雜貨店買東西的某個下午憂慮地想著這件事；走到櫃檯時，收銀員說：「我希望他們不要取消艾倫的影集。她是這個世界上最接近露西兒・鮑爾（Lucille Ball）的人了。」我自然非常贊同她說的話。但電視台與工作室的高層似乎在沸沸揚揚的爭執中把這件事給忘了。因此，看到有那麼多娛樂界的巨星參與最後一集影集實在令人感到欣慰，艾倫將最後一集稱爲「僞紀錄片」，拍攝的是她的職業與電視歷史的僞紀錄片。眾星雲集的演員名單包括了葛倫・克蘿絲（Glenn Close）、戴安・卡羅（Diahann Carroll）、碧雅・亞瑟（Bea Arthur）、辛蒂・克勞馥（Cindy Crawford）、提姆・康維（Tim Conway）、潔達・蘋姬・史密斯（Jada Pinkett Smith）、海倫・杭特（Helen Hunt）、克莉絲汀・拉蒂（Christine Lahti）、理查德・班傑明（Richard Benjamin）、泰德・丹森（Ted Danson）、瑪麗・史汀柏格（Mary Steenburgen）、朱麗安娜・瑪格麗絲（Julianna Margulies）、伍迪・哈里遜（Woody Harrelson）和琳達・艾勒比（Linda Ellerbee）擔任訪談記者。

因爲最後一集是插曲形式的影片，時長一小時，因此他們必須花好幾天的時間彩排與拍攝。我來探班好幾次，可以感覺到艾倫的壓力有多大。很顯然的，到了拍攝的最後一天她的感情都耗盡了。

最後一天的最後一個場景給了最適當的兩位固定班底——喬莉．費雪（Joely Fisher）與傑瑞米．皮文（Jeremy Piven）。這一幕是在諷刺露西與愛瑟兒知名的釀酒廠景。柯莉．路易斯（Clea Lewis）與大衛．希金斯（Dave Higgins）已經把有趣的部分拍完了。在最後一鏡拍完之後，打扮成懷孕農村婦女的艾倫開口對著演員與群眾說話。她簡單地開頭感謝他們的支持與傑出的工作態度。但很快地，她就心碎地哭了起來——片場裡的多數人也都哭了。她流著眼淚繼續說——她很抱歉有許多次週五晚上她都還沒有感謝辛苦工作的員工就急忙衝出去了，感謝他們無論是否同意她的立場都繼續在這裡工作並支持這齣影集，希望未來可能在某時某地大家還有機會能一起工作。這無疑是她這輩子做過的所有事情之中最艱難的一件，我的心都碎了。

製作人原本計畫請大家一起去吃午餐，但艾倫認爲她沒辦法整理好情緒出席。我和她一起離開拍攝現場，回到更衣室，在過去拍攝四季影集時，她總是穿越這扇門走進拍攝現場，又興高采烈地衝出這扇門，再跑到外面去向觀眾問好。這一次她穿越這扇門的目的地全然相反，她要離開這個舞台了。她在當下以及之後所感受到的悲傷深入骨髓，我無法用言語表達出來。

然而，沒有任何一件事能減損這齣影集帶來的成就——這齣影集爲了許許多多人打開門並帶來改變，包括了一些原本爲了影集帶出的議題苦苦掙扎的觀眾、思想開明的觀眾，以及不害怕每天直視我們生命中的同性戀家庭成員的人。

霍華德．羅森堡（Howard Rosenberg）在《洛杉磯時報》針對最後一集影集大佳讚許，他一針見血地指出艾倫的日常生活威脅到了反對同性戀且心懷偏見的人，這些人似乎覺得同性戀的樣貌只應該符合最極端的刻板印象。

他是對的；艾倫對任何人來說都不是威脅。事實上，她的良善與誠實，她討人喜歡又符合常規的舉動使得偏執的反對派卸下武裝。而且，正如我們四月前往倫敦時所見，她不只在美國造成了這樣的改變，而是在全世界。

前往倫敦的旅程是另一個高峰——她得到了英國國家廣播公司第四台的讚賞。在出櫃影集於英國初次播出之後，廣播第四台製作了一支紀錄片，內容是《艾倫》這齣創造歷史性一刻的影集的拍攝過程，以及艾倫、安和我搭機到倫敦參加爲期三天的節慶。雖然片長很短，但卻是一支很棒的介紹影片，使我想要再次拜訪英國並停留久一點的時間。

我們接受了皇室等級的接待，我覺得自己就像是皇太后一樣，我們參加的官方活動包括了英國國家廣播公司的媒體發表會、能俯瞰泰晤士河的晚餐會、還有一場電視台拍攝的大型慶典。

事實上，我們無論走到倫敦的哪個角落，都有許多人一直注意我們，並向我們傳達愛意。我們漫步經過蘇活區、柯芬園還有精品消費區的昂貴店家——讓我們稱之爲雙胞胎的兩人可以沉迷於她們最喜愛的消遣。我對於她們兩人簽名的數量之多感到非常驚訝。但她們依舊有餘裕買下一大堆漂亮的新衣服。兩人甚至連看都不看標籤上的價格一眼。在經濟大蕭條中成長的我看了價格，卻更加頭暈目眩。艾倫說：「妳何必看價格呢？在他們問妳『需不需要喝點什麼？』的時候妳就知道妳一定會花一大堆錢了呀。」

我們在倫敦的最後一天，我從飯店走到白金漢宮，一路上拍了好多照片。接著因爲時間不夠用了，我和我們的司機以及其中一位保鑣阿里一起前往西敏寺。但在阿里和我走到入口時，我失望地發現他們今天的人數已經滿了，不再收人進去。外表嚇人的前任拳擊手阿里說，讓他來跟那些人談談。我緊張地在一旁等待，看到阿里平靜地和一位身穿紅袍的人說話。那個人的表情一亮，招手要我過去。

「阿里，」我在和他一起走進去的時候悄聲問，「你剛剛都跟他說了些什麼？」

他笑著回答：「我說妳每天都試著想要進西敏寺，今天是妳待在這裡的最後一天了……喔，還有，我說妳是艾倫的媽媽。」

真是太有趣了！我簡直等不及要在回去之後告訴艾倫，我因爲身爲她的媽媽所以今天順利進入了西敏寺。

如今在我生日這天，我的三個孩子和我一起在長春藤飯店慶祝，我覺得很開心能身爲他們的媽媽並替他們付出。

艾倫說，她覺得我在她去紐約接受皮博迪獎（Peabody Awards）時說服她去上《賴瑞金現場》（*Larry King Live*）是件好事。由於《艾倫》的最後一集再過兩天就要播出了，所以我覺得上賴瑞的節目是很明智的選擇，但我和艾倫討論時，她覺得自己當時壓力太大，不太想要上節目。最後的結果如她所說，我那時說服她去上節目是件好事，因爲她表現得好極了，在誠實地說話與回答問題時都伴隨著她典型的詼諧、智慧與親和力。這次的訪談過程非常正面且令人心情愉快——由於她在未來一段時間內都不會在接受訪談了，所以這個訪談可以說是很棒的最後一筆。

「妳的旅程怎麼樣？」范斯問我。

我很高興他問起這個話題。我當時剛剛結束最後一次的官方發言人工作，我會在稍後提及這件事。這一次工作非常完美——因爲我去的地方是我的家鄉紐奧良。這可是切切實實地繞了一整圈。

讓這次的工作更完美的是，海倫從帕斯克里斯帝開車到紐奧良和我一起度過一週。可以說是錦上添花。

我邀請她在我住進克萊伯恩旅社之後過來和我一起住，看看我優雅又昂貴的住處。小冊子上說：「你可以從華美的住處中俯瞰華盛頓廣場公園，此處已修復至一八五零年代的希臘復興風格，裡面有寬闊的房間、十四呎高的天花板以及精緻優美的裝潢細節。」房間裡有華美的吊燈和大理石製的壁爐，我的套房裡甚至還有一架小型平台鋼琴。庭院很大，種滿了翠綠的大橡樹；外面有海倫每天早上都會游泳的泳池；泳池邊有一個小屋，裡面有吊扇以及供人休憩的桌椅。我這下可真的住在「風格頹靡」的房間裡了，我很喜歡那裡！

那一週我過得很愉快，既安排了令人亢奮的社運活動，也有時間慵懶地放鬆一下，做一些我早就無比熟悉的事，例如開渡船橫越密西西比河到阿爾及爾再回來。其中一天，我們正好有時間可以搭電車到栽滿橡樹的聖查爾斯大道去，這是我最喜歡搭電車經過的地點之一。過去的豪宅區如今散布著零星的聯排住宅和公寓，我在路上看到了熟悉的景象——奧都本公園、杜蘭大學和洛約拉大學。我們的終點站是山茶花餐廳，是我們多年來在紐奧良最喜歡的地方。那裡最出名的就是服務生會永遠留在裡面。我和艾倫以前常進餐廳裡點一片起司蛋糕，他們的起司蛋糕濃郁到只要一片就很夠了。我想要找到當初看到艾倫時總是說：「妳好，小明星。」的那位服務生，我想告訴他實在太有先見之明了，可惜他不在。

我的人權戰線與P-FLAG活動就像是家庭聚會。我在參與第一個活動的時候有些訝異。活動舉辦在母親節當天，是P-FLAG在都會公園舉辦的聚會，我本來以爲這會是一場非正式的活動。我錯了。我抵達的時候看到的是非常整齊的場面，工作人員用繩子圍起了一個很大的區域作爲自助餐區，另一邊則是上百張椅子面對著一個舞台。

這場活動其實是P-FLAG紐奧良分部的年度香檳會，目的是頒發獎學金給值得獲獎的年輕同性戀者。我在看節目單時又更加驚訝了，因爲我竟然被列爲主講人。

一般來說，在非正式的活動上我只需要說幾句話就好，這種即席演講對我來說還算輕鬆。更長一點的演講我就會把我的筆記放在面前，這樣我才可以盯著筆記，不會只能依賴我的記憶。「主講人」聽起來絕對一點也不像是適合即席演講的狀況。

然而，輪到我演講的時候，我直接站起身對眾人說話，我字字句句都發自內心，直接表達我最想要和眾人分享的想法。

這次演講應該還算不賴。有好多人對我道謝時都告訴我：「我覺得妳好像在對我一個人說話一樣——就好像我們在聊天對話。」

我想要回答：從某方面來說的確如此！但我沒有，我只是謝謝他們的稱讚。

其中一位母親也是人權戰線的成員，她抱怨說我當發言人的這一年很快就要結束了。

「妳沒有聽說嗎？」我說。「他們有詢問我要不要留下來。」

「然後呢？」她試探地問。

「我的回答是『好』。」我告訴她。「只要還有人需要我傳遞的訊息，我就會繼續講下去。」

都會公園的旋轉木馬對我來說是很熟悉的景象，旋轉木馬單獨位於一個門窗都敞開的建築裡，建材美麗而老舊。公園裡還有一個戲水池跟鞦韆，以及上面蓋滿了苔蘚的巨大活橡樹。我想起了范斯和艾倫還小的時候，我們在這裡度過的許多快樂時光，使得這個晚上變得非常懷舊。而且這天還是母親節，再適合不過了！

雖然海倫一直很支持艾倫，但艾倫幾乎就是她平常唯一會接觸到的同性戀者了。因此，這次的經驗對她來說富有教育意義。每個人都很愛海倫，海倫也很愛每一個人。在其中一場活動上，我們遇到了一位我們兩人都認識的女人，但我們都完全不知道她有一個孩子是同性戀。她告訴我們，她之前從來沒有參加過P-FLAG活動，她和丈夫之所以會來，是因為她聽說我會出席。他們有六個孩子，其中一位女兒是同性戀者。媽媽和爸爸都非常支持與包容她，其他手足也是——只有一個除外。

我後來對海倫說：「真是太奇怪了。我搞不懂爲什麼一個年輕男人會在家人全都不恐同的狀態下，成爲恐同症患者？」海倫也覺得很難過。

在另一場活動中，我們認識了一位來自帕斯克里斯帝的年輕女人，她媽媽住的地方離海倫家不遠。

她告訴我們說，她媽媽不願意接受她是同性戀這件事。海倫立刻問：「有需要我打電話給她，邀請她來我家聊一聊嗎？」

我真是太欣賞她的反應了。明年艾倫的阿姨也將會成爲人權戰線的發言人！

最值得紀念的一晚，是在指揮官王宮餐廳用晚餐的那一晚，這家餐廳真的是世界上最棒的餐廳之一。我們一共七個人一起去吃飯，其中有三個人都是支持同性戀女兒的驕傲母親。我們本就應該有權利驕傲。另外兩位媽媽的女兒在商業界的世界都非常成功，而我的兩個孩子也都在演藝界非常成功。那頓晚餐可以說是至臻完美——食物和服務都毫無缺點。我們點了七份不同的點心，互相分享。每一盤點心都可口極了，但我最喜歡的是焦糖烤布蕾與堅果奶油起司蛋糕。我很清楚，在來紐奧良之前花了好幾個星期節食是有原因的。

在離開小鎮之前，我拜訪了住在法國區的潔姬。我是在念文法學校、高中與大學時認識她的。她的女兒吉兒和艾倫在國中時是好朋友。吉兒帶著兩個小女兒過來。

吉兒告訴我她和艾倫八年級時發生的一個趣聞。「艾倫曾經打電話給我，叫我幫她帶兩片阿斯匹靈，因爲她爸不讓妳們在家裡放阿斯匹靈。」

「她要阿斯匹靈做什麼？」我問吉兒。

「因爲她前一天晚上喝太多草莓酒了。」吉兒大笑著回答。媽媽不知道的事實在太多了！

潔姬告訴我：「我以前會叫吉兒邀請艾倫來過夜，因爲艾倫太有趣了。」

吉兒說：「看到她在電視上，就好像回到了她來我們家過夜的那個時候——她看起來非常自然又真實。她一點都沒變。」

這個嘛，我能確定一件事：在論及艾倫大方又充滿愛的個性時，她真的一點也沒有變。

我真是個幸運的媽媽！我吹熄了長春藤餐廳生日蛋糕上面的蠟燭，看著擺滿精美點心的桌子，實在有點不知道要許什麼願望。但這三個人還準備了更多東西要給我。

范斯迖給我一個美麗的陶瓷花瓶，再附上一張他自製的卡片，上面畫著顯然是他的Q版人像，祝我生日快樂。才華橫溢的藝術家安給了我一幅畫像，畫像上的人是她所畫過的人裡面最美麗、最夢幻的一個。我的這幅畫上夢幻般的人恰好也有一頭灰色短髮，帶著圓形的小眼鏡。這幅畫充滿了象徵意義，讓我喜愛非常。

我最好的朋友、最好的老師與女兒給我的禮物，是艾倫·狄珍妮的另一首絕妙詩作，標題爲〈六十八〉（*Sixty Eight*），節錄如下：

喔我的媽媽，喔我的天
她至今的成就
她至今的貢獻
如此長久
如此深遠
開始時如此害羞
如今又如此堅強
是老師是領袖是社運人士……

她總是泰然自若
她每日每日都在戰鬥
她原可以待在家中
但不——不可能
她是我們的聖女貞德
她做的事值得受後人銘記
在這個社會上——在這個世界上
她是最棒的——她是我媽媽
身為她的女兒讓我深感自豪。
謝謝她創造我
懷著我
生下我
扶養我
無條件地
愛著我。

艾倫

這是我輩子最幸福的生日慶祝會。我的孩子都陪伴著我，我們的生活豐富圓滿。有那麼一瞬間，我想起了帕斯克里斯帝海灘上的那兩個女人，那個母親和那個女兒，她們好像已經是我好久、好久以前曾經認識的兩個人了。艾倫和我都經歷了好幾次的蛻變新生。

我回想起我們這一家人經歷了什麼事——所有事，好事與壞事。從最艱難、最困苦的那些日子，到這些耀眼的時光，我改變得很少。在奮力掙扎與努力學習之後，我們全都找到了我們在生命中的位置——目的、完整性、真實性、抱負、愛。

我心懷無比的感激。

啊，至於接下來嘛——引述演藝事業裡常出現的一句話：不要轉台！艾倫和我經歷了生命中的許多篇章，走過了許多開頭與結尾。每一個篇章的結束都會帶來另一個更宏大、更美好的篇章的開始，無一次例外。我很感激我們能夠一起走了這麼遠，無論未來有什麼在等著我們，我都滿心期待。

偉大的哲學家查爾斯．舒茲（Charles Schultz）曾說過：「請記得，一旦你走到了山頂之後，你就會開始加速了。」

對我來說的確如此。如果六十五歲就是走到了山頂的話，我現在就是在迂迴地走下陡坡——而且是前所未有的快速——我深愛向下的每一分鐘。

站〉的短文使我深受啓發。他用火車來暗喻我們人這一生的旅途。他說，就像許多火車上的旅客一樣，我們不懂得去享受一路上的風景，只是一直想著要抵達車站——那些車站的名稱是「等我升職之後」、「等我付清房貸之後」、「等我遇到白馬王子之後」等等。海斯丁提到了重要的是，我們要理解其實根本沒有車站，「生命的真正喜悅在於這趟旅行本身」。他傳遞了非常重要的訊息。

不久之前，羅伯特．J．海斯丁（Robert J. Hastings）的一篇名爲〈車

我覺得他所說的也適用於我在傳達的有關愛與包容的訊息。如果我們全都專注於爲了每一天而感恩，從周遭的每一件事物與每一個人身上尋找其美好之處，那麼我們的大部分仇恨、偏執與恐懼都將會消散。

我並不是想要把這個世界描繪得像是童話故事。我知道只要地球上有人類存在一天，就會有差異存在——正如我在本書開頭所說的；無論如何，總是會有某些事物能讓我們在具有多樣性的狀態下輕鬆地過日子。

在我最喜歡的夢境裡：

不同種族的人彼此尊重。

不同宗教的成員尊重彼此的不同，由於我們都是神的孩子，因此每個人

都用親切又充滿愛的態度對待彼此。

每個讀過並研究過聖經的人都會理解，有些人會認真看待聖經中的每一字、每一句，有些人則否。我們尊重彼此對聖經的演繹與觀點。

那些具有激烈觀點的人能夠與其他觀點與他們相反的人和平共處。

沒有人覺得需要改變他人的宗教信仰。

最後，在我最喜歡的夢境中：

我們的同性戀家庭成員將會受到所有愛他們的人的擁抱與慶祝。

他們會在工作場合受到欣賞與保護。

他們無須面對肢體與精神上的欺凌；他們更會在我們的國家的每一處受到公正且平等的對待。這當然也包括了結婚的權利。

這本書將在此告一段落。我好討厭寫這個部分。寫到這裡就代表這趟特別的旅程結束了。對我來說，這趟旅程帶給我許多頓悟與教誨。從頭到尾我都樂在其中。我會想念寫作的。我會想念和蜜姆一起開的會議，她引導我回憶起過去，使我在書寫時條理分明，不致離題。

我希望你們很享受與我一起度過的這趟旅程。謝謝你們使這趟旅程得以成真。我希望你在這趟旅程中看到了能使你思考、大笑或者哭泣的事物。我希望這趟旅程能夠使你的人生以及你自己的旅程都更加豐富。

我不願在此說再見，就讓我送給你們保羅．莫奈的忠告吧，不過這是我自己無可救藥的樂觀主義修改版：

前進時帶著你心中的愛、喜樂、平靜與幸福。治癒這個世界。

小禮物——額外的小贈品

親愛的讀者，我要送給你的小禮物，就是邀請你把你的問題、評論與信件寄給我，或許我會在之後出版的書中引用你的來信。我們依舊有很長的一段路要走，希望我「在入睡前還能走上數哩路」。在這場為了我們同性戀家庭成員的公義與平權而奮鬥的戰爭中，我會繼續記錄我們的進展。

最後，我要說的是我在人權戰線的演講中會說的最後一句話：我愛你們所有人。要為自己慶祝。要對自己有信心。

■**全國出櫃企劃** National Coming Out Project

1-800-866-6263

http://www.hrc.org

撥打上面的電話並輸入800就能收到人權戰線的出色小冊子「出櫃資源指南」。你可以在小冊子裡面找到其他支持組織的名字與地址，還有其他資源的清單，其中包括了對你有幫助的書和其他閱讀資料。

我另外推薦的兩本書是亞當．瑪斯通（Adam Mastoon）的《分享的心：同性戀與雙性戀年輕名人的肖像與故事》（*Shared Heart: Portraits and Stories Celebrating Lesbian, Gay, and Bisexual Young People*）（威廉．莫洛出版社（William Morrow），一九九七年出版），書中附有照片，以及羅伯特．A．伯恩斯坦（Robert A. Bernstein）的《異性戀父母／同性戀小孩》（*Straight Parents/Gay Children*）（雷言出版社（Thunder's Mouth Press），阿瓦隆出版集團（Avalon Publishing Group），一九九五年出版）。

相關資源

■同志家屬親友會 P-FLAG

美國總部

地址：

1828 L Street, NW, Suite 660

Washington, DC 20036

電話：(202) 467-8180

網址：https://pflag.org/

同志家屬親友會在美國有超過400個分部，讀者可以上該官方網站查詢距離您最近的分部。

■人權戰線 Human Rights Campaign

美國總部

地址：

1640 Rhode Island Ave., N.W

Washington, DC 20036

電話：(202) 628-4160

網址：https://www.hrc.org/

●台北總部

行政電話：02-2392-1969

協會地址：10084 台北市羅斯福路二段70號12樓

辦公時間：周一～周五14:00-22:00

●南部辦公室

行政電話：07-281-1265

協會地址：80044 高雄市新興區中山二路472號12樓之7

辦公時間：周一～周五14:00-22:00

網址：https://hotline.org.tw/

■社團法人女同志拉拉手協會

拉拉手協會成立於2004年8月，由社工及心理相關背景等專業人士所組成。成立目的希望帶給台灣女同志建立一個「有家的感覺」的支持團體，並致力於舉辦各種支持性、生活、娛樂等不同類型的團體活動。

如有任何需要協助之處，歡迎來信。

信箱：leshand2004@gmail.com

網址：http://lalahand.xxking.com/

台灣 LGBT+ 相關資源

■台灣同志諮詢熱線

同志諮詢熱線爲台灣第一個全國性同志組織，希望以社群互助、連結資源、建立多元共存的支持網絡，讓每位同志都能過得更好、更自由。並逐步發展出「社群組織」、「同志人權」、「性別教育」、「愛滋防治」、「同志家庭」、「親密關係」、「老年同志」、「跨性別」等不同領域的重點工作。

諮詢熱線：

02-2392-1970

07-281-1823

（每周一四五六日，19:00-22:00）

●同志父母諮詢熱線

★本專線將由同志父母接聽★

02-2392-1970

07-281-1823

（每周二18:00-21:00、每週日14:00-17:00）

■台灣伴侶權益推動聯盟

本聯盟由2012年正式立案，持續透過立法、司法、社會倡議與政策監督等途徑，推動多元成家及LGBTI反歧視等工作。伴侶盟關注性別人權議題與相關法制教育，期使不同性別、性傾向、性別認同、性別氣質的個人都能獲得平等與合理的法律保障。

行政專線：02-2932-1292（周二～周五13:00-17:30）
地址：台北市文山區景福街 188 號
信箱：tapcpr2010@gmail.com

■同志父母愛心協會

亞洲第一個由同志父母正式公開成立的支持性團體。本協會邀請各地的同志父母一起加入；扮演橋樑消除歧視、爭取平權、促進同志婚姻以及同志家庭教育。

電話：0989-356-539

信箱：parentsoflgbt@gmail.com（聯繫人：郭媽媽）

網址：http://goo.gl/J0QKK

■台灣同志家庭權益促進會

本會由一群同志父母（以及同性伴侶及小孩）以及未來想成立家庭的同志朋友所組成。本協會在2011年正式立案後，積極進行社會倡議、爭取同志家庭相關權益努力。

電話：02-2365-0790

信箱：registration@lgbtfamily.org.tw

網址：http://lgbtfamily.org.tw

人文

親愛的艾倫

就算妳與眾不同，我只會愛妳更多

Love, Ellen: A Mother/Daughter Journey

作　　者—貝蒂・德傑尼勒斯（Betty DeGeneres）
譯　　者—聞翊均
發 行 人—王春申
總 編 輯—李進文
編輯指導—林明昌
責任編輯—鄭　莛
校　　對—黃琮軒
封面設計—謝捲子
內頁排版—尚騰印刷事業有限公司

業務經理—陳英哲
行銷企劃—魏宏量、張傑凱
出版發行—台灣商務印書館股份有限公司
23141 新北市新店區民權路 108-3 號 5 樓（同門市地址）
電話◎(02) 8667-3712　傳真◎(02) 8667-3709
讀者服務專線◎0800056196
郵撥◎0000165-1
E-mail◎ecptw@cptw.com.tw
網路書店網址◎www.cptw.com.tw
Facebook◎facebook.com.tw/ecptw

局版北市業字第 993 號
初　　版：2019年 6 月
定　　價：新台幣 500 元
法律顧問：何一芃律師事務所

台灣商務官網　　臉書專頁

親愛的艾倫：就算妳與眾不同,我只會愛
妳更多 / 貝蒂.德傑尼勒斯(Betty DeGe-
neres)著；聞翊均譯. -- 初版. -- 新北市：
台灣商務, 2019.05
456面；14.8×21公分. -- (人文)
譯自：Love, Ellen : A Mother/Daughter Journey
ISBN 978-957-05-3209-8(平裝)
1.德傑尼勒斯(Degeneres, Betty, 1930-)
2.德傑尼勒斯(Degeneres, Ellen)　3.傳記
4.同性戀
785.28　　　　　　108006287